국제 금융 기구와 외채에 관한 진실

신용불량국가

국제금융기구와 외채에 관한 진실

신용불량국가

다미앵 미예 · 에릭 뚜쌩 지음 | 조흥식 옮김

Who Owes Who?

창비

이 책이 2002년 11월 프랑스어로 처음 출판된 이후에도 외채는 지속적으로 세계 경제 문제의 중심적인 화두가 돼왔다. 이 문제는 최근에 벌어진 일련의 사건들로 인해 여러 차례 뉴스의 조명을 받았고 따라서 좀더 복합적인 경제 문제를 외면하는 경향이 있는 언론 무대에서도 핵심에 자리잡게 되었다.

일본, 한국과 같은 일부 국가들의 지원을 받은 미국 주도의 연합군이 2003년 3월 이라크를 점령하자 다시 한번 부당 부채의 문제가 제기되었다. 하지만 주요 금융기관들은 인도네시아에서 아르헨띠나까지, 그리고 필리핀에서 콩고민주공화국까지 모두 서구가 인정한 독재체제로 고통을 받은 일군의 국가들에 이 문제가 확산되는 것을 두려워한 나머지 재빨리 공론화를 포기해버렸다. 채권자들은 특정 국가에 이어 다른 국가들이 외채 상환을 거부하는 도미노 현상을 우려했던 것이다. 그후 2004년 11월 미국은 이 불법적이고 범죄적인 전쟁에 반대한 국가를 포함한 다른 부국(富國)들에게 이라크에 대한 외채의 탕감을 요청했고 빠리클럽이 이 문제를 다루게 되었다. 결국 협의에 의해 이라크에 돈을 빌려준 19개국은 외채의 80%를 3단계에 걸쳐 탕감하기로 결정했고, 이는 지정학적 이해 관계에 따라 외채 문제가 불평등하게 다뤄진다는 사실을 다시 한번 증명해주었다. 또한 이 기회를 통해 외채라는 화두가 다시 한번 세계의 관심을 끌게 되었다.

2004년 12월 쓰나미(津波)가 인도네시아와 기타 남부 아시아 국가들에 걸친 광대한 지역을 파괴하자 전세계적으로 전대미문의 연대 바람이 불었다. 이 재난 직후 특히 '제3세계 외채 탕감을 위한 위원회'(CADTM)와 '남부 주벌리'(Jubilee)를 중심으로 해당 국가의 외채를 탕감하자는 주장이 제기되었다. 전 세계에서 제공된 기부금들이 쓰나미로 인해 비참하게 고통받는 연안 주민들을 돕기보단 이들 국가의 외채를 갚는 데 주로 사용될 것이라는 현실을 용납하기 어려웠기 때문이다. 빠리클럽은 일시적인 외채 상환 유보를 결정했지만 기존 일정에 따라 상환을 하지 못한 국가들이 이후에 위약금을 물지 않으리란 보장은 없다.

2005년 영국에서 개최된 G8 회담은 다시 외채 문제를 의제에 올렸다. 그들은 국제통화기금과 세계은행, 그리고 아프리카개발은행에 18개국이 진 400억 달러의 외채를 탕감했다고 요란하게 선전해댔다. 하지만 이러한 허풍으로 현실을 감출 수는 없다. 이들 18개국은 바로 과중채무빈곤국 프로그램의 조건에 드는 국가들이며, 이미 채권자들의 작은 조치를 얻어내기 위해 커다란 희생을 치른 후였디. 이 과정에서 채권자들은 외채가 얼마나 강력한 지배 도구인지를 발견했다. 다시 말해 국제통화기금의 요구에 복종해 경제체제를 개혁한 국가들만이 재정적 지원을 받을 수 있었다는 것이다. 게다가 이런 지배는 지금 이 순간에도 계속되고 있다. 이것이야말로 외채 탕감을 떠벌리는 공식적 언급 이면에 숨어 있는 현실이다.

이러한 상황에서 북부(north, 선진산업국)나 남부(south, 개발도상국)의 부유한 채권자들의 빚을 갚는 것보다는 인간의 기본적인 필요를 충족시키는 데 우선권을 부여하는 새로운 세상을 만들자는 목소리가 점점 더 커지도록 하는 일은 시의적절하다고 할 수 있다.

세계적인 차원에서 모든 개발도상국 공공외채의 완전하고도 무조건적인 탕감을 위한 투쟁이 강화되고 있다. 2000년 오끼나와 G7 정상회의에서 대부분의 선진산업국 지도자들이 처음 내놓은 전략은 이 부당한 현 체제를 영구화하기 위해 파놓은 함정에 불과하다. 일부 시민사회 단체들은 이 전략에 의해 규정된 틀 속에서 활동하는 위험한 노선을 택함으로써 실질적으로는 기존체제를 정당화하고 있는데, 이는 중단되어야만 한다. 이제는 새로운 흐름을 만들어야 할 때인 것이다.

이 책이 처음 출판된 이후 인도, 영국, 스페인, 씨리아, 꾸바, 아르헨띠나, 베네수엘라, 에꽈도르 등지에서 번역되었다. 그리고 이딸리아, 터키, 뽀르뚜갈, 브라질 등지에서 번역이 진행중이다. 오늘날 아시아는 그 어느 때보다 더 세계의 관심을 끌고 있다. 하지만 사회 정의를 위한 아시아 대륙의 투쟁에서 외채 문제는 아직도 충분히 중요성을 부여받지 못하고 있다. 우리는 이 책의 한국어판 출간이 이 결정적인 투쟁에 작게나마 기여할 수 있기를 바란다.

다미앵 미예, 에릭 뚜쌩

지난 20여년간 제3세계 국가들은 풍부한 천연 및 인적 자원에도 불구하고 지속적으로 착취를 당해왔다. 거대해진 외채를 갚느라 사람들은 가장 기초적인 필요조차 충족시키지 못하고 있다. 외채는 지배의 매우 교묘한 수단으로 돌변했으며 새로운 식민화의 도구로서 남부의 지속적이고 인간적인 발전을 방해하고 있다. 채무를 지고 있는 정부의 정책은 해당 국가의 의회보다는 채권자들에 의해 더 자주 결정되었다. 역사상 가장 대규모의 서명운동(1998년과 2000년 사이 2천4백만명이 서명)의 압력 아래 G7과 국제통화기금, 세계은행이 추진한 외채 경감 계획은 그 한계를 드러냈다. 따라서 이제는 완전히 다른 접근법을 모색해야 할 때가 왔다. 그것은 바로 대부분 부도덕하고 경멸할 만한 방식으로 체결된 외채를 간단하게 탕감해버리는 것이다.

저자들은 이 책에서 탕감론에 대한 다양한 논의에 해답을 제안하고 있다. 외채에서 해방되더라도 이 국가들이 견딜 수 없는 외채의 함정에 다시 빠지지는 않을 것인가? 독재적이고 부패한 정권들이 외채 탕감을 통해 새로운 힘을 확보하지는 않을 것인가? 외채 탕감의 부담을 북부의 납세자들이 고스란히 지게 되지는 않을 것인가? 저자들은 외채 탕감이 문제해결의 필요조건이지만 충분조건은 아니라는 점을 보여주며 '부당한 방법으로 취득한 재화'의 몰수 및 이를 착취당한 사람들에게 되돌려주는 조치 등이 동시에 추진되어야 한다고 주장한다. 저자들은 지역적·국제적 차원에서 새로운 자금 조달 방식을 제안하며 "누가 누구에게 빚을 지고 있는가"라는 문제제기를 통해 남부의 사회운동이 주장하는 보상 요청을 지지하고 있다.

이 책은 50개의 문답을 통해 단순하면서도 정확한 방식으로 세계가 왜, 그리고 어떻게 외채 문제라는 막다른 골목에 도달했는지를 설명한다. 그뿐 아니라 많은 도표와 지도, 그리고 그림을 통해 신자유주의의 신봉자들, 국제금융기관, 선진산업국 및 남부 지도자들의 책임을 명백하게 드러낸다. 이 책은 다양한 행위자들의 역할, 개발도상국이 빠져 있는 함정, 위기에서 탈출하기 위해 실현 가능한 씨나리오, 그리고 외채를 대신할 수 있는 다른 발전 방법 등을 제안한다. 또한 개발도상국 공공외채의 완벽하고 무조건적인 탕감 요구가 어떤 도덕적·정치적·경제적·법적·환경적 논리 위에 서 있는지도 설명한다.

이 책에 관한 여러분의 의견은 아래 연락처로 보내주길 바란다.

Damien Millet, 17 rue de la Bate, 45150 Jargeau, France ; damien.millet@cadtm.org

Éric Toussaint, 1 rue des Jasmins, 4000 Liège, Belgium ; international@cadtm.org

차례

지도 1 삼극체제와 개발도상국 지역

구공산권

삼극체제

동아시아
태평양

삼극체제

남아시아

중동과 북아프리카

삼극체제

사하라 이남
아프리카

라틴아메리카와
카리브해 연안

삼극체제

지도 2 2001년 개발도상국 누적 외채(10억 달러)

* 출처: 세계은행. *Global Development Finance* (2002)에 기초한 저자들의 계산

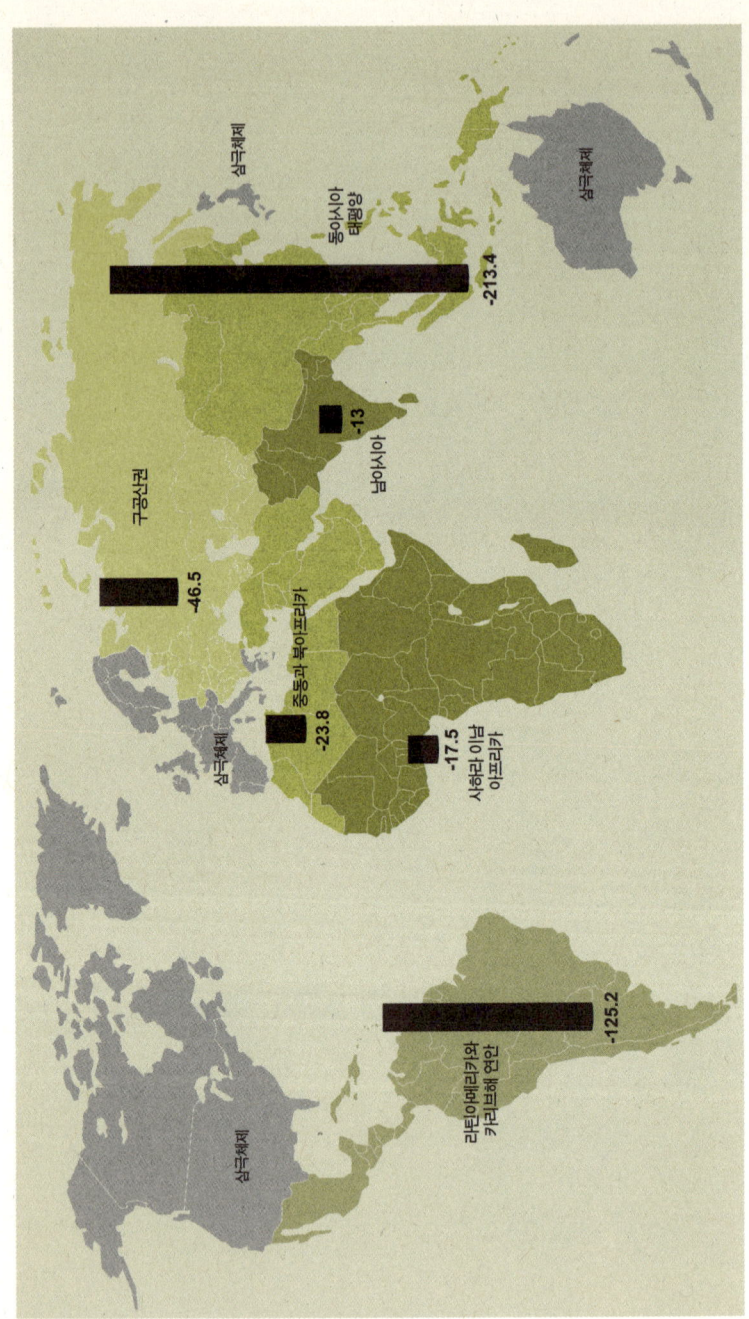

지도 3 외채 관련 순수이전(1998~2001년 누적액, 10억 달러)

* 출처: 세계은행. *World Development Indicators* (2001); *Global Development Finance* (2002)

동아시아와 태평양 -213.4

남아시아 -13

구공산권 -46.5

중동과 북아프리카 -23.8

사하라 이남 아프리카 -17.5

라틴아메리카와 카리브해 연안 -125.2

상급체제

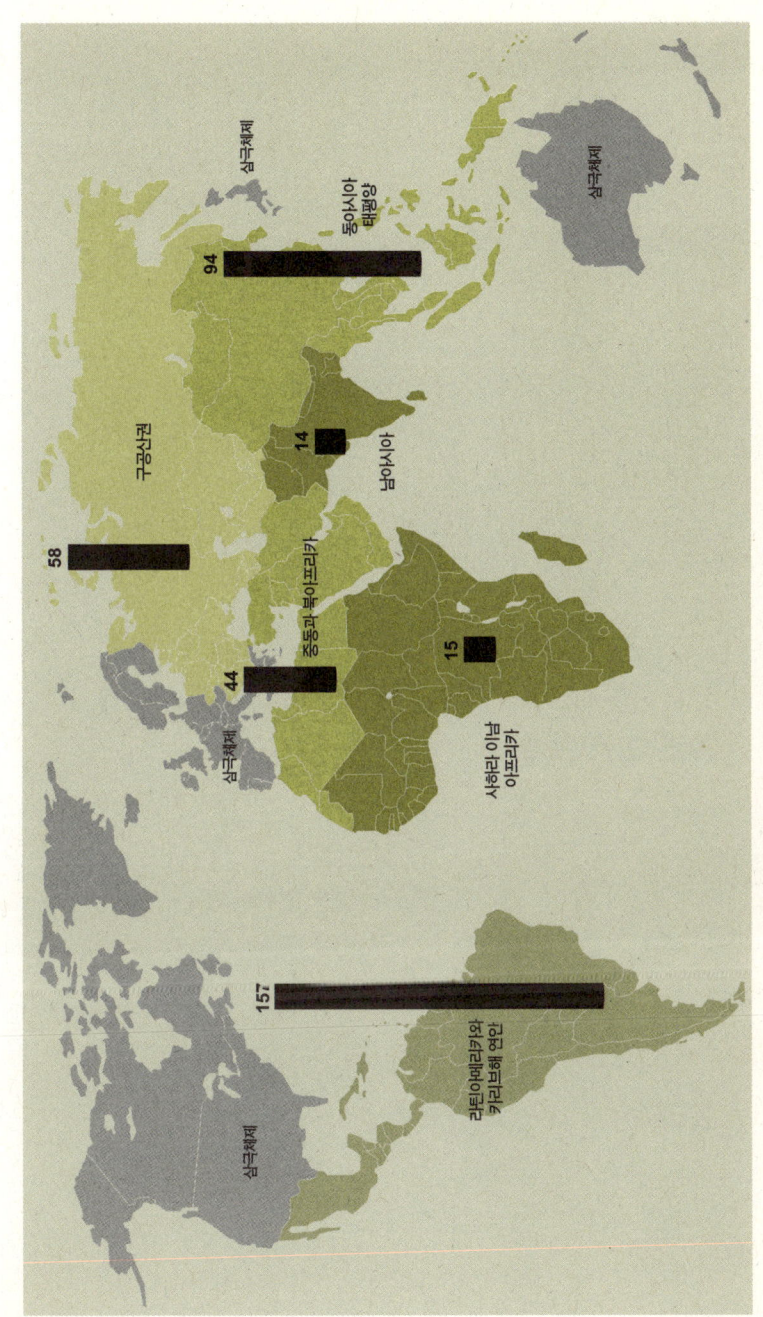

지도 4 지역별 외채 관련 부담(2001년 총외 3,820억 달러, 10억 달러)

* 출처: 세계은행, *Global Development Finance* (2002)에 기초한 저자들의 계산

지도 5 삼극체제의 공공부채 (10억 달러)

* 출처: IMF·OECD·미연방준비제도이사회에 기초한 저자들의 계산

7,200

일본

5,000

유로 통화권

7,400

미국

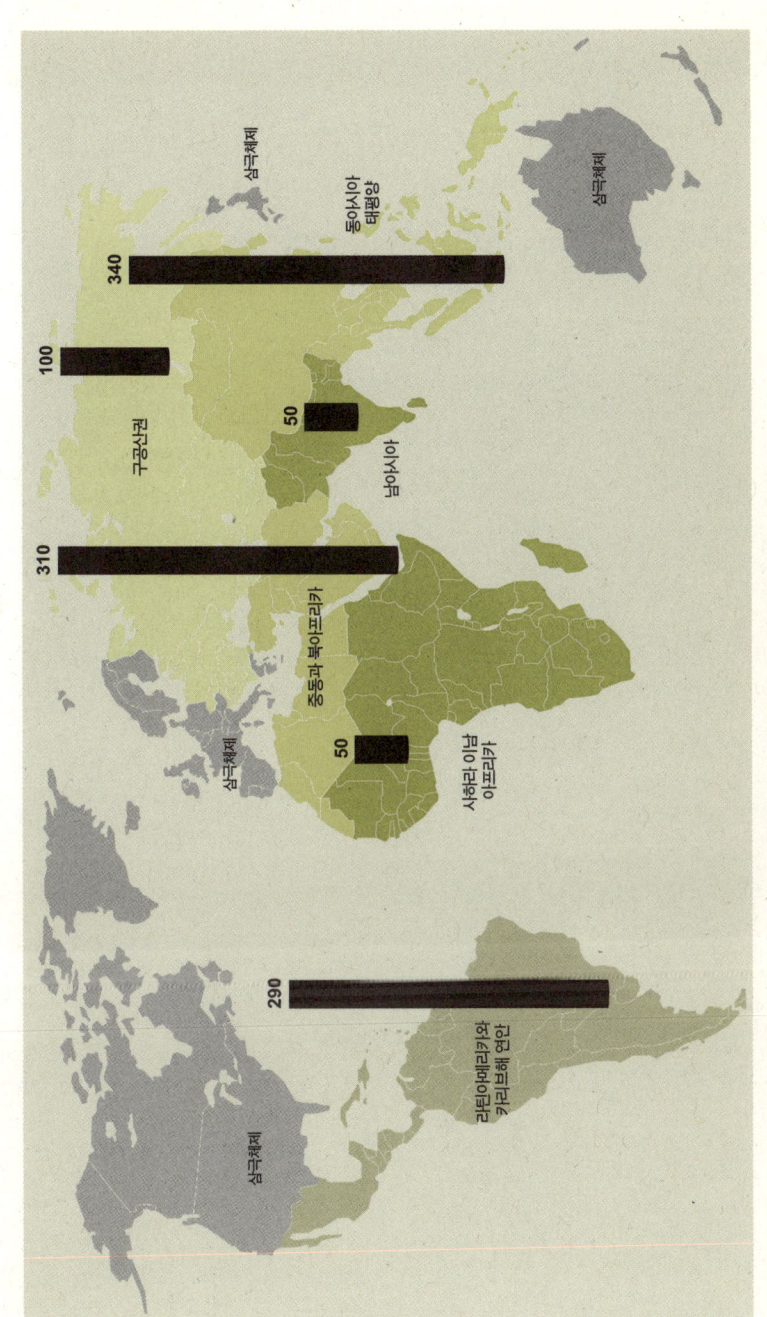

지도 6 지역별 남부 부자들의 북부 은행 예금(10억 달러)

* 출처: 2000년 11월 국제결제은행 자료에 기초한 저자들의 계산

지도 7 과중체무민군국

| 제1장 |

세계화와 제3세계

우리는 곧 우리 자신의 땅에서 이방인이 되어버릴 것이다.

—프레드 음멈베

 01   제3세계란 무엇을 의미하는가?

무엇보다 우리가 사용하는 용어의 개념을 정확하게 이해할 필요가 있다. 우리는 서유럽과 북미, 일본과 호주 및 뉴질랜드로 구성된 집단을 북부, 부국, 선진산업국 또는 삼극체제(Triad)라고 부른다(부록 참고).

다른 한편, 한국과 아이띠, 브라질과 니제르, 러시아와 방글라데시 같은 다양한 나라들을 동일한 범주에서 다루는 것이 문제가 많다는 점을 알지만, 국제기구의 통계에서 사용하는 범주를 재인용하여 여기서는 삼극체제 이외의 국가들을 모두 개발도상국이라고 부른다. 우리 계산에 의하면 2002년에는 모두 165개의 개발도상국이 있었다. 또한 이 범주 안에서 구공산권 국가들과 남부 또는 제3세계로 불리는 국가들을 역사적인 이유로 구분한다.

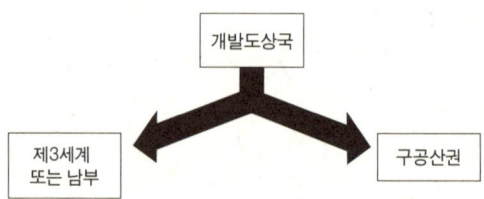

제3세계는 동아시아 태평양, 남아시아, 중동과 북아프리카, 사하라 이남 아프리카, 라틴아메리카와 카리브해 연안 등의 다섯개 지역으로 나뉜다(지도 1과 부록 참고).

국제통화기금(IMF)의 수치에 따르면(Q 12) 세계 인구 60억명 가운데 86%가 개발도상국에 살고 있다.

2001년 세계의 인구 분포

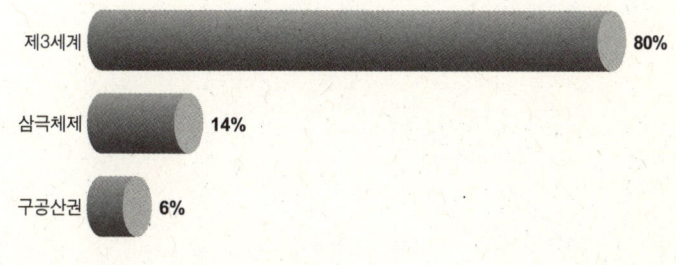

제3세계   80%

삼극체제   14%

구공산권   6%

• 출처: IMF, *World Economic Outlook*(2002)

일반적으로 세계의 부의 창출을 평가하기 위해 사용하는 지수는 국내총생산(GDP)[2]이다. 그러나 국내총생산은 적어도 다음과 같은 세가지 이유로 너무 개략적이고 미흡하며, 이의제기가 가능하다.

① 여성들이 제공하는 보상받지 못하는 노동이 배제되었다.

② 공해의 생산을 마이너스가 아니라 플러스로 계산한다.

③ 계산 단위는 주어진 재화나 용역의 가격이지, 그 생산에 필요한 노동량이 아니다.

위와 같은 단점에도 불구하고 국내총생산은 북부와 남부의 경제적 불균형을 잘 보여준다. 국내총생산과 이 책에서 사용하는 액수들을 모두 달러로 표시한 이유는 달러가 국제부채 및 교역의 60%를 차지하는 화폐이기 때문이다.

부의 생산은 대부분 북부에 집중되어 있는데, 그것은 인구분포 비율과 정반대라고 생각하면 된다.

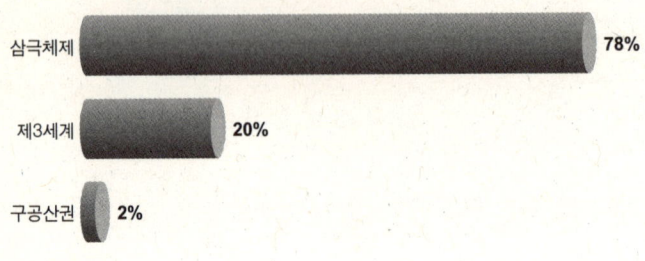

부의 생산 분포(세계 국내총생산: 2000년 31조 달러)

- 삼극체제　**78%**
- 제3세계　**20%**
- 구공산권　**2%**

• 출처: 유엔개발계획(UNDP) 「인간발전에 관한 세계보고서」(2002)

현재 진행되는 자유주의 세계화는 그로 인한 혜택의 대부분을 누리는 부국 내 지도계층의 의지로 추진되었으며, 개발도상국 인구 50억과 선진산업국 대부분의 사람들에게 피해를 가져다준다고 할지라도 아랑곳없이 추진되고 있다.

1951년 어느 브라질 잡지에서 나는 '제3세계'라는 표현을 직접 사용하지는 않았지만 세계의 세계가 존재한다고 설명했다. 내가 제3세계라는 표현을 만들어 처음 사용한 것은 1952년 8월 14일 프랑스 주간지 『옵쎄르바뙤르』에서였다. 그 기사는 다음과 같은 내용으로 끝난다. "왜냐하면 과거의 제3계급처럼 무시당하고 착취당하며 경시되는 제3세계 역시 스스로 무엇인가가 되길 원하고 있기 때문이다." 나는 이와같이 프랑스대혁명 때 씨에예스(Sieyes)가 쓴 제3계급에 대한 유명한 문장을 활용했던 것이다. ―알프레드 쏘비(Alfred Sauvy, 프랑스 인구 및 경제학자).

1인당 국민총생산[3]은 북부와 남부 사이의 경제적 격차를 잘 보여준다.

1인당 국민총생산(달러)

삼극체제 ▬▬▬▬▬▬▬▬▬▬▬ 28,400

구공산권 ▬ 1,900

제3세계 ▬ 1,300

• 출처: 저자들의 계산(2000)

하지만 이같은 세계 경제 인식은 매우 불완전한 시각을 보여준다. 왜냐하면 같은 범주의 국가들 사이에 아주 심각한 소득의 차이가 감추어져 있기 때문이다. 실제로 세계 인구 가운데 가장 부유한 1%의 연간 소득은 지구상 가장 가난한 57%의 소득과 같다. 게다가 세계에서 가장 부유한 5%의 소득은 가장 가난한 5%의 소득의 114배나 된다.

세계의 불평등

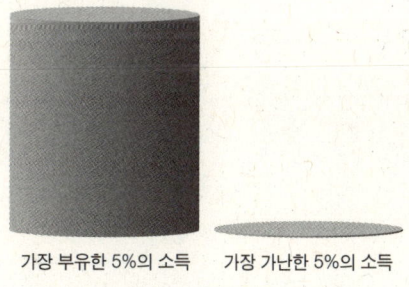

가장 부유한 5%의 소득   가장 가난한 5%의 소득

• 출처: UNDP 「인간발전에 관한 세계보고서」(2002)

따라서 북부와 남부를 포괄적으로 대립시키는 것은 무리일 것이다. 이 용어들은 일정한 지리적 현실을 지칭하기 위해서 단순하게 사용되고 있다. 대부분의 결정은 북부에서 내려지며 이들의 결정 사항은 개발도상국에 심대한 결과를 초래한다. 그런 한편 각각의 지역 내부에서는 지배의 메커니즘이 재생산되고 있다. 결과적으로 가장 중요한 것은 무척이나 적은 숫자지만 훨씬 더 강력한 힘을 보유한 인류의 일부분이 다른 부분(이들이 반드시 남부에만 있는 것은 아니다)을 억압하고 있다는 사실이다. 달리 표현하자면 이는 현체제의 지배하에 놓인 북부와 남부의 대부분의 사람들(임금노동자, 소규모 생산자와 그들의 가족)의 이익과 북부와 남부의 자본 보유자들의 이익이 상충한다는 의미이다. 따라서 분석 과정에서 오류를 범하지 않는 게 대단히 중요하다. 왜냐하면 우리는 잠재적인 문제들을 이해하고 흥미로운 대안의 길들을 모색하는 과정에 있기 때문이다.

물론 이러한 무척이나 불평등한 경제적 상황이 어떤 비극적인 생활환경을 초래할지를 우리는 충분히 예측할 수 있다.

여러분은 가난한 사람들을 구하고 싶어하지만 내가 원하는 것은 가난을 제거하는 것이오. ―빅또르 위고(Victor Hugo) 『93년』(*Quatre-vingt-treize*).

Q 02 가장 빈곤한 계층의 생활환경은 개선되고 있는가?

아니, 오히려 그 반대라고 할 수 있다. 지난 20여년간 대부분의 지역에서 가장 빈곤한 자들의 생활환경은 악화되었다. 물론 국가에 따라 악화의 기간이나 정도 또는 속도가 무척 다양하지만 말이다. 라틴아메리카와 아프리카 그리고 구공산권 일부 국가들은 1980년대에 이미 충격을 받았고, 동아시아의 경우 그보다 조금 늦은 1990년대 후반에 타격을 입었다. 2000년대 초반 모든 개발도상국의 상황은 심각하게 악화되는 중이다.

2000년 유엔 밀레니엄 정상회의에서 세계의 지도자들은 2015년까지 빈곤을 축소하기 위해 비록 제한적이지만 정확한 양적 목표를 정하기로 약속했다. 유엔개발계획(UNDP)[4]은 2002년 「인간발전에 관한 세계보고서」에서 앞으로 나아가야 할 길을 제시했다. 보고서에 따르면 "지구상 대부분의 사람들에게 미래는 어둡다"면서 적어도 세계 인구의 1/4은 정해진 목표의 절반도 달성하지 못한 나라에서 생활할 것이라고 예측하고 있다. 이를 좀더 자세히 살펴보자.

하루 소득이 1달러에 못 미치는 인구의 비중을 절반으로 축소한다. 하루에 2달러 미만으로 생활하는 인구가 28억명에 달하는 것으로 추정되며, 그중 12억명은 하루 1달러 미만으로 근근이 생활하고 있다. 하지만 세계은행(Q 13)과 국제통화기금(Q 12)이 제시하는 위의 수치들은 조심스럽게 활용돼야 한다. 유엔무역개발회의(UNCTAD)[5]의 사하라 이남 아프리카에 관한 보고서는 두 기관이 제시하는 수치가 실제 빈곤 인구의 수를 크게 과소평가했다는 것을 보여준다. 예를 들어 세계은행은 개인 샘플에 의존한 조사를 통해 니제르 인구의 41.7%가 하루 1달러 미만으로 생활한다고 측정했지만, 해당 국가의 재정경제 통계에 기초한 유엔무역개발회의의 조사는 이를 75% 이상으로 보고 있다.

다시 한번 유엔무역개발회의에 따르면 아프리카의 34개 저개발국가[6]에서 주민의 65%는 하루 1달러 미만으로 생활하며, 87%는 2달러 미만으로 살아가고 있다. 게다가 1달러에 한참이나 미치지 못하는 경우가 대부분이다. 니제르, 콩고민주공화국, 방글라데시, 인도 및 다른 개발도상국의 수많은 사람들은 하루 0.3달러 미만으로 살아야만 한다.

다른 한편 사하라 이남 아프리카의 경우 1달러 미만, 그리고 라틴아메리카의 경우 2달러 미만 식으로 절대 빈곤의 기준을 정하는 것도 많은 문제를 안고 있다. 실제로 빈곤 문제를 파악하기 위해서는 현재의 기준을 두배 세배로 늘려야 할 것이며, 그럴 경우 지금보다 훨씬 높은 수치가 나올 것이다. 그것이 오히려 세계 인구의 대부분을 차지하는 대중의 경험과 현실을 좀더 정확하게 보여줄 것이다. 끝으로 화폐로 표시되지 않는 교육이나 보건에 대한 수혜 정도, 또는 평균수명과 같은 지수도 포괄해야 할 것이다. 유엔개발계획은 인간개발지수[7]와 인간빈곤지수[8]를 통해 이같은 작업을 진행하고 있다.

세계은행에 따르면 2015년까지 세계 빈곤을 절반으로 축소시키기 위해서는 매년 1인당 국민총생산이 3.7%씩 성장해야 한다. 그러나 130개국 이상은 그러한 성장률에 미치지 못하고 있다. 그 가운데 52개국은 1990년대 성장률이 오히려 마이너스를 기록했고 빈곤은 더욱 확산되었다. 사하라 이남 아프리카의 경우 인구의 절반은 1990년보다 더 빈곤해졌으며 극단적 빈곤에서 생활하는 사람들의 수는 지난 1990년대 2억 4,200만명에서 3억명으로 증가했다. 2015년에 이르면 그 숫자가 3억 4,500만명에 도달할 것으로 전망된다. 이상의 수치는 위에서 보았듯이 빈곤의 상황을 과소평가하는 세계은행이 제시한 예상치라는 점이 강조돼야 할 것이다.

빈곤을 축소하기 위해 필요한 3.7%의 성장률 역시 성장의 혜택이 모두에게 돌아간다는 가정하에 의미를 가진다. 그러나 세계의 불평등은 해괴하다고 표현할 만큼 납득할 수 없는 수준에 도달했다. 세계 인구의 80%를 차지하는 73개국이 제시한 통계에 의하면 48개국의 경우 1950년대보다 불평등이 심화되었다. 성장률이 충분하다고 판단되는 국가에서도 성장의 혜택은 빈곤 계급보다는 부유 계급이 누려왔다. 이에 대해 유엔개발계획은 다음과 같이 결론짓는다. "현재의 불평등을 감안할 때 대부분의 국가들은 빈곤 퇴치와 관련해 세운 목표를 달성할 만큼 충분히 성장하지 못하고 있다."

기아로 고통받는 인구의 비중을 절반으로 줄인다 1998~2000년 시기에 대략 8억 4,000만명의 사람들이 기아에 허덕였다. 기아를 퇴치하려는 투쟁을 통한 상황 개선은 너무나도 느린 속도로 진행되고 있다. 현재의 속도라면 130년이 지나야 세계의 기아 문제를 해결할 수 있는데 이는 용납할 수 없는 일이다. 2002년 여름 남부 아프리카 6개국에서 기아 현상이 발생하자 미국은 자국의 유전자변형작물(GMO)[9] 50만톤을 처분했다. 남부 아프리카 지역의 말라위, 레소토, 스와질란드, 모잠비크, 짐바브웨 등 6개국은 처음에는 거부감을 보였지만 기아의 고통에 직면한 1,300만명의 사람들을 구하기 위해 결국 유전자변형작물을 수용했다. 잠비아만이 끝까지 유전자변형작물 유입에 반대했다. 미국과 농화학 다국적기업은 조심성의 원칙을 무시하고, 식생활과 환경에 미치는 위험에도 불구하고 유전자변형작물을 강요하는 기회로 기아 현상을 활용한 셈이다. 이 경우 남부는 무척 용이한 실험 현장이라고 하겠다. 이같은 수출은 절대 기아 문제의 구조적 해결책이라고 할 수 없다. 왜냐하면 개발도상국들은 북부로 수출하기 위해 자국 국민의 생존에 필요한 식량 생산(culture vivrière)[10]을 포기하기 때문이다.

모든 아이들이 초등교육을 받을 수 있는 수단을 제공한다 초등

학교 등록률은 조금씩 상승하고 있지만 세계적으로 초등학교 교육을 받아야 하는 연령에 해당하는 6억 8천만명의 아동 중 1억 3,300만명은 학교에 가지 못하고 있다. 읽고 쓸 수 있는 능력을 평가한 수치 또한 대단히 낮은데 일례로 저개발국가의 성인 중 절반은 문맹이다. 그러나 누구나 알다시피 한 국가가 장기적으로 빈곤에서 탈출하기 위해 양질의 교육 제도는 절대적으로 필요한 것이라고 할 수 있다.

일반적인 성 평등을 실현하고 특히 교육에서 남성과 여성의 평등을 구현한다 상황 자체는 무척 다양하다고 할 수 있지만 2000년 현재 8억 5,400만명의 세계의 문맹 성인 중 5억 4,400만명이 여성이고, 초등학교에 취학하지 못한 아동의 60%는 여자아이들이다. 여성의 교육은 일상생활의 많은 분야에서 긍정적인 결과를 가져올 것이 분명한데도 말이다. 다른 한편 남성과 여성의 불평등은 인간발전의 다양한 수준에서 심각한 정도이다. 남녀평등을 위한 투쟁에 우선권이 주어져야 한다. 그 첫번째 이유는 규범적인 것이지만, 가족의 복지 수준을 개선하는 데 여성의 역할이 중요하다는 사실을 인식하면 더욱 그러하다.

아동사망률을 2/3 축소한다 매일 3만명 이상의 어린이들이 쉽게 치료될 수 있는 질병으로 죽는다. 유엔개발계획에 따르면 이 아이들은 '빈곤의 보이지 않는 희생자'들이다. 어린이들의 죽음을 막기 위해서는 "영양이나 보건 인프라 또는 모친의 건강과 교육 부문에서 단순하고도 쉬운 개선 조치를 취하기만 하면 충분하다"고 한다.

제3세계 어린이 중 1/4 정도가 기초적인 예방 백신의 혜택조차 누리지 못한다. 사하라 이남 아프리카에서 이 비율은 절반을 넘는다. 바로 이러한 이유로 여섯명의 어린이 중 한명은 5세가 되기 전에 사망한다. 유엔개발계획에 따르면 지구 인구의 60%가 살고 있는 81개국은 2015년까지 아동사망률 축소 목표를 달성하지 못할 것으로 전망되고 있다.

산모사망률을 3/4 축소한다   매년 50만명이 넘는 여성이 임신이나 출산과 관련된 문제로 사망하고 있다.

에이즈의 확산을 막는다   2000년 말까지 에이즈로 사망한 사람이 전세계적으로 2,200만명에 달했고, 4천만명 이상이 에이즈 바이러스에 감염되었으며, 그중 75%가 사하라 이남 아프리카에 거주했다. 이지역에서 에이즈는 매년 250만명의 생명을 앗아가고 있으며 성인 12명 중 한명이 에이즈에 걸려 있다. 보츠와나에서는 성인 3명 중 한사람이 에이즈에 감염되었고, 2000년에 65세인 평균수명은 2005년 31세로 줄어들 전망이다. 짐바브웨의 평균수명은 2000년 53세에서 2005년 27세로 줄어들 것이다! 남아프리카 지역의 다른 국가들의 경우도 심각하기는 마찬가지인데 그중 7개국에서는 평균수명이 이미 40세 이하로 떨어졌다. 유엔에이즈퇴치계획은 이 전염병을 효과적으로 퇴치시키는 데 필요한 금액을 매년 100억 달러로 추정하고 있는데 개발도상국은 2002년의 경우 28억 달러밖에 투자하지 못할 것이다. 또한 2001년 7월 제노아 G8[11] 정상회의에서 창설된 '에이즈·결핵·말라리아 퇴치를 위한 세계기금'은 자금을 모으는 데 어려움을 겪고 있다. 모금 결과 2002년에는 약 7억 5천만 달러, 그리고 2003년에는 5억 달러가 안되는 금액이 모였다.

물론 우리가 가장 중요하다고 여기는 부분은 이 질병의 인간적·사회적 결과이지만 경제적으로도 엄청난 재앙을 초래하고 있다. 코트디부아르에서 에이즈 환자 한 사람을 치료하는 데 1년에 300 달러가 드는데 이는 작은 농장 1년 소득의 적게는 1/4, 많게는 절반에 해당하는 금액이다.

　제약회사들은 이익을 극대화하기 위해 북부 국가들의 힘을 등에 업고 2001년 남아프리카공화국을 상대로 특허권 존중을 요구하는 수치스러운 소송을 제기했는데 국제 여론에 밀려 이를 포기한 바 있다. 2001년 11월 카타르에서 열린 세계무역기구(WTO)[12] 장관 회의에서는 국제 여론의 압력 아래 원본 분자를 복제한 좀더 저렴한 약품(이를 제네릭 약품, 즉 상표 없는 약품이라고 부른다)의 생산을 허용했다. 그러나 인도, 브라질, 태국과 같은 소수 국가들만이 이러한 제품을 생산할 수 있는 제약산업을 보유하고 있다. 이러한 약품을 수입할 수 없는 국가들에 대한 대책은 여전히 마련되지 않고 있다.

　말라리아의 확산 및 기타 대규모 질병을 퇴치한다　주로 아프리카에서 심각한 결과를 낳고 있는 말라리아의 사례는 의미심장하다. 말라리아를 퇴치하기 위한 연구에 투자되는 자금은 미미한데(매년 8백만 달러 이하) 그 이유는 잠재적 고객이 대부분 구매력이 없어 투자자들 역시 미흡한 이윤밖에 기대할 수 없기 때문이다. 그 결과 해결책의 말미가 보이기 시작하는데도 아프리카에서 말라리아는 확산 추세를 보이고 있다. 30여년 사이 말라리아로 인한 사망자 수는 거의 두배에 이른다! 2000년에 말라리아로 사망한 사람은 1백만명이었는데 그중 90만명이 아프리카인이며, 그 가운데 70만명이 5세 미만의 어린이였다(45초에 한명꼴). 이 분야의 경제적 결과 역시 대단히 심각하다. 세계보건기구(WHO)에 의하면 "만일 35년 전에 말라리아가 퇴치되었다면 아프리카의 국내총생산은 현재보다 1,000억 달러 이상 높아졌을

것"이며, "말라리아는 매년 아프리카 성장률의 1%를 저하시키고 있
다"고 한다. 게다가 말라리아에 걸린 환자를 둔 가정은 "평균소득의
1/4 이상을 말라리아 치료에 지출한다"는 것이다.

마찬가지로 결핵은 매년 200만명의 인명을 앗아가는 질병이며, 이
는 치료를 받기 어려운 가장 빈곤한 사람들에게 닥친 현실이다. 이 질
병은 2020년까지 약 10억명이 감염되어 3,500만명의 사망을 초래할
것으로 예상되고 있다.

에이즈와 말라리아, 그리고 결핵은 제3세계, 특히 아프리카를 서서
히 파괴하고 있다.

환경 자원의 지속성을 보장한다 이산화탄소는 환경에 가장 중대
한 위협이다. 이산화탄소 배출량은 1980년 53억톤에서 1998년 66억톤
으로 늘어났으며 이는 주로 부국들에 의한 것이다. 온실효과를 초래하
는 가스 배출을 축소하기 위해 1997년 쿄오토 의정서가 체결된 지 5년
이 지났지만 이 의정서를 적용하기에는 비준국 수가 충분하지 못한 상
황이다. 이산화탄소 배출량의 1/4을 차지하고 있는 미국은 조지 W. 부
시가 대통령으로 당선된 이후 기존의 서명 자체를 번복했다. 당시 백
악관 대변인은 다음과 같이 말했다. "에너지 대량 소비는 우리 생활양
식의 한 부분이며 미국식 생활양식은 성역이다." 2002년 9월 요하네스
버그에서 개최된 세계 지속가능한 발전을 위한 정상회의에서 러시아
와 중국 그리고 캐나다가 비준을 약속한 것은 그나마 언젠가 이 제한
적인 협약이 실현될 수 있음을 기대하게 했다…….

다른 한편 벌목은 농업으로 생계를 잇는 2억 5천만명에게 직접적인
영향을 미치고 있으며 10억인의 생존을 위협하고 있다. 이들 역시 가
장 빈곤한 계층이라는 점을 다시 한번 지적하지 않을 수 없다.

물을 지속적으로 마실 수 없는 인구의 비율을 절반으로 줄인다
2000년 현재 11억명의 사람들, 즉 세계 인구의 1/5 가까이는 제대로
설치된 시설을 통해 물을 구할 수 없다.

불량 거주지 생활자 가운데 최소한 1억명의 생활 조건을 획기적
으로 향상시킨다 2000년 현재 24억명의 사람들, 즉 인구의 2/5는 적
절한 위생 시설을 갖추지 못한 생활 조건에서 살며, 그러한 환경이 건
강에 미치는 영향은 심각하다. 예를 들어 매년 40억 건의 설사병에 의
해 220만명의 남자와 여자가 죽는다.

발전을 위한 세계적 파트너십을 창설한다 2001년 현재 북부가
제공하는 공공개발원조[13]는 510억 달러에 달하며, 이는 부국 국민총생
산의 0.22%에 달한다(프랑스 0.34%, 벨기에 0.37%, 스위스 0.34%, 미
국 0.11%). 1992년부터 2002년 사이 공공개발원조는 실질적인 화폐
가치로 따졌을 때 30% 이상 줄어들었다. 1970년 유엔정상회의에서 부
국들은 각자 국내총생산의 0.7%를 공공개발원조에 투자하겠다고 약
속했는데 말이다. 이들 중 덴마크, 노르웨이, 네덜란드, 룩셈부르크,
스웨덴 등 5개국만이 목표를 달성했다.
    유엔개발계획에 따르면 밀레니엄 목표를 달성하기 위해서는 기존의
공공개발원조 액수를 두배로 늘려야 한다. 이는 1970년에 약속한 액수
에도 미치지 못한 규모다. 그런데도 유럽연합은 2006년에 이 액수가
국내총생산의 0.39%를 초과하지 않도록 할 예정이다. 이처럼 최소한
의 노력만 기울인다면 금융 수단의 부족은 피할 수 없는 일이 되어버
린다. 북부 지도자들의 아름다운 인도주의적 연설이 행동으로 구현되

는 건 확실히 힘든 일이다.

인간발전에 대한 이상의 걱정스러운 종합적 검토 뒤에는……
미국의 잡지 『포브스』가 제시한 수치에 의하면 2002년 2월 세계에서
가장 부유한 147명의 재산이 1조 달러를 넘었다. 1998년에는 가장 부
유한 사람 200여명의 재산을 합해야 1조 달러에 달했고, 1995년에 그
숫자는 358명이었다. 게다가 2002년에 세계 최대 부호 7명은 6억 5천
만명이 살고 있는 저개발국 49개국의 국내총생산보다 많은 재산을 가
지고 있었다.

『포브스』에 따르면 10억 달러 이상의 재산을 가진 부호는 세계적으
로 497명인데(그중 240명은 유산으로 받은 재산이다!) 이들 497명의
누적 재산은 1조 5,442억 달러에 달했다.

유엔개발계획과 유니쎄프의 계산에 의하면 2000년 현재 매년 800
억 달러씩 10년을 투자한다면 인구 전체에 적절한 식량, 마실 수 있는
물에 대한 접근, 기초 교육이나 기초 치료에 대한 접근 등 기본적인 써
비스를 제공하는 데 충분하다고 한다.

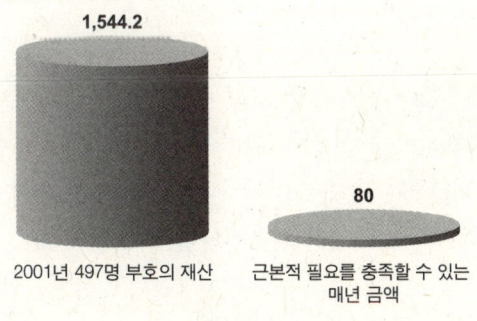

10억장자들의 재산과 가장 빈곤한 사람들의 필요 비교(10억 달러)

1,544.2

80

2001년 497명 부호의 재산

근본적 필요를 충족할 수 있는
매년 금액

* 출처: 『포브스』(2002)

이는 497명의 10억장자들의 재산에 대해 매년 5.2%의 기부금을 징수한다면 모든 사람들의 기본적 필요를 충족시키는 데 충분하다는 의미이다.

유엔개발계획의 예측은 명백하다. "만일 획기적인 변화가 실현되지 않는다면 한 세대 뒤에 세계의 지도자들은 결국 똑같은 목표를 다시 한번 세워야 하는 위험을 감수해야만 한다."

어떻게 이런 상황에 도달했는가? 이는 우연의 결과인가 아니면 불공평한 경제 체제의 결과인가? 이 책의 다음 부분에서는 유엔개발계획이 강력하게 주장하는 '획기적인 전환'을 제기하는 기회를 갖기 위해 게임의 규칙을 이해해보도록 노력할 것이다.

내가 빈자들에게 식량을 주면 사람들은 나를 성인이라고 한다. 하지만 내가 왜 빈자들에게는 먹을 것이 없냐고 묻는다면 사람들은 나를 골칫덩어리로 생각할 것이다. —돔 엘데르 까마라(Dom Helder Camara, 브라질의 고위 성직자, 1964~1985년 레씨페의 대주교).

 채무에는 어떤 종류가 있는가?

외채의 결과를 검토하기에 앞서 우선 사용하는 용어들을 명확하게 하는 것이 필요하다. 한 국가의 총채무는 국내 채무(국내의 채권자, 예를 들면 국내 은행과 계약한 채무)와 국외 채권자와 계약한 국외 채무로 나누어진다. 국내 채무는 대부분의 경우 해당 국가의 화폐로 표시된다.[14] 이를 갚기 위해 정부는 지폐를 찍거나, 세금을 거두거나, 이자율[15]을 낮출 수 있다. 이는 해당 국가의 내부적 과정이라고 할 수 있다.

이 책에서는 채무의 내부 과정은 다루지 않을 것이다. 물론 채무자들에게 이런 국내 채무도 커다란 짐이 될 수 있지만 말이다. 반면 외채는 좀더 복합적인 장치들을 통해 움직이고 있으며 진정한 의미의 경제 식민화를 초래할 수도 있다. 우리는 관심을 이 부분에 집중할 것이다.

내가 주장하는 것은 과거처럼 세계로부터 우리를 격리시키자는 것이 아니다. 하지만 현재 우리는 우리나라를 발전시키는 방법을 추구하는 것이 아니라 외국인들이 우리 대신 우리나라를 발전시키도록 이 나라를 팔려고 하고 있다. 우리는 여전히 식민지적 관계에 놓여 있으며 우리 자신의 나라에서 우리 아프리카인들은 아무것도 소유하지 못하고, 통제하지 못하며, 주도하지 못하는 상황이다. 우리는 곧 우리 자신의 땅에서 이방인이 되어버릴 것이다. ─프레드 음멈베(Fred M'membe, 잠비아 『더 포스트』 편집장) 『워싱턴 포스트』 2002년 4월 22일자에서 인용.

개발도상국의 외채는 공공외채와 민간외채로 구분된다. 전자는 국가, 지방단체, 공공기관이 체결한 채무나 국가가 보장하는 민간기관의 채무를 포함한다. 반면에 민간외채는 예를 들어 북부의 다국적기업의 자회사와 같은 민간기관이 체결한 채무이며 국가가 보장하지 않는다.

공공외채는 채권자의 종류에 따라 세 부분으로 나뉜다. 채권자가 국제통화기금이나 세계은행과 같은 다자기관일 경우 다자적 부분, 채권자가 다른 국가일 경우 양자적 부분, 그리고 채권자가 은행과 같은 민간기관이거나 금융시장을 통해 체결된 채무일 경우의 민간 부분이 그것이다.

여기서 총채무, 외채, 공공외채 등을 명확하게 구분하고, 용어의 쓰임을 잘 이해하는 것은 필수적인 일이다. 다음은 총괄적 도표이다.

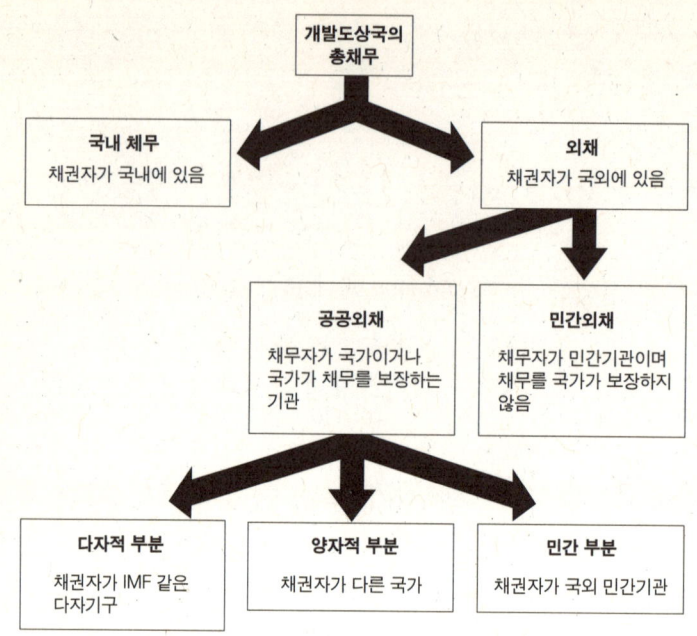

Q 04 인간개발에 외채는 어떤 영향을 끼치는가?

국제금융기관들은 집요하게 외채의 상환을 요구한다. 그들은 채무
국의 정부와 대화를 지속하기 위한 조건으로 외채 상환을 강요하는 것
이다. 우리는 남부의 정부들이 이 부도덕하고 부당한 외채를 거부할
수 있는 수많은 이유가 있다는 사실을 검토할 것이다. 이 책에서는 그
러한 방향에서 정치적·경제적·사회적·도덕적·법적·환경적·종교적
논리를 전개한다. 그러나 국제기구와 강대국들이 행사하는 압력과 북
부와 남부의 지배계급 사이의 공모로 인해 대부분의 개발도상국 지도
자들은 자국 국민들이 채무의 짐에 승복하는 것을 받아들인다.

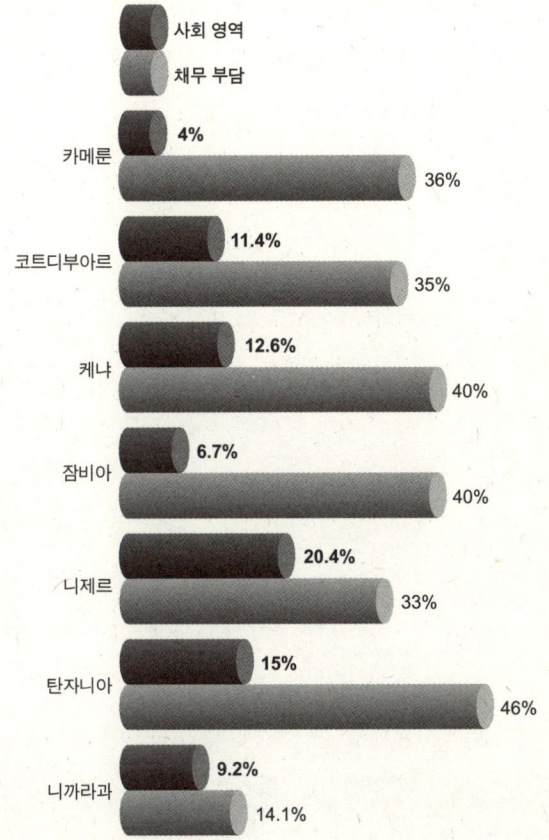

1992년에서 1997년 사이 기초 사회 영역과 채무 관련 부담의 예산 비중

■ 사회 영역
■ 채무 부담

카메룬 4% / 36%

코트디부아르 11.4% / 35%

케냐 12.6% / 40%

잠비아 6.7% / 40%

니제르 20.4% / 33%

탄자니아 15% / 46%

니까라과 9.2% / 14.1%

* 출처 : UNDP 「세계 빈곤에 관한 보고서」(2000)

개발도상국의 채무는 이미 이들의 취약한 경제가 감당하기에는 너무 과중해져버렸고, 모든 개발의 가능성을 무화시켜버리는 경향이 있다. 유엔 사무총장 코피 아난(Kofi Annan)에 의하면 2000년 현재 사하라 이남 아프리카 국가 예산의 평균 38%는 채무 관련 부담에 소요된다고 한다.

이들이 국제통화기금과 세계은행 그리고 다른 채권자들의 요구를 받아들인다면 선택할 수 있는 방안은 엄격한 긴축예산 정책을 펴는 것 밖에 없다. 이는 결국 교육과 보건, 인프라의 관리와 고용을 창출할 수 있는 분야에 대한 공공 투자, 주택 또는 과학기술과 문화 부분에 대한 공공 지출을 최소한으로 축소한다는 것을 의미한다. 단지 경찰과 사법 부분에 대한 지출만이 살아남을 뿐이다.

이 거대한 채무 관련 금액을 지불하기 위해 정부는 채무 상환에 필요한 달러나 다른 경화를 구해야만 한다. 이를 위해 수출 정책에 우선권이 주어지고, 결국 지하자원과 석유·가스와 같은 천연자원의 개발이 가속화되며 커피·카카오·면화·차·땅콩·사탕 등의 환금 작물의 개발이 무차별적으로 이뤄진다. 가장 우수한 투입요소[16]들은 이들 산업에 집중된다. 취약한 국가들의 종속적 상황을 더욱 가중시키는 무척이나 위험한 단종 재배[17]는 보편화된다. 이 과정에서 식량 생산은 포기되며, 농산물 수출국인 자신이 필요한 식량을 수입해야 하는 상황이 발생한다. 이런 과정 속에서 마다가스카르처럼 고급 쌀을 수출하면서도 자국 국민의 식량으로 품질이 나쁜 쌀을 수입하는 경우가 생긴다.

상품을 저렴한 비용으로 생산하기 위해 해당 인구의 생활 조건이나 생존 조건은 완벽하게 무시된다. 최소한에 불과한 사회적 써비스는 그나마 자주 훼손되고, 노동 조건은 최악의 수준에 머문다.

게다가 개발도상국의 풍부하고 다양한 천연자원은 대부분 과중하게 수탈당하고 있으며, 이는 심각한 환경 문제를 야기하고 있다. 예측에 따르면 일부 국가들의 주요 천연자원이 몇십년 안에 바닥날 상황에 놓여 있는데 가봉의 석유가 그러한 경우이다. 남부의 많은 국가들이 열대림에 대한 집중적인 수탈과 농지 면적의 확대가 초래한 벌채와 그파괴 현상에 경각심을 높이고 있다. 유엔식량농업기구(FAO)에 따르면 1990년대 9,400만 헥타르의 숲이 사라졌는데 이는 대부분 개발도상국에 있었으며, 일부 지역에서는 숲이 사람들의 생존 공간임에도 불구하고 벌채가 진행됐다. 해마다 헝가리 국토에 해당하는 숲이 벌채되고 있다. 유엔 국제평화아카데미의 한 보고서가 전하는 더욱 심각한 현실은 유럽연합에 수입되는 목재의 절반이 아프리카에서 합법적으로 활동하는 회사들에 의해 불법적으로 벌목된 것이라는 점이다. 마지막으로 세계은행 총재에 의하면 조류의 12%와 포유류의 25%가 멸종의 위기에 처해 있다고 한다.

이 가공할 만한 위협에 대응할 만한 안을 마련하기 위해 유엔은 2002년 요하네스버그에서 지속가능한 발전을 위한 세계 정상회의를 개최했고 전세계 수만명의 대표들이 참석했다. 이 실망스러운 대파티의 비용은 7,800만 달러에 달했는데 3,200만 달러는 남아공의 민간 회사들이 지불했고, 4,600만 달러는 유엔의 몫이었다. 7,800만 달러는 말리의 1년 보건 예산의 67%에 달한다.

분석이 이 단계에 도달하면 외채와 인간발전의 상호관계는 명백해진다. 외채의 기제를 통해 국제금융기관과 북부의 국가들, 그리고 다국적기업들은 개발도상국의 경제를 통제할 수 있으며 이들의 자원과 부를 현지 사람들에게서 빼앗아 손아귀에 쥘 수 있다. 이는 구조조정[18] 정책의 채택으로 규정된 새로운 형식의 식민지화라고 할 수 있다(Q 15, 16). 남부와 관련된 결정들은 남부에서 내려지는 것이 아니라 워싱턴(미국의 재무성, 세계은행 또는 국제통화기금의 소재지)이나 빠리(북부 채권국의 모임인 빠리클럽의 소재지, Q 17) 또는 런던클럽(런던에 본부가 있는 것은 아니지만 북부 대규모 은행들의 클럽)[19]내에서 내려진다. 그 때문에 기본적인 인권의 충족에는 우선권이 주어지지 않는다. 우선권은 경제적·재정적·지정학적 기준의 충족에 주어질 뿐이다. 예를 들면 외채의 상환, 자본과 상품에 대한 국경의 개방, 강대국의 동맹국에 대한 특권적 대우 또는 꾸바와 같은 '적국'의 목조르기 등에 우선권이 주어지는 것이다.

2001년 개발도상국이 외채 부담금으로 지불한 액수는 3,820억 달러에 달한다. 이 고액의 상환금으로 인해 개발도상국은 빈곤을 효율적으로 퇴치하는 데 필요한 소중한 자원을 잃었으며, 북부 국가들의 원조 역시 지속적으로 줄어들고 있다.

외채는 인간의 기본적 필요를 충족시키는 데 주요 장애물이다(10억 달러)

인간의
필요 충족에 필요한
연간 액수

80

-382

외채 부담으로 개발도상국이 지불하는 연간 액수

＊출처 : 세계은행, *Global Development Finance* (2002) ;
UNDP, 「인간발전에 관한 세계보고서」(2000)

오늘날 외채는 부국들이 개발도상국 전체를 지배하는 씨스템의 핵심에 자리잡고 있으며, 인간의 기본적 욕구를 충족하는 데 주요 장애물이 된다고 할 수 있다. 우리는 이와같은 교묘하면서도 사악한 작동 원리를 이해해야만 한다.

교육받고 정보에 접근하는 게 용이한 프랑스인들은 당시 그들의 군대가 베트남과 알제리에서 어떤 짓을 했는지 알고 있었다. 마찬가지로 교육받고 정보에 접근할 수 있는 러시아인들은 당시 그들의 군대가 아프가니스탄에서 어떤 짓을 했는지 알고 있었으며, 남아공과 미국의 교육받고 정보를 소유한 사람들은 그들의 '하수인'들이 모잠비크와 중앙아메리카에서 한 짓을 알고 있었다. 마찬가지로 오늘날 교육받고 정보를 접하는 유럽인들은 빈곤 국가에게 외채의 채찍이 내리쳐질 때 어떻게 어린이들이 죽어가는지 알고 있다. ─스벤 린드크비스트(Sven Lindqvist) 『이 야만인들을 모두 처치하라』 (*Exterminez toutes ces brutes*).

| 주 |

1 이 명칭은 이들 국가들이 발전하고 있다고 생각하게끔 하지만 실제로 이들 중 대부분은 정체되어 있거나 저발전의 길을 가고 있다. 게다가 발전의 정도(正道)가 있다고 가정하는 발전이라는 개념 자체도 다시 생각해보아야 하며 가장 산업화된 국가를 모두가 추구해야 하는 발전모델로 삼는 것에 대해서도 문제를 제기해야 할 것이다. 따라서 개발도상국이라는 명칭은 그다지 적합한 개념이 아니라고 할 수 있다. 그럼에도 불구하고 우리가 이 명칭을 사용하는 이유는 국제기구의 자료를 활용하기 때문이며 이들을 비판하기 위해서이기도 하다. 또한 독자들은 우리가 제시하는 자료들을 각종 웹싸이트나 출판물에서 확인할 수 있을 것이다.
2 특정 영토에서 생산된 부의 총액을 의미하며 부가가치의 합계로 측정된다.
3 특정 영토가 아닌 특정 국가가 생산한 부를 의미한다. 따라서 외국에서 생활하는 특정 국가 시민들의 소득을 포함한다.
4 1965년 창설되었고 뉴욕에 본부를 두고 있는 유엔의 주요 기술 지원 조직이다. 이 기구는 정치적인 조건과 상관없이 개발도상국에 기초적인 행정 및 기술 써비스 구축을 지원하며, 간부 양성에 기여하고, 주민의 주요 필요를 충족하는 데 참여한다. 또한 지역 협력 프로그램을 주도하며 원칙적으로 현장에서 유엔의 다양한 프로그램 전체를 조정한다. 유엔개발계획은 주로 서구의 노하우와 기술에 의존하고 있지만 참여하는 전문가 중 1/3은 제3세계 출신이다. 유엔개발계획은 매년 인간개발보고서를 출판하는데 그 보고

서를 통해 인간개발지수에 따른 국가 순위를 소개한다. www.undp.org

5 무역과 관세에 관한 일반협정(GATT, 세계무역기구의 전신)에 저항하기 위해 개발도상국의 압력하에 1964년 창설되었다. www.unctad.org

6 낮은 일인당 소득, 인적 자원의 취약성과 다양화되지 못한 경제 사정과 같은 기준에 따라 유엔이 정의했다. 모두 49개국이 포함되며 2000년 7월에 세네갈이 추가되었다. 30년 전 저개발국가는 25개국에 불과했다.

7 한 국가의 발전 정도를 측정하기 위해 유엔이 사용하는 도구로서 주민들의 일인당 소득, 교육 수준, 평균수명 등을 고려해 판단한다.

8 1997년부터 유엔개발계획은 인간개발보고서를 통해 화폐 소득을 제외한 다른 기준에 근거하는 인간빈곤지수로 제3세계의 빈곤을 측정하고 있다. 그 기준은 다음과 같다. ① 40세 이전에 사망할 가능성 ② 문맹 성인의 비율 ③ 경제가 제공하는 써비스. 이러한 써비스의 품질을 결정하기 위해 두가지 요소를 감안한다. 첫째는 적절한 물에 대한 접근이 불가능한 사람들의 비율이고, 둘째는 체중 부족에 시달리는 5세 미만 어린이의 비율이다. 화폐 소득이 무척 저조하더라도 일부 국가는 주민들에게 써비스에 대한 접근을 용이하게 함으로써 빈곤의 결과를 완화시켜왔다. 해당 국가 중 2002년 우수한 결과를 나타낸 국가로는 우루과이, 꼬스따리까, 칠레, 꾸바 등이 포함되었다. 이들 국가는 인간빈곤지수를 5% 이하로 줄이는 데 성공했다.

9 Genetically Modified Organism. 식물이나 동물의 품질이나 성질을 변형시키기 위해 유전자 조작을 한 것으로 그 목적은 대개 농약에 대한 저항력을 키우려는 것이다. 2000년 유전자변형작물을 재배하는 경작지가 4천만 헥타르에 이르렀으며, 그 3/4 이상이 콩과 옥수수였다. 주요 생산국은 미국과 캐나다, 아르헨띠나이다. 부국의 가축 사료로 쓰기 위해 집중적으로 재배하는 유전자변형작물은 여러가지 문제를 일으키고 있다. ① 보건 문제: 새로운 유전자의 결과를 언제나 알 수 있는 것은 아니고 농약에 대한 저항력으로 인해 생산자는 농약 사용을 늘릴 수밖에 없다. 농약에 전 유전자변형작물이(특히 미국의 콩) 인간의 건강에 어떤 영향을 미칠지 알 수 없다. 게다가 새로운 유전자를 만들기 위해 항생제에 저항력이 있는 유전자와 조합을 하며, 정상적인 세포를 가진 작물을 항생제가 포함되어 있는 액체에서 키워 실제로 세포가 변형된 것만을 추려낸다. ② 법적 문제: 몬산토와 같은 농화학 부문의 다국적기업만이 유전자변형작물 생산 비밀을 가지고 있으며, 그들은 이와 관련된 특허권 행사로 로열티를 받는다. 다국적기업들은 새로운 작물과 관련해 사법적 공간이 있다는 것을 알고 강력하게 공격해 들어간다. 농민들

은 쉽게 이들에게 종속된다. 정부는 가능한 한 저항해보지만 점점 더 자주 이들과 타협하며, 정상적이라고 생각했던 종자에서 유전자변형체가 발견되더라도 별다른 대응책을 찾지 못하고 있다. 예를 들면 2000년 5월 프랑스 북부의 유전자변형 유채(油菜) 발견(Advanta Seeds), 2000년 6월 로테가론의 2,600헥타르에서 유전자변형 옥수수 발견(Golden Harvest), 2000년 10월 미국에서 타코 벨 옥수수 과자의 유통 금지(Aventis) 등을 들 수 있다. 다른 한편 2000년 4월 12일 유럽의회에서 진행된 관련 권고사항의 투표에서 생산자들의 책임을 규정하는 수정안은 거부되었다. ③ 식량 문제: 유전자변형작물은 농산물 과다 생산에 시달리고 있는 북부에서는 불필요하며, 오히려 농민 중심의 유기농 생산이 장려돼야 한다. 남부에서도 이들은 불필요한데 일단 이 비싼 종자에 쓰이는 농약을 살 수 없기 때문이며, 다른 한편 전통적인 생산을 완전히 뒤흔들어놓을 것이기 때문이다. 유엔국제식량농업기구가 명확하게 밝혔듯이 세계의 기아는 생산 부족에서 오는 것이 아니다. ④ 환경 문제: 유전자변형작물은 시장에 퍼질 수 있으며 자연 농업 작물을 오염시킬 수 있다. ⑤ 사회 문제: 남부의 농민들은 매년 종자를 구입할 수단을 갖지 못할 수 있다.

10 재배하는 작물이 수출을 위한 것이 아니라(커피, 카카오, 차, 땅콩, 사탕 등) 현지 주민의 식량에 해당하는 경우(밀이나 마니옥과 같은)를 의미한다.

11 지구상 최강대국들을 포함하는 그룹으로 독일·캐나다·미국·프랑스·영국·이딸리아·일본을 포함하며, 2002년 6월부터 러시아가 정식으로 참여한다. 이들 국가의 원수들은 매년 6월이나 7월에 회의를 연다.

12 '무역과 관세에 관한 일반 협정'(GATT)을 대신하기 위해 1995년 1월 1일 창립되었다. 세계무역기구의 경우 국제기구의 성격을 보유하고 있다는 점에서 큰 차이가 있다. 이 기구는 다국적기업의 전략에 부응하기 위하여 세계무역의 자유화를 가속화하고 그 어떤 회원국도 보호주의를 채택할 수 없도록 하는 역할을 한다. 이 기구 내부에 마라케시 선언에 따라 위반 사례를 다루는 국제 무역분쟁 조정 기관을 두고 있다. www.wto.org

13 공공개발원조란 선진산업국의 공공기관들이 증여하거나 우혜적인 금융 조건으로 제공하는 차관을 말한다. 따라서 시장의 조건보다 낮은 이자율로 제공된 차관은 비록 나중에 이 자금을 완전하게 다 갚아야 한다고 하더라도 원조로 계산된다. 연계 양자 차관이나(수혜국이 빌린 자금으로 반드시 채권국의 상품이나 써비스를 구매해야 하는 차관) 외채 경감의 대부분도 공공개발원조로 계산된다. 식량 원조를 제외한다면 이같은 원조의 사용처는 대략 세가지로 구분된다. 농촌 개발, 인프라 건설, 그리고 재정 적자나 대외

수지 적자를 메우는 데 사용되는 비프로젝트성 원조가 그것이다. 가장 빠른 속도로 늘어나는 부분이 바로 이 세번째 종류이다. 이같은 원조는 '조건'들을 수반하게 되는데 이들은 공공 적자의 축소, 민영화, 환경 보호, 빈곤에 대한 정책, 민주화 등 다양하다. 이러한 조건들은 북부의 주요 정부들과 세계은행·국제통화기금 커플에 의해서 결정된다. 이러한 원조는 다자 원조, 양자 원조, 비정부기구라는 세가지 채널을 통해 전달된다.

14 예외가 존재하지 않는 것은 아니다. 일부 국가의 국내 채무는 자국 화폐로 표시되지만 달러에 연동되어 있다. 이럴 경우 만일 자국 화폐가 평가절하되면(2002년 상반기 브라질의 경우처럼) 국내 채무는 자동적으로 같은 비율로 증가하게 된다.

15 A가 B에게 돈을 빌려주면 B는 빌린 돈 이외에 이자라고 불리는 추가 액수를 지불해야 한다. 이는 A가 돈을 빌려주도록 하는 유인 요인이다. 이자율의 차이에 따라 지불해야 하는 이자의 액수가 결정된다. A가 1억 달러를 10년간 5% 이자율로 빌린다면 첫해에는 원래 빌린 자본의 1/10인 1천만 달러를 상환하며 자본의 5%에 해당하는 이자 5백만 달러를 합해 모두 1500만 달러를 상환한다. 두번째 해에는 여전히 원래 자본의 1/10을 상환하지만 이자는 9천만 달러에 대한 5%이기 때문에 450만 달러로 줄어들고 도합 1,450만 달러를 상환하게 된다. 이런 식으로 계산하면 10년째에는 마지막 1천만 달러와 이에 대한 이자 5%, 즉 50만 달러를 합해 모두 1,050만 달러를 상환하게 된다. 10년간 상환한 액수는 모두 1억 2,750만 달러이다. 일반적으로 원금의 상환은 같은 비중으로 이뤄지지 않는다. 처음에는 대개 이자만을 갚아나가며 시간이 지나면 원금 상환으로 원금도 조금씩 줄어든다. 하지만 상환이 중단되면 갚아야 하는 자본이 불어나게 된다. 명목 이자율은 차관이 체결된 이자율이다. 실질 이자율은 명목 이자율에서 인플레이션을 제한 이자율이다.

16 상품의 생산에 투입되는 요소를 지칭한다. 농업에서 비료나 농약 등은 생산을 향상시키기 위한 생산요소다. 많은 개발도상국이 외채를 상환하는 데 필요한 외화를 벌어들이기 위해 가장 양질의 생산요소를 수출용 농산품 재배에 투입하고, 그 결과 주민의 삶에 필수적인 식량 재배는 배제된다.

17 한 종류만 생산하는 농업을 말한다. 남부의 많은 국가들은 외채 상환에 충당할 외화를 벌어들이기 위해 한 종류의 농산품만을 수출용으로 재배하는(예를 들면 면화, 커피, 카카오, 땅콩, 담배 등) 특화 과정을 거쳤다.

18 새로운 차관이나 과거 차관의 재조정의 댓가로 국제통화기금이 강요하는 경제 정책이다.

19 이 클럽은 개발도상국의 정부 및 기업에 대한 채권을 보유하고 있는 민간은행들의 클럽이다. 1970년대 이 민간은행들은 어려움을 겪고 있는 개도국들의 주요 차관 제공자로 등장했다. 1970년대 후반에는 이들이 채권 중에서 50% 이상을 제공하게 되었다. 1982년 외채 위기가 발생했을 때 런던클럽은 국제통화기금의 지원을 요청했다. 오늘날 이들 민간은행들은 채무국의 외채를 조정하기 위해 만나곤 하는데, 좀더 정확하게 이러한 회의를 자문회의라고 한다. 이 회의는 항상 빠리에서 열리는 빠리클럽 회의와는 달리 뉴욕, 런던, 빠리, 프랑크푸르트 등 각 국가 및 은행의 선호에 따라 장소를 옮기며 열린다. 1980년대 구성된 자문위원회는 언제나 채무국에게 긴급하게 경제안정화 정책을 채택하고 국제통화기금의 지원을 요청한 다음 민간은행들의 채무 재조정이나 새로운 자금 지원을 요구하라고 충고했다. 게다가 국제통화기금의 허락 없이 자문위원회가 어떤 자금 지원을 결정하는 경우는 거의 없다. 그리고 이러한 결정은 항상 해당 국가가 적절한 정책을 편다고 판단할 때만 내려진다.

개발도상국 외채의 기원

개발도상국 외채를 가중시킨 자들은 누구인가?

제2차세계대전 이후 미국은 유럽의 재건을 위해 마셜 플랜(Marshall Plan)[1]을 수립했다. 그들은 유럽 경제가 다시 설 수 있도록 돕기 위해 대규모의 투자를 단행했으며, 유럽 국가들은 빠르게 미국의 특별 교역국으로 등장했다. 그 결과 점점 더 많은 규모의 달러가 세상에 유통되었으며, 미국 정부는 자국 금고의 금을 유지하기 위해 1971부터 달러를 금으로 환전하는 것을 제약하는 정책을 폈다. 미국 정부는 미국 기업들의 해외 투자를 장려했고 이를 통해 달러의 과다한 국내 반입과 인플레[2]의 가속화를 피하려 했다. 바로 이와같은 이유로 1960년대 서방의 은행에는 유로 달러라고 불리는 달러화가 넘쳐났다. 이들은 이 달러를 무척 저렴한 조건으로 개발을 추진하는 아프리카의 신흥 독립국들과 높은 성장률을 자랑하는 라틴아메리카 국가들에게 빌려주었다. 우리는 이 과정에서 채무자들의 동기가 자국의 경제를 발전시키려는 의지와는 거리가 있었다는 사실을 살펴볼 것이다.

1973년부터 오일 쇼크로 불리는 석유 가격의 증가로 인해 산유국들은 높은 수입을 올렸고, 이들은 그 자금을 다시 서방 은행에 예금했다. 서방 은행들은 이 오일 달러를 매우 낮은 금리로 남부 국가들에게 제공했는데 이 민간은행들이 빌려준 자금이 개발도상국 공공외채의 민간 부분을 구성한다.

한편 북부 국가들이 빌려준 외채가 있다. 1973~75년의 오일 쇼크를 맞아 북부 국가들은 제2차세계대전 이후 처음으로 전반적 경제 침체를 맞았다. 경기 침체와 대량 실업으로 북부에서 생산된 상품들은 판매되지 않았다. 이 상황을 해결하기 위해 북부의 국가들은 남부에 구매력을 제공함으로써 이들로 하여금 북부의 상품을 사도록 유인하기로 결정했다. 이로써 국가 대 국가의 융자가 이뤄졌으며 이는 대개 수출에 대한 자금 지원의 형식으로 나타났다. 이것이 이른바 연계 원조라고 하는 것이다. 쉽게 말해서 내가 너에게 낮은 금리로 1천만 달러를 빌려줄 테니 너는 1천만 달러어치 내 상품을 사라. 바로 이런 방식으로 공공외채의 양자적 부분이 구성되었다.

외채의 세번째 행위자는 세계은행이다. 국제통화기금과 마찬가지로 1944년 브레턴우즈(Bretton Woods, Q 12, 13)에서 만들어진 세계은행은 베트남 전쟁 당시 미국의 국방장관을 역임한 뒤 총재로 취임한 로버트 맥너마러(Robert MacNamara)의 주도 아래 1968년부터 제3세계에 대한 융자를 대폭 확대했다. 1968년부터 1973년 사이 세계은행이 빌려준 자금은 1945년부터 1968년 사이에 빌려준 것보다 너 많나. 세계은행은 남부의 국가들이 대규모 융자금을 통해 수출 산업을 근대화함으로써 세계 시장에 더 긴밀하게 연계되도록 유인했다. 이 융자금은 공공외채의 다자적 부분을 형성하게 되었다.

마지막으로 남부의 정부와 지배계급은 이 모든 과정에서 중요한 역할을 담당했다. 이들은 서방의 유혹의 노래에 심취하여 자국을 외채에 허덕이는 길로 인도했다. 이들은 국가의 이름으로 체결된 융자금을 개인의 치부를 위해 빼돌릴 수 있는 손쉬운 수단(또는 어떻게든 채무의 일부분을 개인적 자금으로 전환하는 수단)으로 여겼다.

1970년대 말까지만 해도 채무의 정도는 남부 국가들이 감당할 수 있는 수준이었다. 왜냐하면 당시 이자율은 낮았고, 이 융자를 통해 남부 국가들은 더욱 많은 생산과 수출을 이뤄 외화를 벌어들였으며, 이는 외채를 상환하고 투자할 수 있는 여유를 제공했기 때문이다.

1968년부터 1980년 사이 세계은행이 예상한 발전과정

민간은행과 북부 국가, 세계은행, 그리고 남부의 정부로 구성된 네 행위자들은 개발도상국 외채의 폭발적 증가의 시발점에 자리잡고 있다. 1968년에서 1980년 사이 개발도상국의 외채는 500억 달러에서 6,000억 달러로 12배나 증가했다.

외채의 무게는 수많은 개발도상국의 공공 예산을 짓누르고 있다. 게다가 이 외채는 과거 권위주의 정권들이 만들어놓은 비생산적 계획을 추진하는 데 사용되었고, 그것을 오늘날 상환하고 있는 것이다. ─UNDP「인간발전에 관한 세계보고서」(2002).

50

06 개발도상국 과중 외채의 지정학적 환경은 무엇인가?

1945년 이후 냉전체제가 시작되었다. 미국과 소련, 두 초강대국은 대규모 군사 경쟁 속에서 자신의 영향권을 보호하거나 확산시키기 위해 간접적인 방식으로 대립했다.

1950년대와 1960년대 수많은 국가들이 정치적 독립의 길을 추구했다. 완강한 독립운동을 거쳐 우선 아시아의 국가들이, 이어 아프리카의 국가들이 탈식민화에 도달한 것이다. 이들 국가 중 일부는 과거 식민 대국과 거리를 두면서 자신이 결정한 발전의 길을 가려는 의지를 표현했다. 이들은 1955년 4월, 인도네시아 반둥에서 첫 회의를 개최했다. 이 회의를 통해 국제무대에 '제3세계'가 출현하게 되었으며, 이는 향후 비동맹 노선의 등장을 예고하는 것이었다.

세계은행은 소련의 영향력은 물론 민족주의나 반제국주의의 영향력을 축소시키려고 애썼다. 특히 그러한 노력은 금융 부문에서 구체화되었다. 국제통화기금과 세계은행의 활동과 통제에 관한 프랑스 하원 재정위원회의 2000년 보고서에서 이브 따베르니에(Yves Tavernier) 의원이 밝히고 있듯이, "은행의 역할은 서방에 유익하도록 제3세계의 고객들을 충성하게 만드는 것이었다". 이 전략은 이중적이었는데 한편으로는 동맹자들을 지지하는 데 자금을 사용했고, 다른 한편으로는 적대적인 자들을 노예화하는 데 사용하기도 했다.

우선 세계은행은 지구의 다양한 지역에서 미국의 전략적 동맹국들을 지지했고(1965년부터 1997년까지 자이레의 모부투 세세 세코 Mobuto Sese Seko, 1965년부터 1998년까지 인도네시아의 모하메드 수하르토Mohammed Suharto, 1965년부터 1986년까지 필리핀의 페르디난드 마르코스Ferdinand Marcos, 1964년부터 1985년까지 브라질의 독재정권, 1973년부터 1990년까지 칠레의 아우구스또 삐노체뜨Augusto Pinochet, 1976년부터 1983년까지 아르헨띠나의 독재정권 등), 이로써 미국의 영향력은 강화됐다.

또한 세계은행은 지배적인 자본주의 모델과는 다른 이질적 정책을 펴려는 국가들에게 조건부 융자를 강요했다. 은행은 이들 국가가 필요로 하는 자본을 제공하면서 부채를 상환하고 산업 시설을 근대화하기 위해서는 이 나라가 보유하고 있는 원자재를 수출하면 된다고 설명했다. 이런 방식을 통해 세계은행은 남부 국가들이 추진하는 경제 정책에 대해 간섭권을 확보하게 되었으며, 서방세계에 대해 거리를 두려는 수많은 지도자들(1954년부터 1970년까지 이집트의 가말 압델 나쎄르Gamal Abdel Nasser, 1960년부터 1966년까지 가나의 콰메 은크루마Kwame N'kruma, 1972년부터 1980년까지 자메이카의 마이클 맨리Michael Manley, 1949년부터 1966년까지 인도네시아의 아흐메드 수카르노Ahmed Sukarno 등)을 선진 산업강대국의 품안으로 돌아오도록 유인했다. 남부의 지도자들이 이러한 접근을 거절하면 북부의 강대국들은 이들을 전복시키고 그 자리에 독재정권을 수립하거나(1961년 과거 벨기에령 콩고에서 파트리스 루뭄바Patrice Lumumba 암살, 1963년 토고의 실바누스 올림피오Sylvanus Olympio 암살, 1973년 칠레에서 쌀바도르 아옌데Salvador Allende 암살), 군사적으로 개입했다(미국의 경우 1965년 싼토도밍고나 베트남, 1961년 용병을 통한 꾸바에 개입 등이 있었고, 프랑스는 1964년 레온 음바Léon M'ba를 복귀시키기 위한 가봉 개입, 1960년대 카메룬에서 아마두 아이조Ahmadou Ahidjo 정권을 지지하기 위한 개입, 1960년 이래 수차례에 걸친 차드 개입, 1979년 쿠데타 뒤에 다비드 다코David Dacko를 옹립하기 위한 개입

등 수많은 군사 개입을 들 수 있다). 이 모든 시도가 수포로 돌아갈 경우 1959년 이래 꾸바의 정권을 잡고 있는 피델 까스뜨로(Fidel Castro)에게 한 것과 마찬가지로 해당 국가를 지속적으로 국제사회에서 소외시켰으며, 이로 인해 그 나라가 지불해야 하는 비용은 엄청난 것이었다.

결국 지정학적 요인은 남부 국가들의 외채 체결 과정에서 중요한 배경을 형성했다고 하겠다.

많은 경우 융자는 냉전 기간 동안 정부를 부패시키기 위해 쓰여졌다. 당시 관건은 이 자금이 해당국의 복지를 향상시키느냐가 아니라 세계 지정학적 현실을 감안할 때 정세를 안정적인 상황으로 이끌어갈 것인가였다. ─조지프 스티글리츠(Joseph E. Stiglitz, 1997~99년 세계은행의 수석 경제학자, 2001년 노벨 경제학상 수상자) 2000년 3월 7일 '아르떼' 방송 연설 「다른 세계화」.

 남부 개발도상국 외채를 가중시킨 자는 누구였으며, 외채는 어떻게 사용되었는가?

남부 국가의 지도자들이 체결한 차관은 대부분 국민에게 혜택을 가져다주지 못했다. 대부분의 차관은 북부 강대국들의 전략적 동맹국의 독재정권에 의해 도입되었다. 1980년 현재 과중하게 부채를 짊어진 나라의 명단을 보면 삼극체제 국가들과의 밀접한 정치적 관계를 어렵지 않게 발견할 수 있으며, 이들이 얼마나 권위적인 정권인가를 알 수 있다. 브라질, 멕시코, 한국, 아르헨띠나, 인도네시아, 알제리, 터키, 이집트, 필리핀, 칠레, 파키스탄, 루마니아, 뻬루, 나이지리아, 태국 등이 이들이다.

　부패한 정권은 차관액의 상당 부분을 횡령했다. 이들이 그토록 쉽게 자국에 부채를 짊어지게 한 이유는 그 과정에서 동조자들의 도움으로 수수료를 챙길 수 있었기 때문이다. 자이레를 30여년 이상 지배한 모부투 세세 세코가 사망 당시 80억 달러로 추정되는 재산을 소유한 사실을 어떻게 설명할 수 있겠는가? 이 액수는 자이레 외채의 2/3에 해당하는 금액이며, 이는 모부투 주변 인물들의 축재를 제외한 것이다. 또한 1986년 아이띠를 30여년간 무자비한 억압으로 지배한 뒤발리에 일가(우선 빠빠 독이라 불린 프랑쑤아 뒤발리에François Duvalier, 그리고 베베 독이라 불린 장끌로드 뒤발리에Jean-Claude Duvalier)가 프랑스의 꼬뜨다쥐르로 도주할 때 이들의 재산은 9억 달러로 추정되었는데 당시 아이띠의 외채는 7억 5천만 달러였다. 1998년 32년간의 지배 끝에 정권에서 축출된 인도네시아의 모하메드 수하르토 일가의 재산은 400억 달러로 추정되었는데 당시 인도네시아는 절망적인 경제침체에 빠져 있었다. 이들의 축재를 어떤 방법으로 설명할 것인가?

　때로는 아르헨띠나 독재정권(1976~83년) 같은 황당한 사례가 나타나기도 한다. 이 기간에 아르헨띠나의 외채는 5.5배 불어나 1983년에는 450억 달러에 이르렀는데 이는 대부분 미국 정부의 승인 아래 민간은행에서 빌린 돈이었다. 국제통화기금은 1976년에 이미 아르헨띠나에 차관을 제공함으로써 북부의 수많은 민간은행들에게 이 정권이 독재정권이지만 교류가 가능한 정권이라는 강력한 싸인을 제공한 것이다. 정권을 잡은 군부는 공기업의 차관 도입을 강요했다. 예를 들어 석유 회사인 YPF의 외채는 7년 사이에 3억 7,200만 달러에서 60억 달러로 16배나 불어났다. 물론 이들이 빌린 외화가 공기업의 금고에 들어가는 일은 거의 없었다. 미국 은행들이 빌려준 자금은 융자 이자율보다 낮은 이자율로 같은 은행에 예치되어 있었다. 그리고 독재정권의 주변 인물들은 높은 수수료를 통해 개인적인 치부를 할 수 있었다. 1976년 7월부터 11월 사이 체이스 맨해튼 은행은 매달 2,200만 달러의 예금을 예치했고 이에 대해 5.5%의 이자를 지급했다. 같은 기간 동안 아르헨띠나의 중앙은행[3]은 같은 은행으로부터 3,000만 달러를 8.75%에 빌리고 있었다. 이 모든 행각은 미국과 국제통화기금의 적극적인 지원하에 이뤄졌으며, 뻬론(Peron)과 그 후계자들의 민족주의적 실험 이후 미국과 아르헨띠나의 관계를 개선하는 한편 공포 정권의 유지를 가능하게 했다.

1976년에서 1983년 사이 차관 도입 정책은 어떤 원칙도 없는 정책이었다. 이 과정에 공공 및 민간기관의 임직원과 이사회가 개입되었다. 외채와 외국 자본의 단기적 흐름, 국내 시장의 높은 이자율, 그리고 1976년 이후 국가 예산에서의 희생 사이에 존재하는 명백한 관계를 이 기간의 경제 협상을 감독했던 국제통화기금의 관료들이 몰랐다는 것은 어불성설이다. ―아르헨띠나 연방법원 2000년 7월 14일자 판결.

이처럼 정권 주변인들의 개인적 부가 증가함과 동시에 외채는 빠른 속도로 증가했다. 이는 북부 은행들에게도 이익을 안겨주다. 빌려준 돈이 다시 은행의 금고로 부분적으로 돌아왔을 뿐 아니라 이 돈을 빚을 이미 갚은 다른 자들에게 다시 빌려줄 수도 있었던 것이다. 게다가 독재자들의 재산은 일종의 보증수표와 같은 역할을 했기 때문에 무척이나 요긴했다. 만일 어느날 갑자기 채무국의 정부가 국가의 이름으로 도입한 차관 상환에 게으름을 부리기라도 할라치면 은행은 친절하게 해당국 지도자들의 개인 비밀 계좌를 동결시켜버리거나 이를 아예 몰수할 것이라고 위협할 수도 있었다. 부패와 횡령은 그렇게 아주 중요한 역할을 담당했다.

한편 그 과정에서 그나마 채무국에 도착한 자금은 대단히 특별한 용도에 사용되었다.

자금은 우선적으로 에너지나 인프라 부문의 거대한 프로젝트(댐, 화력발전소, 석유관, 도로, 철도)에 투자되었는데, 대부분 비현실적이고 과대망상적인 계획이었다. 그 때문에 '하얀 코끼리'라는 별명까지 얻은 이 프로젝트의 목표는 현지 주민의 일상적 삶을 향상시키는 것이 아니라 남부의 천연자원을 수탈하여 세계시장에 좀더 쉽게 공급하는 것이었다. 예를 들어 1972년 자이레의 잉가 댐을 위해 지하자원이 풍부한 카탕가 지역까지 1,900km에 이르는 고압선이 설치됐다. 그러나 고압선이 지나는 지역의 마을들은 전기의 혜택을 볼 수 없었는데, 그 이유는 단지 변압기를 설치하지 않았기 때문이었다. 북부의 자금 지원을 통해 거대하고 엄청난 규모의 댐들이 여기저기 건설되었다. 인도네시아의 케둥 옴보, 태국의 부미볼과 팍문, 인도의 하이 크리슈나와 사다르 사도바르, 파키스탄의 타르베타, 르완다의 루지지, 아르헨띠나와 빠라과이 사이의 강에 위치한 야세리타, 브라질의 블라뷔나, 투쿠루이와 이타파리카 등이 그 경우이다.

이러한 논리는 아직도 주기적으로 등장하고 있다. 논쟁의 대상이 된 차드와 카메룬을 잇는 파이프라인의 건설이 그 전형이라 할 수 있는데 이 파이프라인은 1990년대 건설되기 시작했고 내륙국가 차드의 도바 지역 석유를 1,000km 떨어진 카메룬의 크리비 항구까지 연결하는 것이다. 파이프라인의 설치는 주민들의 이익을 전혀 고려하지 않았다. 예를 들어 세계은행과 석유 회사 셸, 엑슨 모빌, 엘프가 공동 투자한 이 프로젝트는 파이프라인이 지나가는 지역의 주민들에게 다음과 같은 보상을 제안했다. 파괴된 1평방미터의 땅콩밭에 대해서는 25프랑 CFA(대략 3.7쎈트), 1평방미터의 수수밭에 대해서는 5프랑 CFA(0.7쎈트), 망고나무 한 그루에 대해서는 3,000프랑 CFA(4.5달러)를 보상액으로 제시했다. 그러나 차드의 은가르레지 요롱가르 의원에 의하면 망고나무 한 그루의 첫번째 수확량만도 1,000개에 이르며, 망고 하나의 가격은 대략 1프랑스 프랑(0.15달러) 정도 한다고 한다.

또다른 사례는 중국이 1994년 시작한 거대한 장강 삼협 댐을 들 수 있다. 이 댐으로 형성될 호수의 길이가 600km에 달하는데 이는 프랑스 길이의 2/3에 해당한다! 이 댐의 건설 때문에 2백만명의 주민들이 거주지를 옮겨야 하며, 또한 지역의 환경에 돌이킬 수 없는 혼란을 야기할 것이다. 이와같이 인권과 환경에 미치는 심각한 영향에도 불구하고 알스톰과 같은 북부의 다국적기업들은 이런 프로젝트에 자랑스럽게 참여하고 있다.

국민을 억압하기 위한 군용 설비나 무기 구매도 외채를 불리는 데 한몫했다. 많은 독재정권들은 채권자들과 공모해 차관을 이용해 무기를 구매했고, 이로써 국민에 대한 통제를 강화할 수 있었다. 결국 오늘날 국민들은 과거 자신들을 억압하고 죽이는 데 사용된 무기 구매 자금을 갚고 있는 실정이다. 예를 들어 아르헨띠나에서는 1976년부터 1983년 사이 3민여명이 실종되었고, 남아꽁(1948~94년)에서는 인종차별체제의 피해자가 발생했으며, 르완다에선 대규모 학살이 있었다. 외국에서 들여온 자금은 기존 정권의 검은 금고를 채우는 데 사용되었고, 이는 다시 야당을 탄압하거나 고비용의 선거 캠페인을 주도하고 부정 선거를 조장하는 데 사용되었다.

게다가 차관은 우선적으로 연계된 원조에 할당되었다. 이럴 경우 자금은 채권국의 기업이 만든 제품을 구매하는 데 사용되었고, 결국 채권국의 무역수지[2]를 향상시키는 데 기여했다. 개발도상국 주민들의 실질적인 수요는 다시 한번 부차적인 것으로 밀려났다.

북부의 다국적기업들이 강요한 인프라, 연계된 원조, 대량 억압을 위한 무기 구매, 횡령과 부패, 이것이 바로 수십년간 빌려온 돈의 용도이다. 오늘날 민중들은 허리띠를 졸라매고 피를 토하며 자신이 전혀 혜택을 보지 못한 빚을 갚고 있는 것이다.

멕시코나 필리핀의 국영기업에 주어진 차관이 실질적으로 보스턴이나 제네바에 있는 특정 고위 관료의 계좌로 직접 입금되는 것을 보고 제동을 건 은행가가 과연 있었을까? —필립 노렐·에릭 쌩따라리(Philippe Norel·Éric Saint-Alary) 『제3세계의 외채』(*L'endettement du Tiers-Monde*), 1988.

| 주 |

1 1947년 미국 국무성 장관 조지 C. 마셜(George C. Marshall)이 제안한 경제재건 계획으로 당시 달러 가치로 125억 달러(2002년 달러 가치 800억여 달러)의 예산을 증여와 장기 차관으로 제공하는 것이었다. 마셜 플랜은 제2차세계대전 이후 재건을 위해 16개국에 자금을 제공했다. 특히 프랑스, 영국, 이딸리아, 스칸디나비아 국가들이 그 수혜국이다.

2 가격 전체의 누적적인 상승을 의미한다. 예를 들어 석유가격의 상승이 장기적으로 임금 조정을 초래해 임금 인상으로 이어지고, 이어서 다른 가격들이 상승하는 경우를 들 수 있다. 인플레이션이 일어나면 시간이 지남에 따라 돈의 가치가 떨어진다. 왜냐하면 같은 물건을 사기 위해 더 많은 돈이 필요하기 때문이다. 바로 이같은 이유로 신자유주의 정책은 우선적으로 인플레이션을 잡는 것을 목표로 한다.

3 특정 국가의 중앙은행은 통화 정책을 관리하며 국가 화폐의 발행권을 독점하고 있다.

일반 은행들은 중앙은행으로부터 자금을 제공받으며, 이는 중앙은행이 결정한 이자율에 따라 이뤄진다.

4 한 국가의 무역수지는 상품의 판매(수출)와 구매(수입) 액수의 차이를 나타낸다. 그 결과 무역수지는 적자 혹은 흑자로 나타날 수 있다.

제3장

외채 위기

신자유주의는 우리 세계에 재앙을 초래하고 있다.

－우고 차베스

 08 **외채 위기는 어떻게 설명할 수 있는가?**

　제2차세계대전 이후 제3세계의 발전 가능성이 국제기구와 은행이 통제하는 금융과 절차에 완전히 종속된 것은 아니다. 1950년대와 1960년대 북부에서 남부로 향한 자본 흐름의 대부분은 공공자금이었다. 당시 제3세계의 예속은 아직 완전하게 사라지지 않은 고전적 식민주의나 이들이 집중적으로 수출하는 원자재의 개발과 가격을 스스로 통제하지 못한 데 그 원인이 있었다. 예속의 두가지 주요 현상은 불평등한 교역 관계와 교역조건의 악화였다. 이 두가지 문제는 아직도 존재하지만 여기에 외채의 굴레가 더해져 문제를 더욱 심하게 악화시켰다.

　1970년대부터는 세가지 요인의 상호작용으로 상황이 완전히 변화했다.

　첫번째 요인은 이 시기에 발생한 자본주의 위기이다. 자본의 이윤율이 낮아졌고(이윤의 기회가 줄어든다는 의미이다), 1944년 창립된 국제통화제도가 1971년에 붕괴되었으며, 세계적으로 축적된 달러로 이미 약화의 길을 걷던 달러 가치가 폭락했고(Q 5), 1973년 유가가 4배로 폭등한 것이 그것이다. 이 시기 서방의 대규모 은행들은 미국의 국제수지[1] 적자로 인해 축적된 달러와 제1차 석유파동으로 인해 갑자기 늘어난 달러를 잔뜩 보유하게 되었다. 그리하여 이들 대규모 은행들은 선진산업국들이 성장하지 못하고 허덕이는 이 시기에 제3세계에 차관을 제공하는 광적인 경쟁을 벌이면서 제3세계를 유혹했다. 또한 높은 인플레로 인해 실질 이자율은 무척 낮은 편이었다.

두번째 요인은 미국의 특수한 위기 상황에서 찾을 수 있다. 1979년 말 미국은 닥쳐오는 경제 위기에서 탈출하기 위해, 심각한 인플레에서 벗어나기 위해, 그리고 1975년 베트남과 1979년 이란과 니까라과에서의 실패를 극복하고 세계 리더십을 되찾기 위해 극단적 자유주의로 전환하게 되며 이는 로널드 레이건(Ronald Reagon)이 대통령에 당선되면서 지속되었다. 영국은 이미 몇개월 전부터 마거릿 새처(Magaret Thatcher) 정부의 주도하에 신자유주의로의 강력한 전환을 실시하고 있었다. 미국 연방준비제도이사회의 폴 볼커(Paul Volcker) 의장은 미국 이자율을 대폭 올렸다. 이같은 결정은 자본을 보유한 자들이 미국에 투자하면 더 많은 이자를 챙길 수 있다는 것을 의미했다. 이것이야말로 폴 볼커가 의도하는 바였다. 우선 자본을 끌어들여 물가상승을 억제하고 대규모 군사 산업 계획을 통해 미국 경제체제를 재가동시킨다는 것이었다. 전세계의 투자자들이 미국으로 몰려갔다. 그뿐 아니라 미국의 영향 아래 세계적으로 이자율이 가파른 상승 곡선을 그렸다. 그 결과는 무서운 것이었다.

남부 국가들에게 주어진 차관의 이자율이 낮았다고는 하지만 변동 이자율이었고 북미와 영국의 이자율에 연계되어 있었다(각각 뉴욕과 런던에서 결정되는 프라임 레이트와 리보에 연동되어 있었다). 1970년대 4~5%이던 이자율은 16~18%로 상승했고 위기의 정점에는 위험 부담[2]이 거대했기 때문에 그보다 더 높아지기도 했다. 남부 국가들은 하루아침에 돈을 3배나 더 갚아야 하는 상황에 직면하게 되었다. 게임의 규칙은 일방적으로 바뀌었고 '함정'은 외채 채무국들을 집어삼

켜버렸다.

이와 함께 남부의 국가들은 세번째 급격한 변화를 맞게 되었다. 이
들이 수출하는 원자재와 농산물의 가격이 급락한 것이다. 차관의 대부
분은 달러와 같은 경화로 체결되었다. 따라서 1970년대 채무국들은 채
권자들에게 자금을 상환하기 위해 좀더 많은 경화를 벌어야만 했다.
자금 상환을 지속할 수밖에 없는 이들의 입장에서 유일하게 남은 방법
은 더욱 많이 생산하여 더욱 많이 수출하는 것이었다. 그 결과 북부의
수요는 전혀 증가하지 않는데 남부의 국가들은 동시에 점점 더 많은
원자재(커피, 카카오, 차, 목화, 설탕, 땅콩, 지하자원, 석유 등)를 시
장에 내어놓은 것이다. 그리하여 다음 표에서 볼 수 있는 바와 같은 심
각한 가격 폭락 현상이 발생했다.

이로써 남부는 소득은 줄어드는데 더 많은 돈을 갚아야 하는 상황이
되었다. 남부는 상환 기일을 지킬 수 없는 상황에 처했으며 외채의 무

1980년과 2001년 사이 일부 원자재의 가격

상품	단위	1980	1990	2001
커피(로부스타)	킬로그램당 쎈트	411.7	118.2	63.3
카카오	킬로그램당 쎈트	330.5	126.7	111.4
땅콩 기름	톤당 달러	1,090.1	963.7	709.2
팜 기름	톤당 달러	740.9	289.9	297.8
콩	톤당 달러	376	246.8	204.2
쌀(태국산)	톤당 달러	521.4	270.9	180.2
설탕	킬로그램당 쎈트	80.17	27.67	19.9
목화	킬로그램당 쎈트	261.7	181.9	110.3
동	톤당 달러	2,770	2,661	1,645
납	킬로그램당 쎈트	115	81.1	49.6

* 가격은 1990년 가치 기준 달러
* 출처: 세계은행, *Global Development Finance* (2002)

게에 짓눌리게 되었다. 결국 상환을 위해 다시 외채를 얻어야 했는데 그것도 더 비싸게 얻을 수밖에 없었다. 상황은 급격하게 악화되었다.

실제 상황의 전개

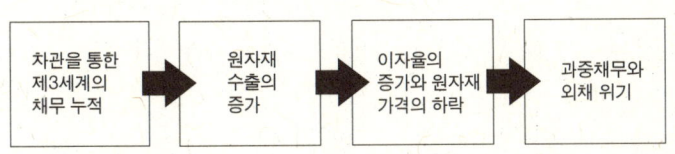

1982년 8월 멕시코는 더이상 부채를 상환하지 못한다고 발표하는 첫번째 국가가 되었다. 이어 과중한 부채에 시달린 아르헨띠나와 브라질과 같은 나라들이 이를 따르게 된다. 이것이 바로 남부의 국가들을 뒤집어놓은 외채 위기이다. 동유럽 국가들도 예외가 아니며 우선 폴란드가 그리고 유고슬라비아와 루마니아가 그 뒤를 잇게 된다.

이 외채 위기는 정치와 경제계에는 경천동지의 대사건이었다. 씨스템을 조정하고 위기를 예방해야 하는 국제기구들은 어떤 것도 예측하지 못했다. 위기가 나타나기 불과 몇달 전까지도 세계은행은 미래에 대해 어떤 의심도 갖고 있지 않았다.

물론 개발도상국들이 자신의 부채를 관리하는 데 조금 더 어려움을 겪겠지만 작금의 경향이 전반적인 문제를 전망케 하지는 않는다 ─세계은행 「1981년 세계발전에 관한 보고서」.

결국 외채 위기는 갑자기 발생한 두가지 현상에 의해서 초래되었다고 할 수 있다.

① 워싱턴이 결정한 큰 폭의 이자율 상승으로 상환해야 하는 금액의 폭발적 증가.

② 채무국들이 세계시장에 수출하고 그 소득으로 차관을 상환하는 품목들의 가격 폭락과 새로운 은행 차관 도입의 중단.

라틴아메리카와 아프리카의 모든 국가는(아시아는 조금 뒤에 나타난다) 정부의 성격이나 부패 또는 민주주의의 정도와 상관없이 모두 외채 위기를 경험했다.

여기서 중요한 것은 근본적인 책임의 소재를 포착하는 것이다. 책임의 핵심은 가장 선진화된 산업국들에게 있으며, 특히 미국 정부와 북부의 은행에 있다. 남부의 부패, 과대망상증, 민주주의의 결핍 등이 문제를 심화하기는 했지만 위기를 초래한 직접적인 요인은 아니다.

1980년대 라틴아메리카의 외채 위기는 미국 연방준비제도이사회의 폴 볼커 의장이 결정한 긴축통화정책으로 인한 이자율의 엄청난 상승 때문에 발생했다. ─조지프 스티글리츠 『거대한 각성』(*La grande désillusion*).

Q 09 지난 30여 년간 개발도상국의 외채는 어떻게 변화해왔는가?

우선 1968년에서 1980년 사이 외채가 12배로 증가했다는 사실을 상기해야 한다.

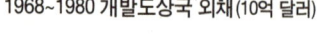

1968~1980 개발도상국 외채(10억 달러)

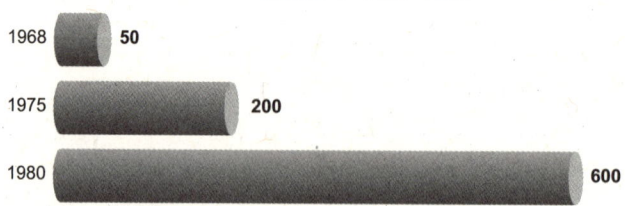

1968 50
1975 200
1980 600

• 출처: 세계은행, *World Development Indicators*(2002)

이 기간 동안 부채 상환은 어느정도 지속될 수 있었는데 그것은 실질 이자율이 무척 낮았고 수출 소득이 높았기에 가능했다. 그러나 그 상황은 1980~81년 미국과 영국 정부가 세계에 강요한 이자율의 폭등과 원자재 가격의 폭락으로 인해 극적으로 전환되었다.

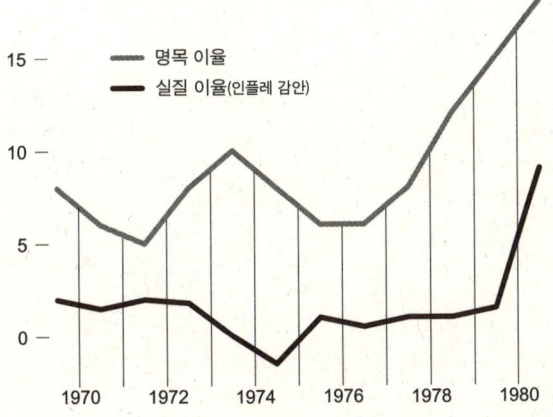

1970~1981 프라임 레이트(북미 이자율)의 변화

* 출처: 에릭 뚜쌩 『증권시장이냐 삶이냐?』(*La Bourse ou la Vie*)(2003)

아래의 수치 자체가 상황을 아주 명백하게 보여준다.

연도	명목 이율	실질 이율(인플레 감안)
1970	7.9	2.0
1975	7.9	-1.3
1979	12.7	1.4
1980	15.3	1.8
1981	18.9	8.6

* 출처: 에릭 뚜쌩 『증권시장이냐 삶이냐?』

이자율이 무척 높기 때문에 상환해야 하는 액수는 더 커졌고 동시에 원자재와 기초 농산물의 가격이 폭락함으로써 수출 소득은 줄어들었다.

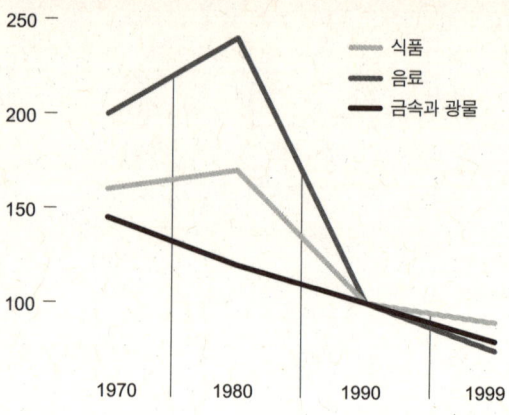

1990년 달러 가치로 비교한 일부 상품류의 가격(1990년 100 기준)

- 식품
- 음료
- 금속과 광물

1970 1980 1990 1999

* 출처: 세계은행, *Global Development Finance*(2002)

이 두 현상의 동시 작용은 다음과 같은 아주 단순한 그림으로 요약될 수 있는데, 그 모양이 마치 모든 발전의 희망을 기초부터 잘라버리는 가위와 같다.

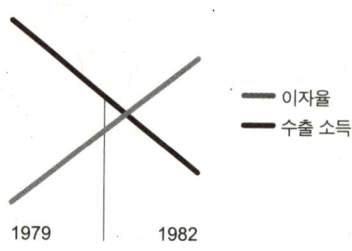

- 이자율
- 수출 소득

1979 1982

1980년 이후 개발도상국의 외채는 지속적으로 상승했다. 1980년에 6,000억 달러였던 외채는 1990년에 1조 4,500억 달러, 1995년에 2조 1,500억 달러, 그리고 2001년에 2조 4,500억 달러에 도달했다.

그 변화는 다음에서 명확히 볼 수 있다.

1980~2001 개발도상국 외채 누적액 변화(10억 달러)

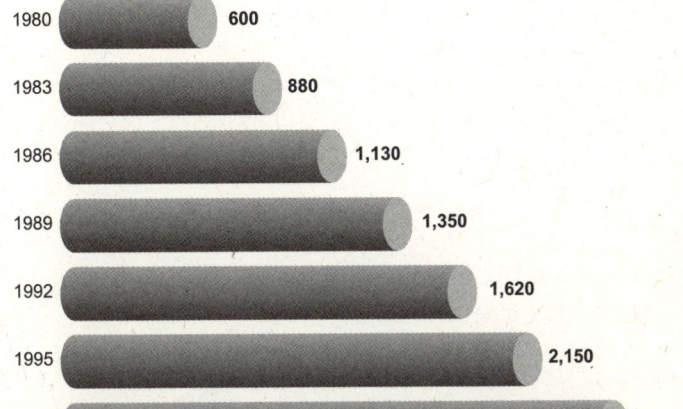

1980	600
1983	880
1986	1,130
1989	1,350
1992	1,620
1995	2,150
1998	2,550
2001	2,450

* 출처: 세계은행, *World Development Indicators*(2001) ; *Global Development Finance*(2002)

1998년에서 2001년 사이에 나타난 부분적인 외채 축소는 두가지 요인에 근거한다. 우선 화폐간의 환율 변동에서 그 이유를 찾을 수 있으며, 특히 여기서 사용된 달러 가치의 변화를 의미한다. 다음은 1997년 아시아 위기와 그 뒤 러시아와 브라질로 확산된 위기의 결과라고 할 수 있다. 은행의 차관과 국제시장에서 채무권의 발행이 크게 줄어든 데 이어 해당 국가들이 거대한 액수를 상환함으로써 외채 누적액[3]이 조금 줄어들게 된 것이다. 그러나 외채가 장기적으로 줄어들기 시작했다고 볼 수는 없으며, 오히려 견디기 어려운 수준에서 유지되고 있다고 보는 게 타당하다. 외채는 개발도상국들의 목을 조르고 있으며, 해당 국가 대부분의 주민들에게 빈곤을 강요하고 있다.

우리는 어떤 발전에 대해서 말하고 있는 것인가? 우리는 매분 17명이 기아로 숨지는 신자유주의적 발전모델에 대해서 말하고 있는 것인가? 이것이 지속될 수 있는가, 없는가? 신자유주의는 우리 세계에 재앙을 초래하고 있다. 우리는 여전히 화재를 끄지 않고 있으며 방화자들을 그대로 내버려두고 있다.
—우고 차베스(Hugo Chavez, 베네수엘라 대통령) 『르 몽드』 2002년 9월 4일자.

 Q 10 채권자들은 외채 위기에 어떻게 조직적으로 대처했는가?

1982년 멕시코에서 외채 위기가 발생했을 때, 그리고 다른 라틴아메리카 국가로 위기가 확산되자 채권자들은 그들이 막다른 골목에 도달해 있다는 사실을 깨달았고, 세계 금융체계는 크게 흔들렸다. 북부의 은행들이 빌려준 수많은 차관이 그들을 위험에 빠뜨린 것이다. 예를 들어 1982년 브라질과 아르헨띠나, 베네수엘라, 칠레에 대한 채권은 모건 개런티 자산[4]의 141%, 체이스 맨해튼 은행의 154%, 뱅크 오브 아메리카의 158%, 케미컬 뱅크의 170%, 씨티뱅크의 175%, 그리고 매뉴팩츄러스 하노버의 262%의 수준이었다. 은행은 심각한 상황에 처해 있었다.

자원이 없는 멕시코에 차관을 제공하려는 곳은 없었고 멕시코와 유사한 상황이 발생한 다른 국가에도 마찬가지였다. 바로 이 싯점에서 부국 정부들의 결정으로 국제통화기금이 개입하게 된 것이다. 국제통화기금은 위기 국가들이 외채 상환을 계속할 수 있도록 새로운 차관을 제공했다. 채무국들이 지속적으로 세계의 자본을 빌릴 수 있도록 국제통화기금은 일명 베일 아웃(bail out), 즉 구조 차관을 조달했다. 상환의 어려움에 처해 있는 국가에 차관을 제공했지만 이 차관에는 은행과 다른 민간 채권자들에게 돈을 상환한다는 조건이 붙어 있었다. 이런 방식으로 국제통화기금은 선진산업국 민간 채권자들의 투자액을 구원해준 것이다(Q 11). 그런 다음 국제통화기금은 이 자금을 회수하면서 이자 지불을 강요했다. 이 정책은 시장에 대한 맹목적 찬양 속에서 추진되었고 이에 대해서 그 누구도 이의를 제기할 수 없었다. 그것은 기아에 허덕이는 자들의 함성에도 아랑곳하지 않았다. 외채의 불도저는 수백만명의 사람들을 짓밟을 준비가 되어 있었던 것이다.

미국이 주도하는 부유한 국가들은 그들이 가장 두려워하는 채무국들의 공동전선 형성을 막기 위해 신속하게 조치를 취했다. 그들은 협상의 전제 조건으로 채무국과의 협상이 개별적으로 이뤄져야 한다고 강요했고, 이를 통해 각각의 채무국을 분리시켜 좀더 강력한 위치에서 협상을 진행할 수 있었다.

또한 채권국들은 총동맹의 양상을 보였다.

─세계은행과 국제통화기금은 각국이 기부한 재정적 부담에 투표권이 비례하는 제도로 운영되는데(이는 결국 1달러에 한 표라는 의미와 같다) 이 제도 덕분에 부국들은 이 두 기구 내에서 자신들의 입장을 강요할 수 있는 충분한 다수를 확보할 수 있다(Q 12, 13).

─채권국들은 상환 문제를 안고 있는 채무국 외채의 양자적 부분의 재조정을 위해 빠리클럽을 운영한다.

─선진산업국의 은행들은 런던클럽으로 조직되어 있으며 개발도상국의 부채에 대해 같은 방식으로 활동하고 있다.

결국 외채 위기가 시작되자마자 불평등한 역학관계가 조성되었다.

국제통화기금과 세계은행, 빠리클럽과 런던클럽은 20여년 전부터 부국을 위한 이 역학관계가 지속되도록 노력해왔다.

나에게 한 나라의 화폐에 대한 통제권을 주시오. 그러면 나는 그 나라의 법제정자들은 신경도 쓰지 않을 것이오. ─로트쉴트(Meyer Amschel Rothschild, 독일 은행가, 1743~1812).

|주|

1 한 국가의 국제수지는 무역 거래(상품과 써비스의 수입과 수출) 및 외국과의 금융 자본의 거래 결과이다. 쉽게 말해서 국제수지는 특정 국가와 세계와의 금융적 관계를 측정한다고 할 수 있다. 국제수지가 흑자를 나타내는 국가는 세계에 돈을 빌려주는 국가이다. 반대로 수지가 적자라면 이 나라는 국제 채권자들로부터 자금을 빌려 적자를 메워야 하는 것이다.

2 차관을 제공하는 과정에서 채권자들은 이자율을 결정하기 위해 채무자의 경제 상황을 감안한다. 채무자가 외채를 상환할 수 없을 것이란 위험이 존재할 경우 더 높은 이자율이 적용된다. 이처럼 채권자는 차관을 제공하면서 안게 되는 위험 부담에 대해 더 높은 이자로 보상을 받는다. 따라서 채무자에게 그 비용은 더 커지고 그 때문에 채무자에 대한 금융 압력은 강화된다. 예를 들어 2002년 아르헨띠나는 4,000포인트 이상에 해당하는 위험 부담을 안아야 했는데 이는 시장 이자율이 5%일 때 45%의 이자율로 차관을 도입해야 한다는 것을 의미했다. 이는 아르헨띠나가 더이상 차관을 도입하지 못한다는 의미이며 위기는 점점 더 심각해졌다. 2002년 8월 브라질의 위험 부담은 대략 2,500포인트에 달했다.

3 채무의 합계 액수.

4 외채를 통해서 조달되는 자금이 아니라 주로 사회적 자본과 외환보유고를 포함하는 자산이다.

제4장

외채 위기의 관리

자유화는 약속된 성장을 가져오지는 못하고 오히려 빈곤을 강화했다.

—조지프 스티글리츠

Q 11 외채 위기의 관리에서 주요 행위자는 누구인가?

회원국에서 위기가 발생할 경우 처음으로 개입하는 것은 언제나 국제통화기금이다.

특정 국가가 부채 상환을 중단할 수밖에 없는 상황에 처하면 국제통화기금은 금융 소방관이 되어 달려간다. 그러나 구조조정정책을 통해 방화범들의 악습을 장려하는 약간 이상한 소방관이라 할 수 있다.

외채의 악순환에 빠진 개발도상국들은 부채를 상환하기 위해 새로운 부채를 질 수밖에 없다. 잠재적인 채권자들은 상환의 지속을 보장하기 위해 국제통화기금의 개입을 요청한다. 국제통화기금은 자신이 요구하는 정책을 해당 국가가 받아들인다는 약속이 있을 경우에만 개입한다. 이것이 바로 구조조정정책(Q 15, 16)에서 자세히 다루게 될 그 유명한 국제통화기금의 조건이다. 채무국의 경제 정책은 국제통화기금과 극단적 자유주의자들의 통제 아래 놓이게 된다. 이로써 새로운 형태의 식민주의가 자리잡는다. 이 새로운 형태의 식민주의에서는 과거 식민주의 시대처럼 행정부나 점령군을 현지에 주둔시킬 필요조차 없다. 외채가 그 자체로 새로운 종속 환경을 조성하기 때문이다.

극심한 위기의 경우(1982년과 1984년의 멕시코, 1997년 동남아,

1998년 러시아와 브라질, 2000년 터키, 2001~02년 아르헨띠나, 2002
년 브라질 등), 국제통화기금은 채무국 채권자들의 도산을 막기 위해
엄청난 자금을 동원한다. 예를 들어 1997년 동남아 위기 때 국제통화
기금과 G7 국가들은 1,050억 달러를 제공했다(국제통화기금이 강요
한 조치로 이들 국가의 위기는 악화되었고, 그 결과 2,400만명의 실업
자가 발생했다). 1999년 말에서 2002년 사이 국제통화기금은 터키에
310억 달러를 빌려주었다(중앙아시아의 석유와 가스 가까이에 있고
이란과 이라크의 이웃나라인 터키는 미국의 지정학적 · 전략적 동맹국
으로 2002년 8월 국제통화기금의 가장 커다란 채무국이 되었다). 2001
년에는 아르헨띠나에 210억 달러의 차관이 제공되었으며, 2002~03년
에는 300억 달러의 차관이 브라질에게 약속되었다(이는 이웃 아르헨
띠나의 위기가 확산되는 것을 막음과 동시에 2002년 10월에 당선된
대통령의 행동을 제한하려는 것이었다). 하지만 이렇게 제공된 수백억
달러의 자금이 가장 빈곤한 주민들을 위한 기본적인 품목에 지원금을
제공한다거나 고용을 창출하고 현지 생산자들을 보호하기 위해 사용
된 적은 전혀 없다. 국제통화기금은 최대한 빨리 채권자들의 돈을 갚
으라고 요구한다. 투기적인 자금을 해당 국가에 들여왔다가 자금을 갑
자기 빼내감으로써 위기를 초래하거나 악화시킨 것은 바로 이들 민간
채권자들인데도 말이다. 더욱 심각한 것은 민간기관이 도산했을 경우
국제통화기금과 세계은행은 해당국 정부가 민간기관의 부채를 부담할
것을 강요한다는 사실이다. 그리하여 결국 민간기관의 부채를 납세자
들이 짊어지게 하는 것이다.

이처럼 빌려준 자금은 해당 국가의 부채 액수를 늘려놓고는 북부 채
권자들의 빚을 갚기 위해 즉시 이 나라를 떠나게 된다. 또한 국제통화
기금이 그런 역할을 반복해서 담당하자 채권자들은 금융 거래에서 점

점 커다란 위험 부담을 마다하지 않게 되었다. 왜냐하면 상환 중단의 상황이 발생하더라도 국제통화기금이 나서서 최후의 대출자로서 자금을 제공할 것임을 알기 때문이다. 그 댓가는 다시 한번 개발도상국 외채의 엄청난 증가로 나타났다. 국제통화기금은 자신이 도와야 하는 회원국 대다수의 이익을 배반하고 있다. 이러한 배반에도 불구하고 국제통화기금은 항상 자신에 차 있다. 위기가 발생해도 자신의 처방에 대해 절대로 의문을 제기하지 않고, 자신의 선택이 틀릴 수 있다는 가능성을 조금도 상정하지 않으며, 언제나 채무국이 처방전을 확고하게 적용하지 않았다고 비난한다. 이런 방식은 대단히 무식해 보이지만 그 작용은 너무나도 확실하다.

76

무역 자유화에 대한 모든 장애물은 제거될 것이며 기업들은 자신들이 원하는 대로, 그리고 시장이 결정하는 대로, 제품을 생산하고 수출할 것이다.
—미셸 깡드쉬(Michel Camdessus, 1987년부터 2000년까지 국제통화기금 총재)
1997년 인도네시아에서, 2000년 3월 7일 아르떼 방송「다른 세계화」에서 인용.

100여개에 가까운 개발도상국은 국제통화기금의 구조조정정책을 수용하거나 마지못해 서명할 수밖에 없었다. 그리하여 개발도상국들은 항상 같은 모델에 따라 극단적인 자유주의적 경제 개혁 추진을 약속하는 것이다. 더 많은 수출과 가능한 모든 것의 민영화, 자본 이동에 대한 모든 통제의 폐지, 높은 이자율과 정부 지출의 축소, 그리고 특히 사회적 예산의 축소가 그것이다.

게다가 국제통화기금은 교묘하게도 이러한 결정의 책임이 남부 정부에 있다고 믿게 하는 실력을 발휘한다. 정기적으로 각 국가는 국제통화기금이 요구하는 대로 경제적 상황을 검토하고 미래의 전망을 서

술하는 문서에 서명해야 한다. 차관과 다양한 부채 재조정[1]은 이 보고서가 '좋은 방향'으로 나아가고 있다고 판단될 경우에만 실시되며, 세계은행이나 국제통화기금의 전문가들이 방문해 문서의 실현 여부를 직접 확인한다. 문제가 발생할 경우 이들은 "이 정책을 제안한 것은 채무국 정부이며 우리는 이들을 도와주고 지지한 것뿐"이라고 쉽게 발뺌을 할 수 있다.[2]

국제통화기금이 설립된 것은 1929년의 경험 뒤에 재건 정책 수립을 돕고 국제사회의 협력을 추진함으로써 신용을 회복하기 위해서였다. 우리는 정부와 채권자들의 무책임한 행동을 피하기 위해 모든 노력을 경주해야 한다. 국제통화기금의 계획들은 주권 국가들과 협상을 통해 결정된 것이고, 이들은 당연히 최후의 결정권을 보유하고 있다. 채택된 조치들은 가장 빈곤한 자들이 가장 먼저 희생당하는 극악하게 돌변해버린 상황에 대처하기 위해 마련된 인간적으로 가장 덜 고통스러우며, 가장 신속한 해결 방법이라고 할 수 있다. —미셸 깡드쉬.

 국제통화기금은 어떻게 운영되는가?

국제통화기금은 1944년 국제금융체계를 안정시키기 위해 45개국이 참여하여 미국 브레턴우즈에서 설립되었다. 2002년 현재 184개국이 회원으로 가입한 상태이며, 2002년 5월에 가입한 동티모르가 마지막 가입 회원국이다. 각각의 회원국은 자국을 대표하기 위한 이사를 임명하는데 대부분 재무장관이나 중앙은행 총재이다. 이들은 매년 가을에 열리는 국제통화기금의 결정 기구인 이사회에 참석한다. 이사회는 새로운 회원국 가입이나 예산 준비와 같은 주요 결정을 내린다.

국제통화기금은 임무의 일상적인 관리를 위해 24명으로 구성된 이사회에 권력을 위임한다. 미국, 일본, 독일, 프랑스, 영국, 싸우디아라비아, 중국, 러시아 등 8개국은 각각 한명의 이사를 임명할 수 있는 특권을 누린다. 나머지 16명은 국가의 그룹별로 임명하게 되는데 예를 들어 벨기에의 이사가 오스트리아, 러시아, 벨기에, 헝가리, 카자흐스탄, 룩셈부르크, 슬로바키아, 체코, 슬로베니아, 터키 등으로 구성된 그룹을 대표한다. 이 이사회는 거의 남성으로만 구성되며 원칙적으로 일주일에 최소 세번 이상 모인다.

세번째 주요 기관은 국제통화금융위원회로서 이사회에 참여하는 24개국의 중앙은행 총재의 모임이다. 이 위원회는 매년 봄과 가을 두차례 열리며 국제통화제도의 운영과 관련해 국제통화기금을 자문하는 역할을 맡고 있다.

이사회는 5년 임기의 총재를 선출한다. 민주적인 원칙과는 정반대로 이 자리는 암묵적으로 유럽인에게 할당되어 있다. 빈곤한 국가에 대한 국제통화기금의 권력을 막강하게 한 프랑스인 미셸 깡드쉬가 1987년부터 2000년까지 재임한 뒤 이 조직의 정상을 차지한 사람은 독일인 호르스트 쾰러(Horst Köhler)이다. 그는 140여개국 출신의 2,650여명의 고위 관료들을 이끌며 이들은 대부분 미국 워싱턴에서 일하고 있다. 국제통화기금의 넘버 투는 항상 미국인이며 실제로 막강한 영향력을 행사하고 있다. 1997~98년 아시아 위기시 이 직책을 맡은 스탠리 피셔(Stanley Fischer)는 여러 차례에 걸쳐 미셸 깡드쉬를 무시하고 일을 처리하곤 했다. 2001~02년 아르헨띠나 위기 때 조지 W. 부시와 재무장관 폴 오닐이 임명한 앤 크루거(Anne Krueger)는 호르스트 쾰러보다 훨씬 중요한 역할을 담당했다.

1969년 이후 국제통화기금은 특별 인출권(SDR, Special Drawing Rights)이라고 하는 고유의 계산 단위를 가지고 있으며, 이를 통해 회원국과의 금융 활동을 전개해왔다. SDR은 원래는 1 달러에 해당했으나 지금은 경화의 바스킷에 의해 매일 가치가 결정되고 있다(45%는 달러, 15%는 엔, 29%는 유로, 11%는 파운드). 2002년 9월 초 현재 1 SDR은 1.32 달러에 해당한다. 국제통화기금 자원의 총액은 2,177억 SDR, 즉 2,880억 달러다. 필요할 경우 국제통화기금은 자신의 자원을 보충하기 위해 340억 SDR, 즉 450억 달러까지 자금을 빌릴 수 있다.

　　국제통화기금은 민주적인 기관과는 정반대로 기업과 비슷한 방식으로 운영된다. 국제통화기금의 회원이 된 국가는 '할당액'이라고 불리는 입장료를 지불해야 한다. 이를 통해 회원국은 국제통화기금의 자본금에 기여하게 되고 동시에 주주가 되는 것이다. 이 할당액은 임의적으로 결정되는 것이 아니라 해당 국가의 경제적 · 지정학적 중요도에 따라 결정된다. 이 금액의 25%는 SDR이나 그를 구성하는 경화로 지불되어야 하고(1978년 이전에는 금으로 지불할 수도 있었다), 나머지 75%는 자국 화폐로 지불한다. 따라서 국제통화기금은 매우 중요한 금 보유기관인데 그것은 많은 나라들이 자신의 할당액을 이 귀중한 금속으로 지불했기 때문이다. 게다가 1970~71년에 남아공은 국제통화기금에 엄청난 양의 금을 판매했다. 당시 국제통화기금은 남아공이 인종차별 정책으로 지속적으로 인권을 유린하고 있음에도 이 국가와 거래하는 데 전혀 주저하지 않았다. 2002년 현재 국제통화기금의 황금 보유량은 1억 3백만 온스(3,217톤)이며, 이는 300억 달러로 추정된다. 이 금이 국제통화기금의 차관에 사용되는 것은 아니지만 국제 금융 행위자들에게 기금의 안정성과 중요한 지위를 부여해주는 것은 부정할 수 없다.

2002년 현재 국제통화기금의 자원은 차관에 사용될 수 없는 1,570억 달러에 해당하는 금과 약세 통화(weak currency), 차관에 사용 가능한 1,310억 달러(주로 삼극체제 국가들의 화폐들이다)로 구성되어 있으며 후자 중 430억 달러는 이미 융자되었고, 880억 달러는 사용 가능한 금액이다.

회원 국가들이 국제통화기금에 제공하는 금액은 일시적 적자를 보이는 국가들에게 보낼 자금을 형성하게 된다. 이같은 차관은 기대하는 자금을 제공받을 경우 해당 국가가 취해야 할 조치를 규정하는 협정에 서명한다는 조건하에 제공된다. 이것이 바로 그 유명한 구조조정정책이다. 이 자금은 부분적으로 제공되는데 그 이유는 요구하는 조치들이 제대로 집행되고 있는지 확인한 뒤에 조건부로 이전되기 때문이다.

일반적으로 어려움을 겪고 있는 특정 국가는 국제통화기금으로부터 매년 자신의 할당액의 100%까지 그리고 도합 300%까지(긴급 상황을 제외한다면) 돈을 빌릴 수 있다. 이 차관은 단기적인 것이며 재정 상황이 회복되면 바로 갚아야 한다. 할당액이 많을수록 빌릴 수 있는 자금의 규모도 커진다.

SDR의 이자율은 국제통화기금이 회원국들에게 제공하는 차관의 이자율을 계산하는 데 사용된다. 2002년 8월 현재 위기 상황의 국가가 국제통화기금으로부터 자금을 빌리는 이자율은 2.94%다. 다른 한편 기금은 부국이 제공하는 자금에 대해 2.1%의 이자율을 적용받고 있었다. 그 차액이 국제통화기금의 일상적 지출을 충당하는 데 사용된다.

더 나아가 특정 국가의 할당액은 그 나라가 국제통화기금 내에서 행사할 영향력을 완벽하게 결정한다. 이 할당액을 기초로 한 세련된 계산에 의해 각국의 투표권이 결정되기 때문이다. 10만 SDR 할당액에 251표가 제공된다. 각국이 한표만 행사할 수 있는 유엔총회와는 달리

(커다란 예외는 안전보장이사회인데 거기서는 다섯 나라가 각각 거부
권을 가지고 있다), 국제통화기금의 투표 제도는 1달러당 한표에 해당

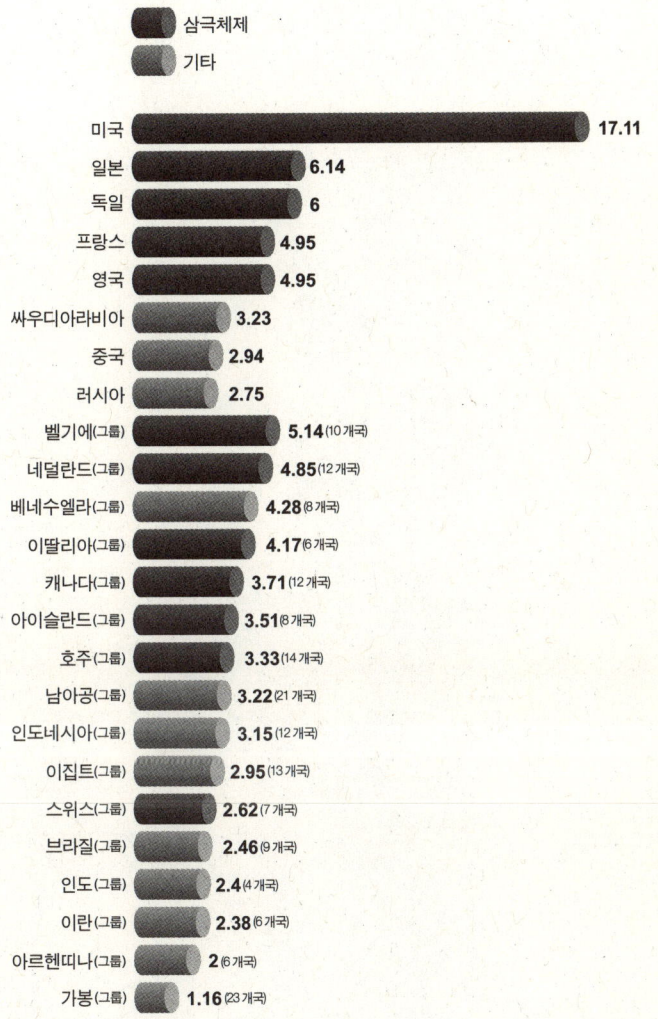

2002년 8월 국제통화기금 24인 이사의 투표권 분포(%)

■ 삼극체제
■ 기타

미국	17.11
일본	6.14
독일	6
프랑스	4.95
영국	4.95
싸우디아라비아	3.23
중국	2.94
러시아	2.75
벨기에(그룹)	5.14 (10개국)
네덜란드(그룹)	4.85 (12개국)
베네수엘라(그룹)	4.28 (8개국)
이딸리아(그룹)	4.17 (6개국)
캐나다(그룹)	3.71 (12개국)
아이슬란드(그룹)	3.51 (8개국)
호주(그룹)	3.33 (14개국)
남아공(그룹)	3.22 (21개국)
인도네시아(그룹)	3.15 (12개국)
이집트(그룹)	2.95 (13개국)
스위스(그룹)	2.62 (7개국)
브라질(그룹)	2.46 (9개국)
인도(그룹)	2.4 (4개국)
이란(그룹)	2.38 (6개국)
아르헨띠나(그룹)	2 (6개국)
가봉(그룹)	1.16 (23개국)

* 출처: IMF(위 수치를 다 더하면 100이 아니라 99.4가 되는데, 그 이유는 아프가니스탄·콩고민주공화국·
동티모르·소말리아·유고 등이 여러가지 이유로 참여하지 않았기 때문이다)

2002년 8월 국제통화기금 이사의 투표권

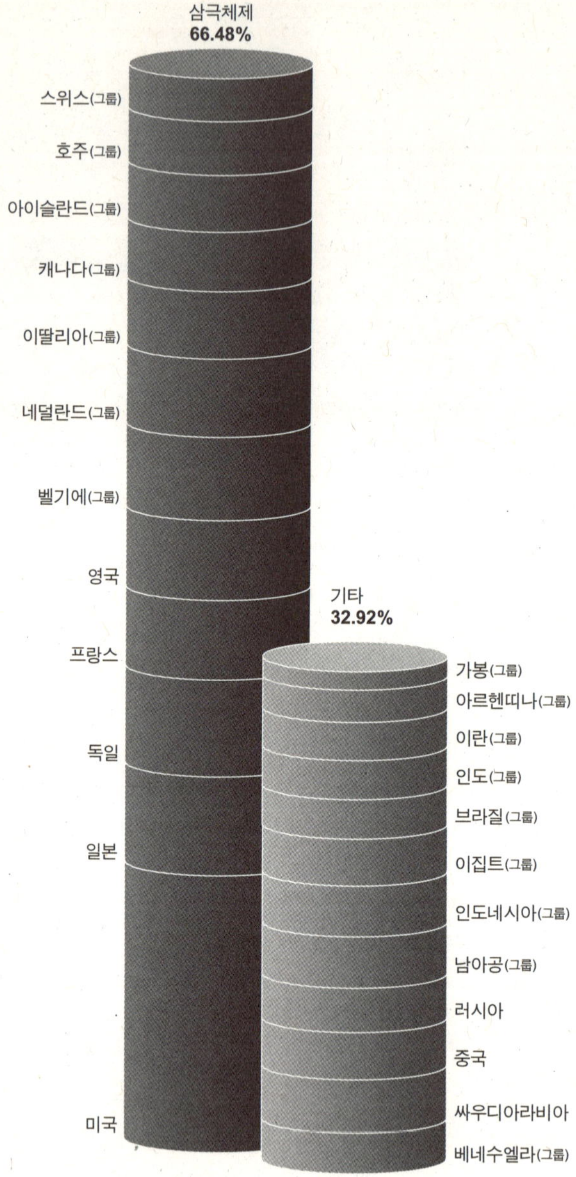

삼극체제
66.48%

스위스(그룹)
호주(그룹)
아이슬란드(그룹)
캐나다(그룹)
이딸리아(그룹)
네덜란드(그룹)
벨기에(그룹)
영국
프랑스
독일
일본
미국

기타
32.92%

가봉(그룹)
아르헨띠나(그룹)
이란(그룹)
인도(그룹)
브라질(그룹)
이집트(그룹)
인도네시아(그룹)
남아공(그룹)
러시아
중국
싸우디아라비아
베네수엘라(그룹)

＊출처: IMF

한다고 하겠다! 이러한 제도는 기업과 유사하지만 한 부분에서 차이를 보인다. 주주는 더욱 중요한 주주가 되기 위해 주식시장에서 새로운 주식을 사들일 수 있지만 국제통화기금 내에서는 자신의 입지를 강화하기 위해 할당액을 높일 수 없다. 할당액을 변화시킬 유일한 가능성은 국제통화기금 내부에서 5년마다 시행되는 재검토 작업인데 뒤에서 보듯 미국은 이에 대해 실질적인 제동권을 보유하고 있다. 결국 이 씨스템은 자신의 이익을 악착같이 보호하려는 대주주들에 의해 고착되었다고 할 수 있다.

국제통화기금 이사회는 미국(투표권의 17% 이상)과 일본, 독일, 벨

국제통화기금 내에서 인구와 투표권의 비교

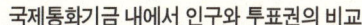

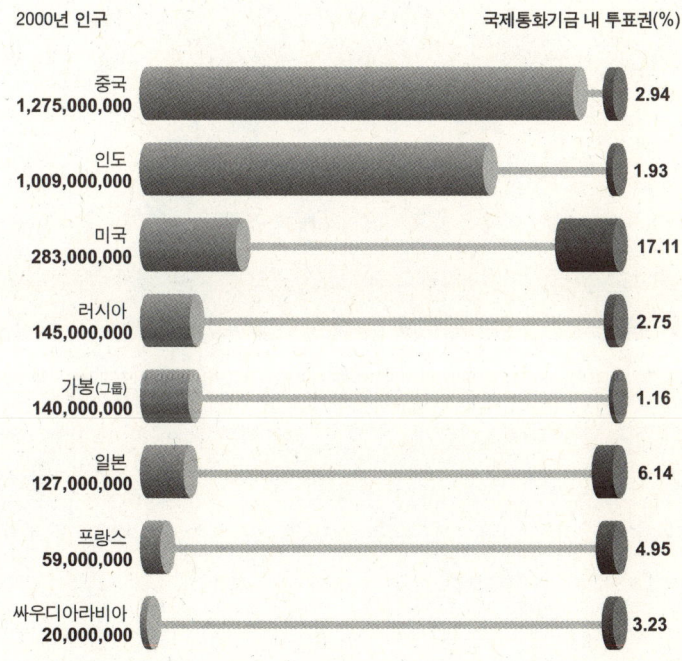

2000년 인구	국제통화기금 내 투표권(%)
중국 1,275,000,000	2.94
인도 1,009,000,000	1.93
미국 283,000,000	17.11
러시아 145,000,000	2.75
가봉(그룹) 140,000,000	1.16
일본 127,000,000	6.14
프랑스 59,000,000	4.95
싸우디아라비아 20,000,000	3.23

* 출처: IMF: UNDP 「인간발전에 관한 세계보고서」(2002)

기에 주도 그룹, 프랑스, 영국 등에 주도적인 지위를 제공하고 있다. 비교적인 관점에서 볼 때 가봉이 주도하는 아프리카의 프랑스어와 뽀루뚜갈어를 사용하는 23개국 그룹은 1억 4,000만의 인구를 대표하지만 1.16%의 투표권밖에 행사하지 못한다.

불평등은 눈에 띄게 드러난다. 이런 제도 아래서 삼극체제의 국가들이 투표권의 다수를 동원하여 아주 수월하게 국제통화기금을 조정할 수 있다는 사실을 알 수 있다.

이들의 권력은 방대한데, 특히 거대한 인구를 대표하면서도 터무니없이 축소된 개발도상국들의 투표권과 비교해보면 그렇다.

하지만 부당한 투표권 분포에만 문제가 있는 것은 아니다. 미국은 1944년 국제통화기금 창립 당시 가장 힘센 나라였기 때문에 절대적인 주인으로 군림할 수 있다. 미국은 SDR의 분배와 취소, 선출 이사 수의 증가나 축소, 금에 관한 특정 업무나 거래를 행사하기 위한 결정, SDR 평가에 관한 결정, 할당액의 변화, 특정 규정이나 SDR 업무와 거래에 대한 일시적 중단 등 국제통화기금의 미래를 결정하는 모든 중대한 사안에 대해 85%의 다수결을 강요하는 데 성공했다. 15% 이상의 투표권을 가진 유일한 국가인 미국은 국제통화기금의 주요 변화에 대해 실질적인 거부권을 보유한 셈이다. 투표권의 15%를 초과할 수 있는 유럽연합의 국가들이 서로 협력해 권리를 제대로 행사하기보다는 항시적으로 워싱턴의 결정을 따르는 것은 아쉬운 일이다. 그러나 결과적으로 변하는 것은 없다. 미국의 재무성이 이 기구를 조정하고 있다. 미국은 자신의 시각에 반하는 모든 변화를 막을 힘을 가지고 있다. 국제통화기금의 본부가 워싱턴에 있는 것은 우연이 아니다. 시간이 흐르면서 투표권 재조정에 의해 새로운 국가들이 등장했다. 그와 함께 미국은 자국의 권리가 축소되는 것을 수용했지만 동시에 자국의 권리가 항상

1945년에서 2000년까지 국제통화기금의 투표권 변화(%)

국가	1945	1981	2000
산업 선진국	67.5	60.0	63.7
미국	32.0	20.0	17.7
일본	–	4.0	6.3
독일	–	5.1	6.2
프랑스	5.9	4.6	5.1
영국	15.3	7.0	5.1
산유국	1.4	9.3	7.0
싸우디아라비아	–	3.5	3.3
개발도상국	31.1	30.7	29.3
러시아	–	–	2.8
중국	7.2	3.0	2.2
인도	5.0	2.8	2.0
브라질	2.0	1.6	1.4

＊출처: 이브 따베르니에(Yves Tavernier, 프랑스 의원) 2000년 프랑스 의회 재정위원회의 '국제통화기금과 세계은행의 활동과 감독'에 관한 보고서

15%의 기준을 초과하도록 심혈을 기울였다.

국제통화기금의 임무는 규약에 상세히 규정되어 있다.

Ⅰ. 국제통화문제에 있어 자문과 협력의 메커니즘을 제공하는 상시 기관을 통해 국세통화협력을 진흥한다.

Ⅱ. 국제무역의 조화로운 확산과 확대를 수월하게 함으로써 고용과 실질소득을 높은 수준으로 유지하며[3] 경제 정책의 우선 목표라 할 수 있는 모든 회원국의 생산적 자원의 발전에 기여한다.

Ⅲ. 환율의 안정을 추진하고 회원국간에 안정적 환율체제를 유지하며 환율의 경쟁적 절하를 피한다.

Ⅳ. 회원국간 일반적 거래의 지불을 위한 다자체제를 수립하고 세계

무역의 발전을 저해하는 환전의 제약을 제거하는 데 기여한다.

　V. 적절한 보장을 댓가로 회원국에게 기금의 일반적 자원을 제공함으로써 국가나 국제적 번영에 악영향을 미칠 수 있는 조치를 피해 경상수지의 불균형을 보완할 수 있는 가능성을 부여하고 그에 따라 회원국에 자신감을 부여한다.

　VI. 위에서 정한 바와 같이 회원국의 경상수지 불균형의 기간과 규모를 축소한다.

　그러나 국제통화기금의 정책은 자신의 규약을 위반하고 있다. 위의 II항과는 반대로 국제통화기금은 선진산업국이건 또는 개발도상국이건 완전 고용을 추구하지 않는다. 기금은 미국의 재무성과 다른 선진산업국의 지원 아래 경제적인 부문은 물론 정치적인 차원에서 채무국의 정책을 결정하는 중요한 행위자로 등장했다.

　감독과 재정 지원 그리고 기술적 지원은 국제통화기금의 세가지 주요 개입 부문이다. 그러나 개입이 실패했다는 것은 어렵지 않게 알 수 있다. 회원국과의 연간 자문과 전문가들의 권고가 이뤄졌지만 지난 몇 년간 국제통화기금은 주요 위기를 예측하거나 피하지 못했다. 일부 비판자들에 의하면 국제통화기금이 강요한 정책이 위기를 오히려 더 심화시켰다.

　국제통화기금을 통해 아시아의 침체가 종결됐다는 것은 이 기구가 스스로 정책의 정당함을 증명하는 사례다. 그러나 이처럼 바보 같은 생각도 없다. 모든 침체는 종결되게 마련이다. 국제통화기금이 유일하게 성공한 것은 동아시아의 침체를 더 깊고, 더 길고, 더 고통스럽게 만든 것뿐이다. ─조지프 스티글리츠 『더 뉴 리퍼블릭』 2000년 4월 17일자.

    2002년 2월, 현재 국제통화기금이 제공한 차관을 통해 재정적 지원의 혜택을 받고 있는 나라는 88개국에 달한다. 이 차관을 체계적으로 동반하는 조건들은 국제통화기금이 개발도상국 정부에 행사하는 통제력의 범위를 반영한다.

    다른 한편 기금은 공공재정과 통화 정책, 통계 부문에서 기술적 지원을 해오고 있다. 이 부분에서도 국제통화기금은 분명한 기준을 갖고 있지 않으며 가장 악독한 독재정권에도 자문을 제공하곤 했다.

    자선의 상징으로서 '생선을 주는 것'과 발전의 주춧돌로서 '낚시하는 법을 가르치는 것' 사이에 '비싸면서도 취약한 낚싯대를 빌려주는 활동'이라는 방식이 더해진 것 같다. 이것이 바로 세계은행과 국제통화기금의 새로운 신념을 반영하는 것이라고 하겠다. —이브 따베르니에, 2000년 프랑스 의회 재정위원회의 '국제통화기금과 세계은행의 활동과 감독'에 관한 보고서.

 세계은행은 어떻게 운영되는가?

    세계은행은 국제통화기금의 자매기관이다. 세계은행도 1944년 브레턴우즈에서 설립되었으며, 2002년 현재 184개국의 회원국을 보유하고 있고, 그 구조는 국제통화기금과 공통점이 많으나 운영방식은 다르다. 이를 상세하게 살펴보도록 한다.

    세계은행은 원래 제2차세계대전 이후 유럽 재건을 돕기 위해 국제부흥개발은행(IBRD)으로 출범했으나 시간이 흐름에 따라 그 역할 역시 변화해왔고, 결국은 개발도상국의 개발에 자금을 투자하는 공식기관이 되었다. 물론 세계은행의 자금 투자 선택은 무척 논쟁적인 것이라고 할 수 있지만 말이다.

세계은행 그룹은 4개의 다른 기관으로 구성되어 있다. 1956년에 개발도상국의 민간 부문 투자를 위해 설립된 국제금융회사, 1960년 극빈국에 차관을 제공하기 위해 설립된 국제개발협회(IDA), 이해관계의 분쟁을 관리하기 위해 1966년 설립된 투자 관련 국제분쟁해결본부, 그리고 1988년 개발도상국에 투자를 활성화하기 위해 설립된 국제투자보증기관이 그것이다.

세계은행이라는 명칭은 국제부흥개발은행과 국제개발협회를 포괄한다. 2002년 현재 세계은행은 워싱턴에 8,500명, 그리고 전세계 100여개 사무소에 2,500명의 직원을 고용하고 있다. 1945년과 2001년 사이 세계은행은 다양한 국가에 도합 3,600억 달러 정도를 빌려주었다.

국제통화기금과 마찬가지로 국제부흥개발은행의 각 회원국은 자신을 대표하는 이사를 한명씩 임명한다. 이사회는 매년 가을에 한번씩 열리며 커다란 방향을 결정한다.

은행의 일상적 관리는 24명으로 구성된 집행이사회가 담당하며 이 집행이사회는 국제통화기금과 같은 원칙에 따라 구성된다. 16개 국가 그룹은 국제통화기금과는 다른 국적의 대표를 선택할 수 있다. 프랑스와 영국은 국제통화기금과 세계은행의 이사회에 같은 대표를 임명하는 어려운 일을 성사시켰는데 이 사례에서 우리는 두 기관의 근접성과 보완성을 발견할 수 있다.

이사회는 5년 임기의 총재를 선출한다. 암묵적이고 비민주적인 규약에 따라 이 직책은 미국이 선택한 북미인에게 주어진다. 이사회는

88

이 선택을 확인할 뿐이다. 1995년 이래 세계은행은 제임스 월펀슨 (James D. Wolfensohn)이 총재로 있다. 그는 호주 출신으로 뉴욕의 쌜러먼 브라더스의 투자 은행 부문 책임자였는데 이 전략적 직책에 임

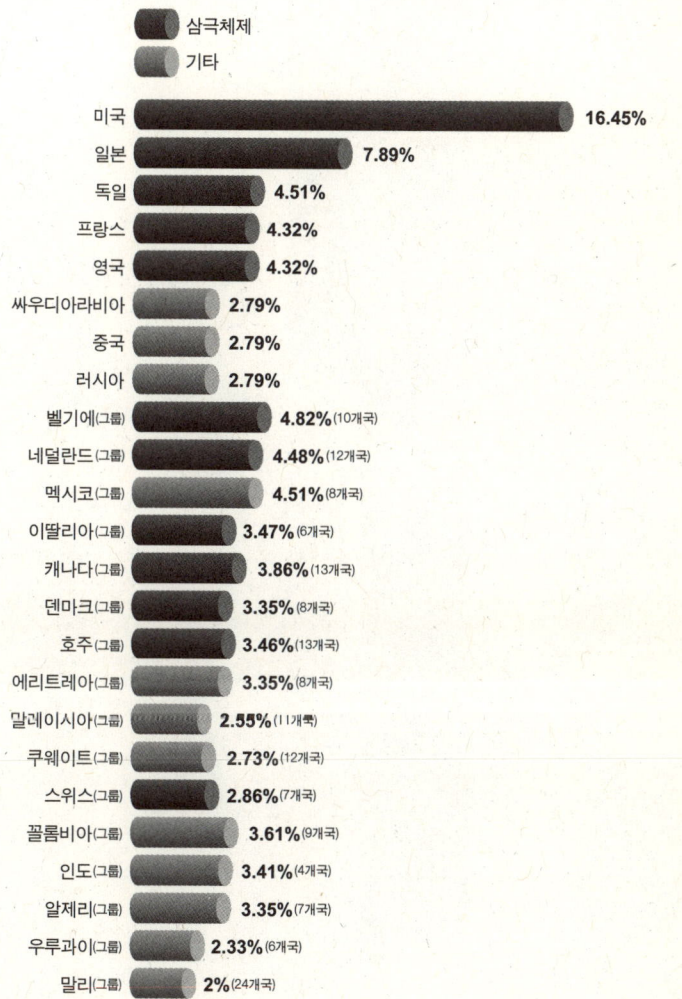

2002년 8월 세계은행 이사의 투표권 분포

- ● 삼극체제
- ○ 기타

미국	16.45%
일본	7.89%
독일	4.51%
프랑스	4.32%
영국	4.32%
싸우디아라비아	2.79%
중국	2.79%
러시아	2.79%
벨기에(그룹)	4.82% (10개국)
네덜란드(그룹)	4.48% (12개국)
멕시코(그룹)	4.51% (8개국)
이딸리아(그룹)	3.47% (6개국)
캐나다(그룹)	3.86% (13개국)
덴마크(그룹)	3.35% (8개국)
호주(그룹)	3.46% (13개국)
에리트레아(그룹)	3.35% (8개국)
말레이시아(그룹)	2.55% (11개국)
쿠웨이트(그룹)	2.73% (12개국)
스위스(그룹)	2.86% (7개국)
꼴롬비아(그룹)	3.61% (9개국)
인도(그룹)	3.41% (4개국)
알제리(그룹)	3.35% (7개국)
우루과이(그룹)	2.33% (6개국)
말리(그룹)	2% (24개국)

*출처: 세계은행(아프가니스탄, 에티오피아, 동티모르, 소말리아, 유고는 2000년 투표에 참여하지 않음)

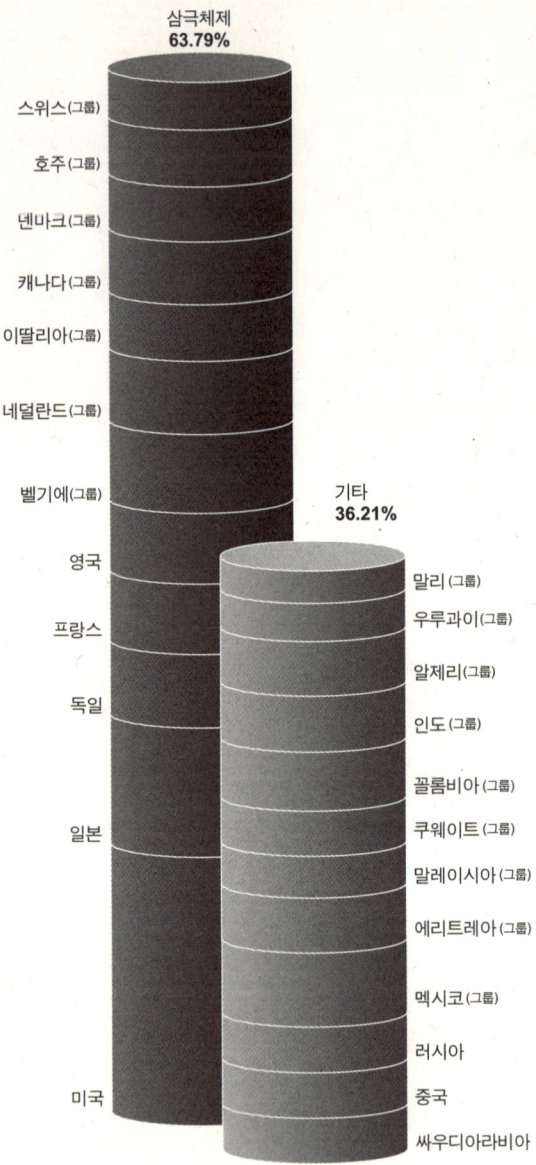

2002년 8월 국제부흥개발은행 이사의 투표권

삼극체제
63.79%

스위스(그룹)
호주(그룹)
덴마크(그룹)
캐나다(그룹)
이딸리아(그룹)
네덜란드(그룹)
벨기에(그룹)
영국
프랑스
독일
일본
미국

기타
36.21%

말리 (그룹)
우루과이(그룹)
알제리(그룹)
인도 (그룹)
꼴롬비아 (그룹)
쿠웨이트 (그룹)
말레이시아 (그룹)
에리트레아 (그룹)
멕시코 (그룹)
러시아
중국
싸우디아라비아

* 출처: 세계은행

90

명되기 위해 미국 국적을 취득해야만 했다.

　　세계 기구들의 민주화 잠재력은 엄청나다. 유엔의 안보리에서 행사되는 거부권이나 국제통화기금과 세계은행의 지도부를 선택하는 양식과 같은 확실하게 비민주적인 관행을 제거하기 위해 수많은 안이 제출되었다. —UNDP 「인간발전에 관한 세계보고서」(2002).

　　투표권의 분포 역시 1달러에 한표라는 원칙에 기초하고 있다. 이 투표권은 보유하고 있는 자본의 한 단위에 250을 더한 것에 해당하며 그

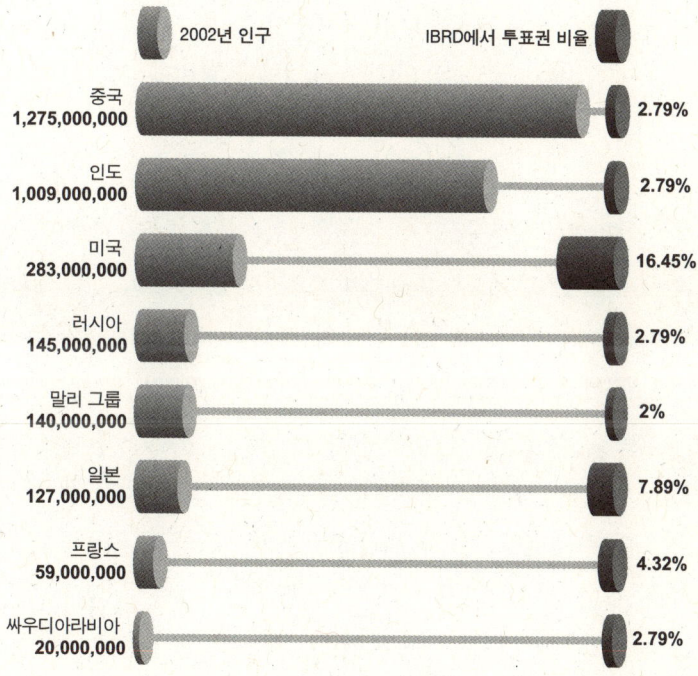

국제부흥개발은행에서 투표권과 인구

2002년 인구　　　　　IBRD에서 투표권 비율

국가	2002년 인구	IBRD에서 투표권 비율
중국	1,275,000,000	2.79%
인도	1,009,000,000	2.79%
미국	283,000,000	16.45%
러시아	145,000,000	2.79%
말리 그룹	140,000,000	2%
일본	127,000,000	7.89%
프랑스	59,000,000	4.32%
싸우디아라비아	20,000,000	2.79%

＊출처: 세계은행; UNDP 「인간발전에 관한 세계보고서」(2002)

결과는 국제통화기금에서와 비슷한 분포를 나타낸다.

85%의 다수결 제도는 국제부흥개발은행에서도 유효하며 따라서 미국은 여기서도 무척이나 중요한 거부권을 보유하고 있다.

세계은행에서는 국제통화기금과 마찬가지로 개발도상국이 아주 적은 부분을 점유할 뿐이며 가장 중요한 비중은 삼극체제가 독점하고 있다. 그리하여 이들은 자신의 관점을 체계적으로 강요해왔으며 국제통화기금과 마찬가지로 불평등 현상은 뚜렷하다.

일부에서는 세계은행의 분산을 주요 주주인 미국의 의지에서 찾는다. 미국은 양자적 원조 계획의 축소에 따라 세계은행을 개발도상국에 대해 영향력을 행사할 수 있는 대단히 요긴한 도구로 보고 있다. 따라서 세계은행은 친구들에게는 쉽게 제공되고 적에게는 거부되는 자금의 원천이 되어버린다. —이브 따베르니에 「2001년 프랑스 의회 재정위원회의 '국제통화기금과 세계은행의 활동과 감독'에 관한 보고서」.

국제개발협회는 공식적으로는 단순한 협회에 불과하지만 이를 관리하는 국제부흥개발은행과 밀접하게 연결되어 있다. 2002년 이 협회의 회원국은 163개국이고 그중 일인당 연간 소득이 875달러 이하인 80개국(아프리카의 39개국 포함)이 이 기관 차관의 혜택을 볼 수 있는 조건을 갖추고 있다. 이 국가들은 장기 융자를 받으며(일반적으로 35년에서 40년이며 초기 10년 거치기간을 둔다), 0.75% 정도의 매우 낮은 금리로 돈을 빌린다. 자금은 가장 부유한 국가들이 제공하며, 매 3년마다 국제개발협회의 자산이 재구성된다.

다른 개발도상국들은 국제부흥개발은행에서 시장 수준에 가까운 이율로 차관을 도입하는데, 이 은행은 일반 은행과 마찬가지로 투자 가치가 있는 프로젝트를 조심스럽게 선별한다. 국제통화기금이 주주 국가에서 제공되는 자원에 기초하여 자금을 빌려주는 것과는 달리, 세계은행은 차관에 필요한 자금을 금융시장에서 찾는다. 실제로 부국들이 주요 주주로 참여하며 보증하는 세계은행의 신용은 높을 수밖에 없고 따라서 낮은 이자율에 자금을 확보할 수 있다. 국제부흥개발은행은 이를 다시 회원국에 빌려주며 채무국들은 15년에서 20년 정도의 기간 동안 이를 상환한다.

세계은행은 특권적인 입장을 누리고 있기 때문에 행정적 운영에 필요한 자금을 손쉽게 마련할 수 있는 것은 물론, 매년 15억 달러에 이르는 이윤을 실현하기도 한다.

세계은행은 2001년 170억 달러를 빌려주었는데 그중 절반 이상이 국제부흥개발은행을 통해서였다. 후자는 36개국 91개 프로젝트에 모두 105억 달러를 빌려주었다.

외채 증가와 함께 세계은행 역시 국제통화기금처럼 거시경제적 관점에서 이 문제에 개입하기 시작했다. 그리하여 세계은행은 많은 외채를 안고 있는 나라들에게 경상수지의 균형을 위한 조정 정책을 수립하라는 압력을 가하고 있는 것이다. 세계은행은 IMF 관리 체제 아래 있는 국가들에게 예산 적자를 축소하고, 국내 저축을 장려하며, 외국인 투자자들의 현지 투자를 유인하며, 외환과 가격을 자유화하는 방법에 대한 '자문'을 제공하는 데 주저하지 않는다.

끝으로 세계은행은 특히 1998년부터 구조조정정책을 추진하는 국가들에 한해 점증하는 구조조정차관을 제공함으로써 구조조정정책을 재정적으로 지원하고 있다.

세계은행이 공공 네트워크를 형성하는 것을 지원하기보다는 민간이 주도하는 작은 규모의 물과 전기시설 설치를 지원하는 것은 과연 합리적인 일인가? 세계은행이 과연 민간 보건과 교육 제도에 투자를 해야 하는 것인가? —이브 따베르니에 「2001년 프랑스 의회 재정위원회의 '국제통화기금과 세계은행의 활동과 감독'에 관한 보고서」.

Q 14 국제통화기금과 세계은행이 추구하는 경제적 논리는 무엇인가?

1980~82년의 외채 위기에 대한 대응으로 부유국들은 국제통화기금과 세계은행으로 하여금 채무국들에게 엄격한 재정적 규율을 강요하는 의무를 떠맡겼다. 이 규율은 구조조정 프로젝트와 구조조정 프로그램이라는 두가지 도구를 통해 실현된다.

세계은행이 관리하는 구조조정 프로젝트는 인프라 구축과 같은 명확한 목표를 위해 제공된 차관을 지칭한다(Q 7). 이론적으로 이 프로젝트는 개발도상국과 선진국 간의 격차를 해소하기 위해 추진되는 것이다. 그러나 실질적으로 선택된 프로젝트들은 개발도상국의 산업을 발전시키기보다는 이들을 세계시장에 통합하려는 목표를 가지고 있으며, 동시에 북부 다국적기업의 이익에 봉사한다.

다른 한편 구조조정 프로그램은 공식적인 설명에 의하면 우선 어려움에 처한 해당 국가의 재정적 균형을 회복시키기 위해 노력한다. 국제금융기관 입장에선 재정적 균형의 회복이 절대적으로 중요한 목표이기 때문이다. 이런 목표를 실현하기 위해 국제통화기금과 세계은행은 자본이 유입될 수 있도록 해당 국가의 경제 개방을 강요한다. 구조조정 프로그램을 시행하는 남부 국가의 목표는 더 많이 수출하고 더 적게 지출하는 것이 된다.

수많은 채무국에 강요된 국제통화기금과 세계은행의 구조조정정책은 '워싱턴 컨쎈써스'라 불리기도 한다. 인간적인 차원보다 통계를 더욱 중시하는 이 계획들은 아래에서 보듯 남부의 주민과 경제에 가혹한 결과를 초래했고 지금도 강요하고 있다. 민중은 20여년 전부터 잔인하게 고통받고 있으며, 빈곤은 빠른 속도로 보편화되고 있고, 국제통화기금과 세계은행이 추구하는 거시경제 목표는 가장 빈곤한 계층의 복지를 향상시키는 데 그 어떤 효과도 발휘하지 못하고 있다. 인간발전의 관점에서 본다면 고집스럽고 교만한 이 두 기관의 정책은 완벽한 실패라고 할 수 있다. 높은 소득을 올리는 이 기관의 관료들은 아마도 빈곤한 사람들을 텔레비전에서나 보았을 것이다.

근대 기술 전쟁은 모든 물리적 접촉을 제거하도록 구상되어 있다. 폭탄은 조종사가 자신이 하는 일을 '느끼지' 못하도록 1만 5,000미터 상공에서 투하된다. 근대 경제의 관리도 마찬가지이다. 사람들은 고급 호텔에서 무자비한 정책들을 강요하곤 하는데 만일 이 정책으로 삶이 파괴될 인간들을 알고 있다면 아마도 다시 한번 생각해볼 것이다. ―조지프 스티글리츠 『거대한 각성』.

이 실패의 원인은 운이 없다거나 이해의 부족에서 오는 것이 아니라 신자유주의 정책을 의도적으로 적용한 데서 찾아야 한다. 따라서 우리는 왜 형식상 비논리적이고, 빈곤한 계층에게 재앙적 결과를 초래하는 조치들이 추진되는지를 생각해보아야 한다. 무엇보다 금융시장을 중시하는 국제통화기금의 태도를 이해하면 구조조정정책의 의미가 무엇인지 파악할 수 있다.

자유시장의 단순한 이데올로기는 베일을 쳐버렸다. 이 베일 뒤에서 실제로 나타난 상황은 자유시장이 새로운 임무를 수행하게 되었다는 점이다. 임무와 목표의 변화는 살며시 일어났지만 전혀 복잡한 것은 아니다. 국제통화기금은 이제 세계 경제의 이익에 봉사하는 것이 아니라 세계 금융에 봉사한다. 금융시장의 자유화는 세계경제 안정에 기여하지는 못했지만 월스트리트에 엄청난 규모의 새로운 시장을 확실하게 제공했다. (…) 국제통화기금을 금융계의 이익을 위해 일하는 기관으로 보면 지금까지 비논리적이고 지성적으로 도무지 이해할 수 없었던 행위들이 명확한 의미를 가지고 다가온다. ─조지프 스티글리츠 『거대한 각성』.

구조조정은 충격 조치와 구조적 조치라는 두 종류로 나눌 수 있는데 다음에는 이를 검토해보도록 한다.

 구조조정정책이 강요하는 충격 조치는 어떤 것이며, 그 결과는 무엇인가?

빵, 쌀, 우유, 설탕, 연료 등과 같은 기초적 제품과 써비스에 대한 지원 중단 　개발도상국에서는 보장된 최소 소득이 존재하지 않기 때문에 정부는 전통적으로 가장 빈곤한 계층을 위해 기초 식량과 생존에 필요한 상품 및 써비스 가격이 적정 수준에서 유지되도록 시장에 개입해왔다. 국제통화기금과 세계은행은 이런 형식의 지원 제도를 폐지하도록 강요한다. 가장 빈곤한 계층은 그 결과에 즉시 노출된다. 기초 식량 가격은 상승하고 식량 준비에 필요한 연료 가격은 폭등한다.

주민들은 식량을 익히는 데 커다란 어려움을 겪게 되며, 물을 끓여 마시기도 어려워진다. 이는 콜레라의 확산에 기여하기도 한다. 바로 1991년 뻬루의 알베르또 후지모리(Alberto Fujimori) 대통령이 구조조정정책을 시행했을 때 나타난 현상이다. 게다가 공공 교통의 가격도 급격하게 오르면서 채소 재배에도 영향을 미친다. 상품을 도시 시장으로 운반하는 소규모 농민들은 교통비의 상승을 판매가에 반영한다. 결국 주요 결과는 일상적인 영양 섭취의 부실화, 가격 상승, 그리고 경제 활동의 불황이다.

이런 조치에 잇따른 폭동의 사례는 많다.

─1986년 잠비아에서는 식품 가격이 120% 올랐고 그 결과 기아로 인한 폭동이 발생했다.

─1989년 베네수엘라에서는 구조조정정책의 시행이 생필품과 석유(즉 공공 교통) 가격을 엄청나게 올려놓았다. 엘 까라까소(el Caracazo)라 불리는 사흘간의 폭동으로 수백명이 사망했다(공식적으로 300명이 사망했다고 하나 4,000명이라는 소문도 있다).

─1991년 뻬루에서 알베르또 후지모리 대통령은 국제통화기금과 세계은행의 명령을 실행했다. 하루아침에 기름 가격은 31배로 뛰었고 빵값은 12배가 올랐다. 반면 최소임금은 15년이라는 기간에 걸쳐 90%나 감소된 상황이었다.

─요르단에서는 1989년 국제통화기금이 강요한 기름 가격의 상승 발표 뒤 폭동이 일어나 12명이 숨졌다. 다시 1996년 8월에는 다시 한번 국제통화기금의 요구에 따라 정부가 지원금을 폐지함으로써 빵 가격이 2.5배 뛰었고 카라쿨에서는 또다른 폭동이 일어났다. 그럼에도 불구하고 쌀과 우유, 설탕 등에 대한 정부 지원금의 폐지는 지속되었다.

—1998년 5월 인도네시아에서는 생필품에 대한 지원금이 폐지됨으로써 거대한 폭동이 일어났다. 2000년 2월 인도네시아 정부는 국제통화기금과의 협의를 통해 유가를 30% 인상하고 전기 요금을 20% 인상했으며 교육과 보건에 관련된 예산을 삭감했다.

—예멘에서도 1998년 6월 유가를 40% 인상한 뒤 기아로 인한 폭동이 발생했다.

—1999년 8월 코트디부아르에서는 유가를 17.5% 올린 다음 그로 인한 교통비 상승에 항의하는 폭동이 발생했다. 그 과정에서 한 젊은 이가 요푸공에서 살해되었다.

—짐바브웨에서는 2000년 10월 빵이나 설탕과 같은 기초적인 식품 가격을 30% 인상한다는 발표가 나온 뒤 기아로 인한 폭동이 발생했다.

—2001년과 2002년 아르헨띠나와 빠라과이, 우루과이에서도 폭동이 일어났으며 강도 사건도 발생했다. 당시 주부들은 냄비를 두드리면서 시위를 했다.

물론 이것은 그다지 포괄적이지 못한 몇가지 사례에 불과하다.

예산균형에 도달하기 위한 공공 지출의 대규모 축소 이를 실행하기 위해 주로 '비생산적' 사회 예산(교육, 보건, 주택, 인프라) 부문에서 삭감이 이뤄지며 공무원의 임금 동결과 해고가 시행된다. 이러한 사회 예산의 삭감은 당연히 국민 생활에 막대한 영향을 미치며, 이것이 바로 개발도상국에서 나타난 심각한 인간 생활 지수들을 설명해준다(Q 2).

현지 화폐의 평가절하 평가절하[4]의 목표는 현지 상품의 수출 가격을 저렴하게 함으로써 세계시장에서 경쟁력을 제고하기 위한 것이다. 이론적으로 이 상품들은 더 잘 판매되어야 하고 같은 양의 외화를 벌어들이기 위해서 더 많이 팔려야 한다. 그러나 이것은 난쎈스라 할 수 있는데 여러 국가가 동시에 평가절하를 단행하여 서로 경쟁하게 되기 때문이다. 동시에 외국 상품은 현지에서 더 비싸지게 마련이다. 예를 들어 1994년 1월 국제통화기금과 프랑스는 해당 아프리카 정부로부터 프랑스 프랑에 대한 CFA 프랑(이는 과거 프랑스 식민지에서 사용되는 화폐이다)의 50% 평가절하를 얻어냈다. 그 결과는 무서운 것이었다. 프랑스로부터 100프랑에 수입되던 상품은 하루아침에 200프랑이 되었다. 그리고 100 프랑스 프랑을 벌기 위해서는 상품을 두배나 더 팔아야 했다. 결국 CFA 프랑권 주민들의 구매력은 폭락했는데 임금이 동결되어 있었기에 그 결과는 훨씬 참혹했다. 동시에 외화로 표시된 이들 국가의 외채는 두배로 늘어났다. 물론 이 국가의 시민들이 모두 똑같이 이 조치에 영향을 받은 것은 아니다. 가난한 사람들은 자동적으로 구매력이 하락했지만 외국에 외화예금을 가진 부자들은 똑같은 돈이 평가절하 이후 두배로 뛰는 효과를 누렸다. 현지의 지배계급은 평가절하가 준비된다는 사실을 알고 있었고, 미리 CFA 프랑을 프랑스 프랑으로 바꿔놓았던 것이다. 바로 이 이유로 그 평가절하를 '북소리 탕탕 평가절하'라고 부른다.

외국 자본을 유치하기 위한 높은 이자율   문제는 해당 국가가 위기에 처해 있기 때문에 외국 자본이 유치되지 않거나 유치되더라도 단기적인 투기 목적의 자본이 들어온다는 점이다. 후자의 경우 현지 경제에 미치는 영향은 긍정적이지 못하며, 부동산 투기의 경우 토지와 주택의 가격 상승을 초래함으로써 부정적인 영향을 미치기도 한다. 다른 한편 소규모 생산자들은 종자나 농약, 비료 등을 구매하기 위해 현지 시장에서 자금을 빌리는데 이자율의 상승은 이들의 자금 대출 능력을 극단적으로 축소시킨다. 따라서 파종이 위축되고 생산은 급락한다. 채무에 시달리는 기업들은 시장이 불경기인 상황인데도 예측하지 못한 자금을 상환해야 하고 이로써 수많은 기업이 도산하게 된다. 끝으로 이자율의 상승은 국가의 국내 공공부채의 부담을 늘리고 공공적자의 상황을 악화시키는데 이것이야말로 공식적으로 추구하는 공공적자의 축소와는 정반대 결과이다. 그리하여 국가는 사회 부문의 지출을 더욱더 삭감하게 된다.

이같은 극단적 조치로 인해 많은 중소기업이 도산하고, 국내 은행들이 파산하게 되며, 국가는 이들을 국영화하고 그 채무를 떠맡을 수밖에 없다. 국가는 소규모 예금자들의 빈약한 저축을 동결시키는 방식을 택하기도 한다(라틴아메리카의 꼬랄리또corralito). 민간부채가 공공부채로 돌변하고 납세자들이 이를 책임져야 한다. 이로써 서민층과 중산층은 심각한 부담을 짊어지게 된다.

브라질은 그동안 재정적으로 얼마나 허리띠를 졸라맸는지 모른다. 이제 미쳐버린 세계에 적응하기 위해 더이상 어디를 졸라매야 하는지 알 수 없다. ─페르난도 엔리께 까르도쏘(Fernando Henrique Cardoso, 브라질 대통령) 『레 제고』 2002년 8월 1일, 2002년 8월 5일자.

 16 구조조정정책이 강요하는 구조적 조치는 어떤 것이며, 그 결과는 무엇인가?

수출의 증진 외채 상환에 필요한 외화를 벌어들이기 위해 개발도상국들은 수출을 증가하는 한편 주민의 식생활을 위한 식량 생산은 축소해야만 한다(예를 들어 마니옥이나 수수의 생산). 그들은 일반적으로 한두 가지의 수출용 농산품, 지하에서 채취할 수 있는 한두 가지의 원자재나 어업과 같은 1차 산업을 전문적으로 발전시킨다. 따라서 그들은 아래의 도표가 증명하듯 자원이나 독점 재배에 심하게 종속되어 버린다.

국가	주요 수출품	2000년 수출 소득에서 이 품목의 비중
베냉	목화	84
말리	목화	47
부르키나파소	목화	39
차드	목화	38
우간다	커피	56
르완다	커피	43
에티오피아	커피	40
니까라과	커피	25
온두라스	커피	22
탄자니아	커피	20
상투메프린시페	카카오	78
가이아나	설탕	25
말라위	담배	61
모리타니	어업	54
세네갈	어업	25
기니	보트사이트	37
잠비아	동	48
니제르	우라늄	51
볼리비아	천연가스	18
카메룬	석유	27

＊출처: IMF「과중채무빈곤국 조치의 강화와 장기 외채 지속성」(2002년 4월 15일)

세계시장에서 가격은 갑자기 폭락할 수도 있으므로 경제의 불안정성은 심화된다. 대부분의 경우 원자재는 있는 그대로 수출되어 선진국에서 가공됨으로써 결국 부가가치의 주요 부분은 부국에게 돌아간다. 간단히 말해서 카카오는 코트디부아르가 생산하지만 초콜릿은 프랑스나 스위스에서 만들어진다는 것이다. 말리의 경우 매년 생산되는 50만톤의 목화 중 현지에서 가공되는 것은 1%에 불과하다.

마지막으로 이들 국가에서는 생산량을 늘리기 위해 숲을 벌채하여 경작지로 활용하는데 이는 각종 환경 문제를 일으키며 특히 토지의 침식 현상이나 생물의 다양성에 심각한 피해를 준다.

지구적 차원에서 볼 때 건조 지역이나 습지 또는 삼림과 같은 취약한 토지에서 생활하며 그 토지에서 생존에 필요한 농산물을 얻지 못하는 인구가 무려 13억명에 달한다. ─제임스 월펀슨(James Wolfensohn, 세계은행 총재) 「지속가능한 발전을 위한 기회」, 『르 몽드』 2002년 8월 23일자.

관세장벽 제거를 통한 시장의 완전 개방 시장 개방의 공식적인 목표는 현지 시장의 가격을 하락시킴으로써 소비자들에게 혜택을 준다는 것이다. 그러나 시장 개방의 실질적인 목표는 다국적기업으로 하여금 다양한 경제 분야에서 의미있는 시장을 분리 장악하고, 이로써 현지 생산자들을 축출하며, 일단 독점적인 상황이 되면 다시 수입품의 가격을 올리게끔 하는 것이다. 이 과정에서 인플레와 실업의 증가는 대중 계급에게 파괴적인 영향을 미친다. 직업을 잃어 돈이 한푼도 없는데 소고기 가격이 내려간다고 소비자로서 혜택을 누릴 수 있다는 말인가?

개방을 통해 원생산국의 지원을 받은 외국 생산품들이 현지 시장에 거리낌 없이 들어와 현지 생산자들과 자유롭게 경쟁하게 되는데 이는 현지 경제를 불안으로 몰아넣는다. 이러한 경쟁은 대단히 불평등한 것이다. 현지 생산자들은 교육 수준이 낮고, 설비도 열악하며 효율적이지 못한데다 투자를 할 만한 여력조차 없다. 반면 다국적기업들은 무척 많은 자원을 동원할 수 있는 능력을 가지고 있으며 북부의 국가들은 다국적기업의 생산, 특히 농업 생산에 많은 지원금을 할애하고 있다. 추정에 따르면 북부의 국가들은 매일 10억 달러씩(1년이면 3,500억 달러 이상이 된다) 농업 생산에 지원금을 투입하고 있다. 게다가 남부의 국가들은 자국 상품을 보호하기 위해 더이상 수입 관세를 활용할 수도 없다. 바로 이상과 같은 이유로 높은 생산 비용과 무시할 수 없는 교통 비용에도 불구하고 북부의 생산품이 남부 현지의 생산품보다 낮은 가격을 자랑할 수 있는 것이다. 예를 들어 2000년 현재 코트디부아르에서 산출된 소고기 1킬로그램은 아비장 시장에서 1,205 CFA 프랑(1.8달러)에 팔렸는데 유럽연합에서 수출한 소고기는 지원금 덕분에 1,035 CFA 프랑(1.5달러)에 팔리고 있다. 물론 유럽 소고기의 생산가는 1,740 CFA 프랑(2.6달러)이었다. 이런 씨나리오는 수많은 품목을 통해 대부분의 개발도상국에서 반복되고 있다. 2002년 여름 세네갈 다카르에서는 미국에서 수입된 닭고기가 현지에서 생산된 닭고기보다 저렴하게 유통됐고, 이로 인해 수많은 세네갈 양계장은 도산했다…….

여기서 우리는 선진국들이 자국 시장을 느리게 그리고 유리한 조건 하에 점진적으로 개방되도록 애썼다는 사실을 상기해야 한다. 미국과 삼극체제의 국가들은 지원금뿐 아니라 보호주의적인 조치를 통해서도 자국의 기업들을 부양하고 있다. 예를 들어 2002년 조지 W. 부시 정부는 유럽과 아시아에서 수입되는 강철에 관세를 부과함으로써 자국의 철강 산업을 보호하는 결정을 내렸다. 이러한 조치를 개발도상국들은 내리지 못하게 하면서 말이다!

이같은 불공정 기대의 상황에서 제3세계 농민들이 가족을 제대로 먹여살리지 못하고 더이상 자신의 땅에서 얻지 못하는 생존 수단을 찾기 위해 대도시의 빈민촌으로 이주하는 것은 놀라운 일이 아니다. 생존을 추구하는 현지의 협동조합이나 소규모 생산자와 북부의 다국적 기업을 같은 선상에 놓고 경쟁시키는 것을 어떻게 이해할 수 있는가? 가장 폭력적인 격투기에서도 플라이급과 헤비급 선수를 싸우게 하지는 않는다! 하지만 자유주의 경제체제에서 이것은 전혀 문제가 되지 않는다.

대부분의 선진산업국들은——미국과 일본을 포함하여——특정 산업 부문이 외국의 경쟁을 수용할 수 있을 정도로 건실해질 때까지 적정 수준에서 선별적으로 보호함으로써 자국 경제를 건설했다. (…) 특정 산업 부문에서 막강한 외국 기업들의 존재로 경쟁하기가 어려운 위험한 상황에서 개발도상국으로 하여금 수입품에 시장을 개방하게 함으로써 그들과 경쟁하도록 내모는 것은 사회 경제적으로 절망적인 결과를 낳을 수 있다. 개발도상국의 가난한 농민들은 유럽이나 미국에서 막대한 지원금을 받고 생산된 상품에 저항할 수 없었고, 국가의 산업과 농업 부문이 강한 성장의 역학을 가동시켜 새로운 고용을 창출하기도 전에 기존의 고용 씨스템은 파괴되어버렸다. 더욱 심각한 것은 국제통화기금이 개발도상국들에게 긴축통화 정책을 펴도록 강요함으로써 가장 괜찮은 상황에서도 고용 창출이 불가능할 정도로 높은 이자율을 택하도록 했다. 게다가 사회보장망이 구축되기도 전에 무역이 개방되었기 때문에 실업자들은 빠르게 빈곤의 나락에 빠졌다. 결과적으로 자유화는 매번 약속된 성장을 가져오지는 못하고 오히려 빈곤을 강화했다. ―조지프 스티글리츠『거대한 각성』.

경제의 자유화, 특히 자본 이동 통제권의 포기와 외환 통제의 폐지   경제의 자유화는 다국적기업 지도자들의 희망을 충족시키기 위해 다국적기업의 투자와 상품과 써비스에 대해 개발도상국의 경제를 완벽하게 개방하는 것을 목표로 한다. 그들의 희망이란 그들이 원하는 것을 원하는 곳에서 그들이 규정한 조건 아래 그들이 정한 임금으로 생산하는 것을 말한다.

자유화의 또다른 목표는 개발도상국에서 활동하는 북부 다국적기업의 이윤을 본국으로 회수하는 데 지장을 주는 모든 장애물을 없애는 것이다. 2001년 통계를 비교해보면 개발도상국에서 활동하는 다국적

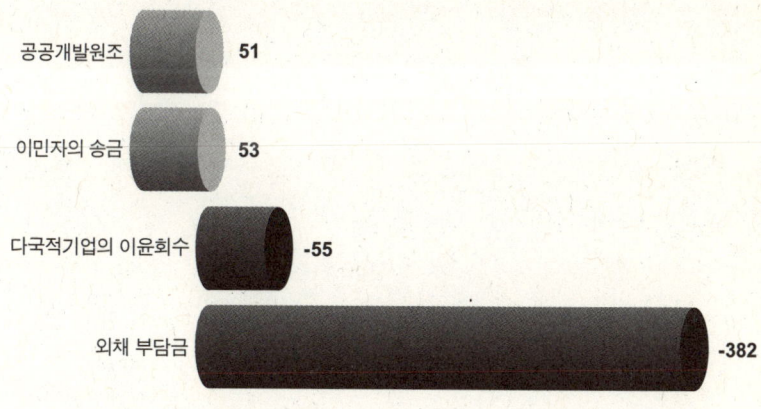

2001년 개발도상국 전체의 자금이전 비교(10억 달러)

공공개발원조 **51**

이민자의 송금 **53**

다국적기업의 이윤회수 **-55**

외채 부담금 **-382**

* 출처: 세계은행, *Global Development Finance*(2002); UNDP「인간발전에 관한 세계보고서」(2002)

기업의 이윤 회수는 대략 북부 국가들이 제공한 공공개발원조(일부는 차관 형식으로 제공되는데 이럴 경우 외채의 부담으로 남는다) 금액과 어느정도 일치한다. 결국 북부는 한 손으로 마지못해 주는 척하면서 다른 손으로 그 열배를 챙겨가는 것이다. 다양한 자금의 흐름을 나타내는 수치를 비교하는 김에 다른 통계를 살펴보면 공공개발원조는 이민자들이 여러 달 동안 보아 고국으로 보내는 송금액과 비슷하기도 한다.

끝으로 자본 이동에 대한 통제의 폐지는 개발도상국의 부호들로 하여금 '그들의' 자본을 현지 경제에 투자하기보다는 북부 국가로 투자할 수 있도록 한다. 따라서 자본수지 업무의 자유화는 결과적으로 자본의 유출을 초래한다(Q 44).

공공개발원조 — 조심스럽게 살펴봐야

공공개발원조는 다양한 자금의 흐름을 포괄하기 때문에 그 구성을 상세하게 분석함으로써 액수의 규모를 상대화하는 것이 중요하다. 우선 공공개발원조는 증여로 구성되기도 하지만 동시에 낮은 이율의 차관도 포함한다는 의미에서 그 일부분은 외채 증가의 요인으로 작용한다. 게다가 공공개발원조가 인간발전의 필요라는 기준에 입각해 결정되는 것도 아니다. 오히려 북부 국가들의 원조는 대부분 자신의 전략적 동맹국에 주어진다. 예를 들어 2001년 미국이 제공하는 공공개발원조의 주요 수혜국은 이스라엘이었다.

한편 공공개발원조는 인권 존중이라는 조건을 충족시키는 국가에 우선적으로 주어지기는커녕, 1994년 유엔개발계획에 의하면 이 분야에서 불만족스런 행태를 보여온 국가들에게 체계적으로 전달되었다. "실제로 1980년대 미국이 지급한 원조는 인권의 존중 정도와 반비례했다. 다자적 원조 역시 인권이라는 문제로 골머리를 썩은 것 같지는 않았다. 오히려 이들은 전혀 주저하지 않고 정치적 안정을 제공하고 경제를 더욱 효율적으로 관리할 수 있다고 판단한 권위주의 체제를 선호한 것으로 보인다. 방글라데시와 필리핀이 계엄령에 종지부를 찍은 뒤 세계은행의 차관에서 두 나라의 비중은 줄어들었다."

군비 지출에서도 마찬가지 현상이 나타났다. 유엔개발계획에 따르면 "1986년까지 원조국들은 군비 지출이 낮은 국가에 비해 군비 지출이 높은 국가에 국민 일인당 평균 5배가 되는 양자 원조를 제공했다. 1992년에도 후자는 전자에 비해 일인당 2.5배에 달하는 원조 혜택을 누렸다."

이처럼 지정학적 기준이 결정적인 요인으로 작용하면서 결과적으로 원조의 개념이 완전히 변질될 수도 있었다. "만일 원조가 인간발전이라는 우선적 목표를 실현하는 노력, 그리고 세계에서 인간의 존위를 위협하는 현상을 타파하려는 노력과 직접 연계되어 있다면 원조의 분포는 크게 변해야 할 것이다. 공공개발원조의 분배는 그러한 목표를 실현하려는 각국의 능력에 비례하게 될 것이다. 선호하는 동맹국에 한방울씩 제공되기보다는 가장 필요로 하는 곳에 제공될 것이다." 유엔개발계획보고서에 의하면 실제로 원조국들은 "원조의 평균 7%만을 인간발전의 가장 시급한 부분에 할애하고 있다."

개발도상국의 능력을 강화시키는 것을 목표로 하는 기술적 지원 부문에 대한 평가도 호의적이지 못하다. "더욱더 걱정스러운 것은 40년이 지난 오늘까지 매년 기술 지원에 할당된 120억 달러의 90%가 개발도상국 내 수많은 국내 전문가가 존재함에도 불구하고 외국 전문가를 활용하는 데 투입된다는 사실이다." 유엔개발계획은 "태도와 제도가 경직되어 있는 경우" 지원이 제대로 이뤄지지 않는다면서 예를 들어 사하라 이남 아프리카에 제공되는 연간 기술 지원 예산의 1/4 정도가 주로 '실패한 경제학자들의 여행'에 지출되고 있다고 비판한다. 원조 실태를 평가하는 이보다 더 명확한 말은 없을 것이다!

많은 경우 부채 탕감도 공공개발원조로 계산된다(Q 27).

따라서 개발도상국 주민에게 실질적으로 도달하는 원조는 매우 적다. 예를 들어 곤란한 지경에 처한 국가에 북부의 국가가 식량과 약품을 실은 비행기를 보내기로 결정하면 비행기를 빌리고 식량과 약품을 구매하는 비용, 여행을 준비하거나 동참하는 사람들의 임금은 모두 원조 액수에 포함되지만 그 비용은 북부에서 사용된다. 운송된 품목만이 현지에 도착하며 이는 선전된 원조 금액의 아주 작은 부분에 불과하다.

공공개발원조가 실제로 남부에 도달하지 않는 것과는 대조적으로 외채 부담금과 다국적기업의 회수 이윤은 명백하게 남부 국가를 떠난다. 따라서 도표에서 볼 수 있듯 이민자들의 관대한 심정을 잘 이해할 수 있다. 이들이 송금하는 금액은 출신 국가에 남아 있는 가족에게 직접 전달되기 때문이다.
—UNDP 「인간발전에 관한 세계보고서」(1994).

국제금융기관들이 신흥시장이라 부르는 개발도상국의 일부분에서 나타나는 또다른 부정적 결과가 있다. 개발도상국으로 몰리는 자본은 휘발성이 무척 강하다. 경제적 어려움이 나타나자마자, 혹은 다른 국가가 더 유리한 조건을 제시하자마자 이들 자본은 투자한 나라를 혼란에 몰아넣고는 이동해버린다. 1990년대 동남아에 자본이 들어가면서 주식과 부동산 시장에 투기성 버블이 형성되었다. 1997~98년 이 자본들은 갑자기 동남아를 떠나버렸고, 그로 인해 심각한 금융 위기가 발생했다.

밀물과 썰물처럼 움직이는 투기자본은 대부분 금융시장의 자유화를 따라 움직이면서 주변에 혼란을 남긴다. 개발도상국은 작은 배와 같다. 국제통화기금이 요구한 자본시장의 급속한 자유화를 실현함으로써 이들은 갑판의 구멍을 제대로 메우지도 못하고, 선장에게 항해할 수 있는 실력을 쌓을 시간도 주지 않고 위급시 안전장치를 구비하지도 못한 채 망망대해로 나서게 되었다. 가장 상황이 좋은 경우에도 커다란 파도 하나를 정면으로 맞으면 배가 파괴되어버릴 위험성이 높았다. —조지프 스티글리츠 『거대한 각성』.

부가가치세의 보편화와 자본소득의 보호를 동반하는 불평등 강화 세정 관세의 폐지로 해당 국가의 세수가 줄어듦에 따라 해당 국가의 정부는 납세 범위를 확대하며, 이는 빈곤계층의 부담을 가중시키는 결과를 초래한다. 세금의 누진성은 사라지고 부가가치세 제도가 보편화된다. 프랑스어권 서부 아프리카의 부가가치세 사례를 보자. 이 세금은 부자이건 가난한 자이건 간에 모든 사람에게 적용된다. 만일 자기 소득의 전액을 생존하기 위한 생필품을 구매하는 데 쓰는 사람이 있다고 하자. 그는 18%의 부가가치세를 냄으로써 소득 전체의 18%를 세금으로 내는 셈이다. 반대로 돈을 많이 버는 사람은 소득의 10%만을 생필품을 사는 데 할애하게 되어 결국 소득의 1.8%만을 부가가치세로 지불하며 나머지는 비과세인 다른 곳에 투자할 수 있는 것이다!

공기업의 대규모 민영화, 즉 경쟁적 생산 부문에서 국가의 후퇴 공기업의 상요된 민영화는 대부분 서림한 떨이가격으로 거래가 이뤄지며, 그 과정에서 득을 보는 것은 북부의 다국적기업과 권력의 주변 인물들이다. 또한 민영화를 통해 확보된 자금은 곧바로 외채 상환에 쓰인다. 말리는 1985년 90개의 공기업이 있었는데 26개는 파산했고 28개는 민영화되었으며, 2001년에 남은 것은 36개에 불과했다. 국제통화기금의 관점에서는 국가는 이윤을 낼 수 있는 부문에 참여할 이유가 전혀 없다. 국가는 경찰이나 사법과 같이 억압과 관련된 부문에 개

제 4 장 · 외채 위기의 관리

입을 한정하고, 다른 부문(수자원, 통신, 교통, 보건, 교육 등)에서는 철수해야 한다는 것이다. 하지만 예를 들어 철도 기업이 민영화되면 이윤 창출로 흑자를 내지 못하는 노선은 폐지될 것이다. 그리하여 주민들은 기존에 누리던 써비스가 축소되는 상황을 맞게 된다. 또한 민영화는 대대적인 정리해고를 단행해 실업의 증가를 가져온다. 니까라과에서는 1990년 자유주의적 전환 이후 국제통화기금의 요구를 글자 그대로 적용했고, 그 과정에서 1994년에만 26만명이 해고됐다(니까라과 인구는 4백만명을 넘지 않는다). 부유 계층은 별문제 없지만 빈곤 계층은 가난의 늪으로 더욱 빠지고 대부분의 경제 활동에서 배제된다.

이처럼 국가는 발전의 전략적 요소들에 대한 통제권을 잃게 된다. 중요한 써비스들이 민간에게 맡겨지는데 그중 하나로 민간 교육기관의 확산을 들 수 있다. 이들은 교사 양성에 필요한 투자와 임금을 최소한으로 줄이기 때문에 양질의 교육을 제공하지 못한다.

차관 제공에 따른 국제통화기금과의 협약은 보통 3년 단위로 맺어진다. 채무국의 경제 개혁에 대한 분명한 약속과 이의 실행이 담보되어야만 차관의 한 부분이 제공되는 것이다. 예를 들어 마다가스카르는 공공 석유 회사인 솔리마의 민영화를 약속했는데 국제통화기금이 준비한 프로그램 일정에 비해 그 실현이 늦어졌다. 원래 1999년에 시행키로 했으나 실제로는 2000년 6월에야 실행되었다. 국제통화기금은 2000년 7월 마치 모범학생에게 보상이라도 해주듯 새로운 차관의 일부를 제공했다. 그 결과 회사는 민간에 헐값에 넘어갔고 외채 문제는 더욱 심화되었다. 국민에게는 아무것도 돌아가지 않았다.

종합적으로 구조조정정책은 금융기관과 북부 다국적기업의 이익을 보호한다. 그 결과를 책임져야 하는 국민들에게 구조조정정책은 빈곤과 헐벗음과 같은 말일 뿐이다.

경제학은 정확한 학문이 아니기 때문에 반대 사례가 얼마나 되는가는 중요하지 않다. 물리학을 예로 들어보자. 내가 실험에서 기존의 이론을 부정하는 연구를 했다면 나는 그 이론을 문제삼아야 한다. 그리고 이론은 부정을 통해 발전한다. 하지만 경제학에서는 수백만 사람들의 삶이 초토화될 수 있음에도 불구하고 이같은 인간적 증거는 구조조정의 이데올로기 앞에서 무력하다. ―쉬잔 조르주(Susan George, 프랑스 ATTAC 부회장)『샤를리 에브도』2000년 12월 6일자.

Q 17 빠리클럽의 역할은 무엇인가?

빠리클럽은 19개 채권국 집단에 주어진 이름이다(서유럽, 캐나다, 미국, 일본, 호주, 러시아). 이들은 대략 한달에 한번 베르씨의 프랑스 재무성에 모여 채무국들이 공공외채의 양자적 부분을 제대로 상환하도록 관리한다. '협상'이라고 불리는 이 회의들은 다자기구의 감독하에 국가별로 이뤄진다. 공식적인 표현을 사용하자면 빠리클럽의 역할은 어려움을 겪고 있는 국가와 채권국이 채택해야 할 '해결책'을 '협상'하는 것이다. 이 클럽의 목표는 명백하다. 우선 북부의 채권국 금고에 최대한의 돈이 돌아오도록 하는 것이고, 다음은 채무국들이 상환을 연기하거나 중단, 또는 가장 극악한 경우인 탕감과 같은 나쁜 요구를 하지 못하게 하는 것이다.

빠리클럽은 잘 알다시피 개발 기구로 활동하는 것이 아니라 주로 자금 회수 기관으로 일하고 있다. 클럽은 재정적이라고 규정된 상황을 냉정하고도 철저한 시각으로 바라보는 데 만족할 뿐이다. 자신의 인터

넷 싸이트에서도 이를 분명하게 밝힌 바 있다. "빠리클럽의 채권자들은 채권을 최대한 회수하기를 바란다. 따라서 가장 많은 액수를 당장 지불하기를 요청한다."

빠리클럽은 스스로를 비공식적 그룹, 즉 '비기관'으로 소개한다. 클럽은 법적 존재도 아니고 공유하는 규칙도 없다. 그들이 논의한 결과는 매번 회의록으로 작성되는데, 이것 자체가 채권국에 강제성을 갖는 것은 아니다. 이것은 단순한 권고이며 채권국이 이를 실행한다고 약속함으로써 법적 가치를 얻는 것이다. 빠리클럽은 협상과 분석 작업을 총괄하여 채권국으로 하여금 채무국에 엄청난 결과를 초래할 수 있는 재정적 결정을 내리도록 하면서도 자신들이 실제로는 존재하지 않는다고 하는 것이다! 물론 존재하지 않기 때문에 법적인 소송에 휘말릴 일도 없고 누구에게 보고해야 할 일도 없다.

하지만 클럽의 역할은 강력하다. 우선 채권 회수를 위해 북부 국가들이 공동전선을 펼 수 있도록 하며, 다음은 격리되어 있는 각각의 채무국을 무척 어려운 입장에 놓이게 한다. 결국 이는 기만적인 협상이다!

빠리클럽은 당사자와 판사의 역할 둘 다를 담당하며 외부에 대해서는 불투명하고 내부적으로는 비민주적으로 운영되고 있다. 회의에서 이뤄지는 내부적 토론의 내용을 아는 것은 거의 불가능하다.

하지만 이 클럽의 논리는 확고부동하다. 그것은 국제통화기금과 세계은행이 강요하는 외채 관리 정책의 연장선에 있다. 특정 국가가 부채의 재조정을 위해 빠리클럽과 협상을 하려면 먼저 국제통화기금과 협약을 체결해야 한다. 다시 말해 국제통화기금은 빠리클럽에서 양자 채무를 재조정하는 과정의 시발점이라 할 수 있다. 재조정의 목표는 거치 기간(상환이 유예되는 기간을 의미한다)을 결정하여 상환을 늦추거나 상환 기간을 늘리는 것이다. 이처럼 빠리클럽은 이미 국제통화기금에 종속된 국가만을 대상으로 협상한다.

뿐만 아니라 특정 국가가 실제로 상환 문제를 안고 있는지 파악하기 위해 해당 국가의 재정 능력에 대한 조사가 실시된다. 이 조사는 국제통화기금의 예측과 결론을 기초로 이뤄지는데 알다시피 이 기구의 예측과 결론은 현실과 동떨어져 있다. 2000년 국제통화기금은 말리의 향후 5년간 수출총액이 연간 9%씩 성장할 것이라고 전망했는데 2001년 말리의 주요 수출품인 목화의 가격은 세계시장에서 40%나 폭락했다. 이와같은 전망의 오류는 수십개에 달한다. 오류가 예외적인 것이 아니라 일반적이라고 할 수 있다.

특정 국가가 협상에 들어가면 빠리클럽은 마감일을 결정한다. 마감일 이전에 제공된 차관만이 공식적으로 재조정 대상이 된다. 마감일 이후에 체결된 채무는 재조정 대상이 될 수 없는데 이는 금융시장과 채권자들에게 그들이 새로 제공하는 자금은 상환될 것임을 보증하기 위한 것이다. 마다가스카르, 니제르와 코트디부아르의 경우 이 마감일은 1983년 7월 1일인데 어느 순간 부채 축소가 결정되더라도 그 대상 부채의 규모는 무척 작은 것이 되고 만다.

빠리클럽은 채권을 두 종류로 구분한다. 하나는 공공개발원조로 시장 이율보다 저렴하며 원칙적으로 발전을 돕기 위해 제공된 채권이다.[5] 다른 하나는 비공공개발원조 차관으로(상업 차관이라고 불리기도 한다) 이 부분만이 축소의 대상이 될 수 있다.

빠리클럽에서 채무 축소를 결정하는 것은 극빈국과 과중채무국의 경우만 해당된다. 물론 전략적 중요성이 큰 특정 국가의 경우 예외가 인정되기도 한다(러시아가 그런 경우인데 다음 페이지를 참조할 것). 상환의 어려움을 겪는 대부분의 개발도상국들에게 빠리클럽은 채무 재조정만 허락할 뿐이며, 이는 문제를 해결하는 것이 아니라 유예할 뿐이다.

　예를 들어 우크라이나는 2000년 12월 19일 국제통화기금이 구조조정정책을 승인한 조금 뒤인 2001년 7월 13일, 처음으로 빠리클럽과 협상을 가졌다. 이 날짜에 밀린 액수와 2002년까지 상환해야 하는 액수는 7,700억 달러에 달했다. 이 금액에서 빠리클럽은 5,780억 달러를 재조정했고, 결국 2005년부터 2013년 사이 18차례에 걸쳐 부채를 상환하도록 했다.

　이처럼 국제통화기금의 엄격한 통제 아래 놓인 국가들은 매달 빠리클럽에 와서 몇년 혹은 몇십년에 걸쳐 채권 일부의 상환을 연기한다. 이야말로 미래 세대에게 주어지는 독약 섞인 선물이 아닌가!

　이들은 채무국들이 '거부의 연합전선'을 형성하지 못하도록 협박도 일삼는다. 빠리클럽의 인터넷 싸이트에는 다음과 같은 글이 올라와 있다. "재정적 서명의 질에 대한 판단은 장기적으로 형성된다. 그것은 채권자들이 더 많은 자금을 새롭게 제공하기에 앞서 채무자의 상환 능력을 오랜 시간에 걸쳐 평가하기 때문이다. 반대로 계약의 의무를 지키지 않을 경우 특정 국가의 재정적 서명의 가치는 급격하게 악화될 수 있다. 부채의 재조정을 피할 수 없는 경우 미상환금을 누적시키지 말고 신속하게 빠리클럽을 통해 채권자들과 함께 해결책을 찾는 예방적 접근을 선택해야 향후 차관 유치 능력을 회복할 수 있다. 반면 일방적으로 지불유예를 선언하면 상당 기간 새로운 차관을 얻을 수 있는 가능성을 잃게 된다."

　러시아의 지불정지는 어떤 제재도 초래하지 않았다　빠리클럽의 화려한 주장 중 일부는 현실에 의해 간단하게 부정된 바 있다. 1998년 러시아는 일방적인 지불정지를 선언했지만 어떤 제재도 받지 않았다.

오히려 일방적인 지불정지를 통해 러시아는 커다란 득을 얻었다. 어찌된 일인가?

1998년 유가 하락으로 인해 수출 소득과 세수 감소에 직면한 러시아는 1998년 8월부터 3개월 동안 외채 상환을 일방적으로 중단했다. 이같은 행동으로 러시아는 빠리클럽과 런던클럽 채권자들과의 역학관계를 자신에게 유리하게 변화시킬 수 있었다. 지불정지를 통해 러시아는 이 두 채권자들로부터 채무의 30%를 탕감받았다. 과거 초강대국이자 핵무기를 보유하고 있는 나라라는 점이 이같은 힘의 논리를 뒷받침한 것이다.

국제통화기금은 지불정지에도 불구하고 지속적으로 러시아에 차관을 제공했고(이는 자신의 원칙과 모순되는 행위이다), 자본주의로 개종한 러시아의 고관들은 서유럽의 세금 낙원을 통해 수십억 달러를 횡령했다. 우리는 체첸에 대해 무자비한 전쟁을 주도하고 러시아 전체에 반사회적이며 신자유주의적 정책을 추진하는 러시아 지도자들에게 어떤 호감도 가지고 있지 않다. 하지만 이 지불정지에서 얻을 수 있는 교훈은 채권자들에 대한 도전적 태도가 득을 가져다줄 수 있다는 점이다(Q 30).

마지막으로 지적해야 힐 중요한 짐은 빠리클럽과 협상을 한 나음에야 채무국은 런던클럽에 모인 민간 채권 은행들과 협상을 벌일 수 있다는 사실이다. 비슷한 종류의 협상이 여기서도 진행되는데 좀더 불투명하고 수단과 방법을 가리지 않는 노골적인 이윤 추구를 꾀한다는 차이가 있을 뿐이다.

오늘날 신흥시장을 개방하는 방식은 힘이나 위협이나 무기의 사용이 아니라 경제적 권력, 제재의 위협, 또는 위기시 필요한 원조의 거절 등으로 이뤄진다. ―조지프 스티글리츠 『거대한 각성』.

 Q 18 모든 개발도상국은 같은 대접을 받는가?

상황에 따라 다르다.

하지만 일단 그렇다고 대답할 수 있다. 거의 모든 개발도상국은 심각한 외채 위기의 충격을 경험했다. 대부분의 경우 국제통화기금과 세계은행은 이들에게 일률적인 구조조정정책을 강요했고, 그것의 부정적인 결과는 이미 살펴보았다(Q 15, 16). 이들은 두가지 중요한 기준을 전혀 고려하지 않았다.

―국민이 첫번째 당사자임에도 불구하고 어떤 경우에도 국민의 의견이 반영되지는 않았다.

―역사와 장점이 다른 각 국가의 특성도 고려되지 않았다.

국제통화기금은 10여년 전에는 보편적인 해답이 있다고 믿는 경향이 있었다. 이에 따르면 세계의 한 부분에서 성공한 발전모델은 그대로 어디서나 적용될 수 있다는 것이다. 따라서 해당 국가의 국민에게 구체적으로 미치는 영향을 제대로 고려하지 않은 프로그램들이 만들어졌다. 고백하자면 그런 프로그램은 자신들의 계획이 실제 현장에서 초래할 결과에 무관심한 미국의 기술 관료들에 의해 만들어졌다. ―필립 메스타트(Philippe Maystadt, 국제통화기금 임시위원회 전 위원장).

그러나 현실적으로는 165개 개발도상국들이 모두 다른 역사와 장점

을 가지고 있다. 어떻게 발전된 브라질, 멕시코, 인도, 한국 등의 경제
와 방글라데시 또는 검은 아프리카의 극빈국을 비교할 것인가? 각각
의 나라는 모두 고유의 방식으로 외채 위기를 겪었고, 거기에서 벗어
나기 위해 고통을 치렀지만, 모두 이를 경험한 것은 사실이다.

　라틴아메리카는 1980년대에 이미 극단적 자유주의의 실험실이 되
었고 강력한 조치들이 주창되고 적용되었으며, 이는 그후 전세계에 보
편화되었다. 1982년과 1994년의 멕시코, 1998~99년의 브라질, 2001
년의 아르헨띠나, 2002년의 브라질, 우루과이와 전 지역의 위기는 이
실험용 대륙을 오랫동안 뒤흔들어놓았다.

　동아시아의 호랑이들(인도네시아, 태국, 말레이시아, 필리핀)은
1990년대 중반까지 경제적으로 크게 성장했고 어느 정도의 여유를 확
보했지만 1997년의 위기로 뒤늦게 그러나 난폭하게 매를 맞아야 했다.
말레이시아는 1997~98년에 국제통화기금과의 협약을 거절했고, 내
부 시장을 보호했으며, 위기가 발생한 뒤 자본 이동과 외환을 엄격하
게 통제했고, 생산을 촉진하기 위해 일부 정부 지출을 늘렸다. 국제통
화기금은 실패를 예견했지만 말레이시아는 위기 국가 중 가장 먼저 경
기를 회복했다.

　1960년대의 탈식민화 과정에서 과거 식민 세력이 철수한 검은 아프
리카는 오래 저항할 수 있는 경제적 무기를 보유하지 못했다. 대부분
의 아프리카 국가는 일찍이 국제통화기금과 세계은행의 지배하에 놓
였고, 이들은 아프리카 경제를 조정했다. 결국 외채의 짐이 과거 식민
세력을 대신하게 되었다.

　일부 동유럽 국가들은 1970년대 말 이미 심각한 외채를 안고 있었
다. 1990년대 초반 구소련의 해체와 베를린 장벽의 붕괴 뒤 이들 국가
는 늦었지만 무척 빠른 속도로 강력한 자유화의 식욕에 잔인하게 노출

되었고 그 사회적 조건은 급격하게 악화되었다. 1998년의 러시아 위기로 이 나라의 쇠퇴는 가속화되었고 1990년대 러시아 국민의 평균수명은 4년 정도 줄어들었으며 산업 생산은 60%, 그리고 국내총생산은 54% 감소했다.

이 몇가지 사례들을 통해 우리는 외채 역학에서 예속당한 경우마다 상당한 차이가 있음을 알 수 있다. 이러한 예속 현상은 개발도상국 지배 계급의 부패로 쉽게 발생했으며, 그들은 능수능란하게 국제금융기관에 고분고분한 태도를 보인 댓가로 돈을 받아 챙겼다. 금융기관들 역시 그러한 현실을 잘 알고 있었다.

간혹 운이 좋은 일부 국가들은 특별 대우를 받았다. 북부 강대국의 지정학적 이익에 긴요한 전략적 동맹국이 그런 경우다. 일반적으로 이들은 강대국에 대한 지지를 두고 협상했고 새로운 차관과 부채의 재조정, 심지어 일부 삭감까지도 얻어냈다. 하지만 언론에서 이같은 조치들을 집중적으로 보도했음에도 실질적인 대규모 부채 탕감은 없었다. 이들은 대개 국민의 지지를 받지 못하는 동맹 관계를 수용토록 하는 데 이용되었다. 그 몇가지 사례를 보자.

1991년 4월 폴란드는 빠리클럽과 협상을 했고 300억 달러에 이르는 외채 전액에 대한 재조정이 결정됐다. 폴란드는 바르샤바 조약[6]을 포기하고 서방을 선택한 첫 동유럽 국가로서, 그리고 자유화와 개방을 선택한 국가로서 혜택을 누린 것이다. 하지만 약속에도 불구하고 폴란드의 양자 공공부채 부담금은 증가했다(1991년 1억 8,300만 달러에서 1992년 3억 5,300만 달러, 그리고 1993년에는 7억 5,500만 달러). 이 때문에 폴란드 대통령 레흐 바웬사(Lech Walesa)는 자국에 혜택이 제대로 주어지지 않았다고 항의했다.

1991년 5월에는 이집트의 양자 채무 210억 달러가 재조정되었는데 이는 이집트가 걸프전에 참전하고 협력한 데 대한 보상이었다. 이로써 양자 공공부채의 부담은 절반으로 줄었다. 1990년에 11억 달러였던 금액이 1991년에는 5억 5천만 달러로 줄었으나, 1992년과 93년에는 8억 달러로 다시 증가했으며 이후 공공부채의 양자적 부분은 지속적으로 증가하고 있다.

2001년 11월 구유고는 빠리클럽의 부채 전액에 대해 극빈국 조건을 적용받는 특혜를 누렸다. 이같은 특혜는 2001년 6월 29일 쎄르비아의 신정권이 슬로보단 밀로셰비치(Slobodan Milosevic)를 헤이그 국제형사법원에 인도한 뒤에 주어진 것이다.

2001년 12월 파키스탄은 9·11 테러 이후 미국과 동맹을 맺고 아프가니스탄의 탈레반 정권을 포기한 데 대한 보상을 받는다. 빠리클럽은 이슬라마바드가 진 부채의 거의 대부분을 유리한 조건으로 재조정해 주었다.

이러한 사례는 외채 관리가 당시의 지정학적 요건과 얼마나 긴밀하게 연결되어 있는지를 보여준다. 북부 국가들은 개발도상국을 지배하기 위한 수단으로 외채를 이용한다. 이익이 있고 일시적인 동맹국을 하나 더 만들려는 정치적 의지가 있으면 북부 국가들은 자신의 목적을 달성하기 위해 외채 탕감이나 감소를 미끼로 사용할 줄 아는 것이다.

보고자의 판단에 의하면 조건부 외채는 기금의 개입을 받는 국가들에게 이미 정해진 행동 노선을 강요하는데, 이는 그들의 경제, 사회 구조의 현실에 적절한 경우가 드물다. 다시 한번 상기하지만 그것은 높은 발전의 정도에 도달하기 위해 수십년 또는 수세기의 경제적 변화를 거친 선진 경제 모델에 기초한 노선이라 할 수 있다. ─이브 따베르니에 「2001년 프랑스 의회 재정위원회의 '국제통화기금과 세계은행의 활동과 감독'에 관한 보고서」.

|주|

1 채무 조건의 변화를 의미하는데 예를 들어 상환 시기를 바꾸거나 원금 및 이자의 상환을 연기하는 것이다. 그 목표는 어려움을 겪고 있는 국가의 상환 시기를 늘려서 당장 상환해야 하는 액수를 줄여주거나 또는 유예 기간을 제공함으로써 일단 숨을 돌리게 해주는 제노이다.

2 구조조정정책은 북부의 경우 긴축정책이라는 이름으로 불리는 정책과 비슷하다. 북부 국가에서도 신중치 못한 방식으로 투자해 부실에 빠진 기관들을 구조하기 위해 국민들은 많은 비용을 치러야 한다. 미국은 로널드 레이건과 아버지 조지 부시 대통령 때 저축대부조합(savings and loans)을 구하기 위해 2,000억 달러를 쏟아부었으며, 프랑스에서는 크레디 리오네(Credit Lyonnais)를 구하기 위해서 180억 달러를 썼다. 북부의 시민들도 이런 피해에서 자유롭다고 생각해서는 안된다. 따라서 외채 탕감을 위한 투쟁은 남부가 북부를 대상으로 전개하는 투쟁이 아니라 북부와 남부 시민 모두의 해방을 위한 것이다.

3 저자들이 강조하는 부분이다.

4 특정 화폐와 다른 화폐와의 환율을 하향 변동시키는 것을 의미한다.

5 원칙적이라는 이유는 최근 들어 공공개발원조차관이 점차 구조조정정책을 위해 사용되고 있으며, 이는 진정한 의미의 발전을 저해하기 때문이다. 전체적으로 구조조정정책은 오히려 빈곤을 유지하거나 초래한다.

6 구공산권의 군사 조약으로 소련, 알바니아, 불가리아, 헝가리, 폴란드, 동독, 루마니아, 체코를 포함한다. 서독의 나토 가입에 대한 대응으로 1955년 5월 바르샤바에서 체결되었다. 1968년 체코 개입이 이뤄지자 알바니아가 탈퇴했다. 소련의 해체로 1991년 4월 바르샤바 조약의 군사 조직은 해체되었다.

| 제5장 |

개발도상국 외채의 해부학

빚을 갚기 위해 우리 아이들이 굶어죽도록 내버려두어야 하는가?

—줄리우스 니에레레

Q 19 개발도상국 외채는 어떻게 구성되는가?

쉽게 기억할 수 있는 수치들을 통해 개발도상국 외채의 구조를 분석해보자.

2001년 현재 개발도상국의 외채 총액은 2조 4,500억 달러로 추정된다.

채권자 입장에서 보았을 때 다자적 부분은 4,500억 달러, 양자적 부분은 5,000억 달러, 그리고 민간 부분은 1조 5,000억 달러다.

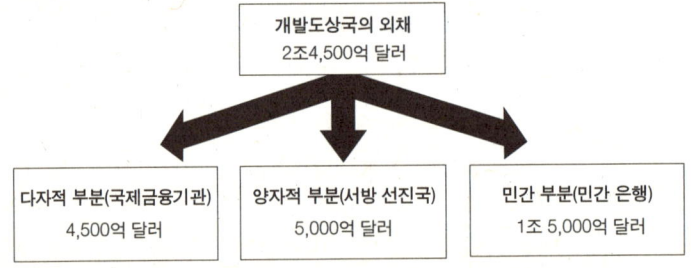

채무자 입장에서 보았을 때는 다음과 같은 분포를 보인다.

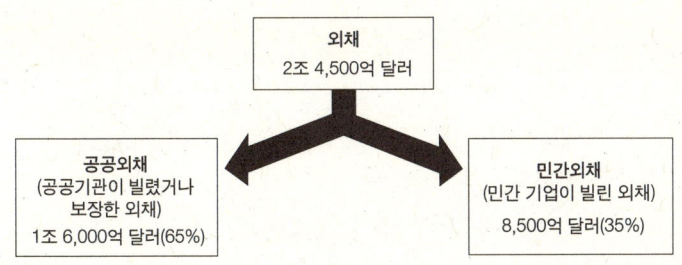

외채 2조 4,500억 달러		
공공외채 (공공기관이 빌렸거나 보장한 외채) 1조 6,000억 달러(65%)		**민간외채** (민간 기업이 빌린 외채) 8,500억 달러(35%)

개발도상국 외채의 지리적 분포는 책 앞의 지도(2)에서 볼 수 있다.

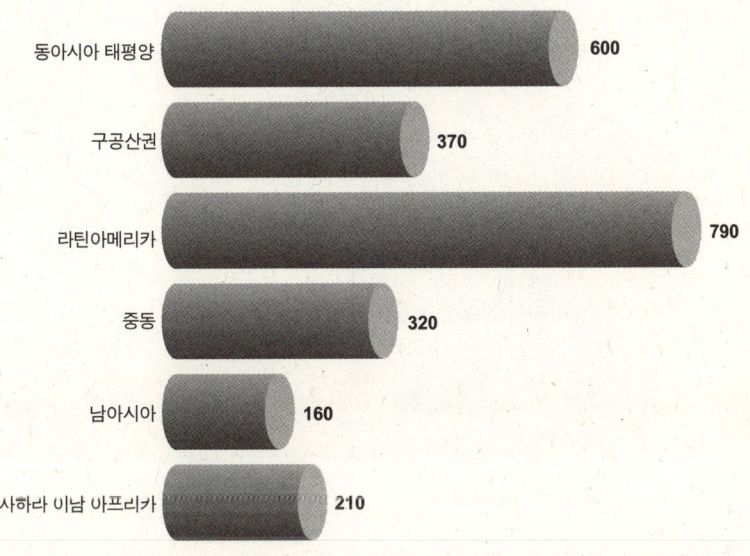

2001년 지역별 개발도상국 외채(10억 달러)

동아시아 태평양 600

구공산권 370

라틴아메리카 790

중동 320

남아시아 160

사하라 이남 아프리카 210

* 출처: 세계은행, *Global Development Finance*(2002)

가장 산업화된 개발도상국들이 역시 가장 과중한 외채를 안고 있었다.

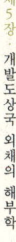

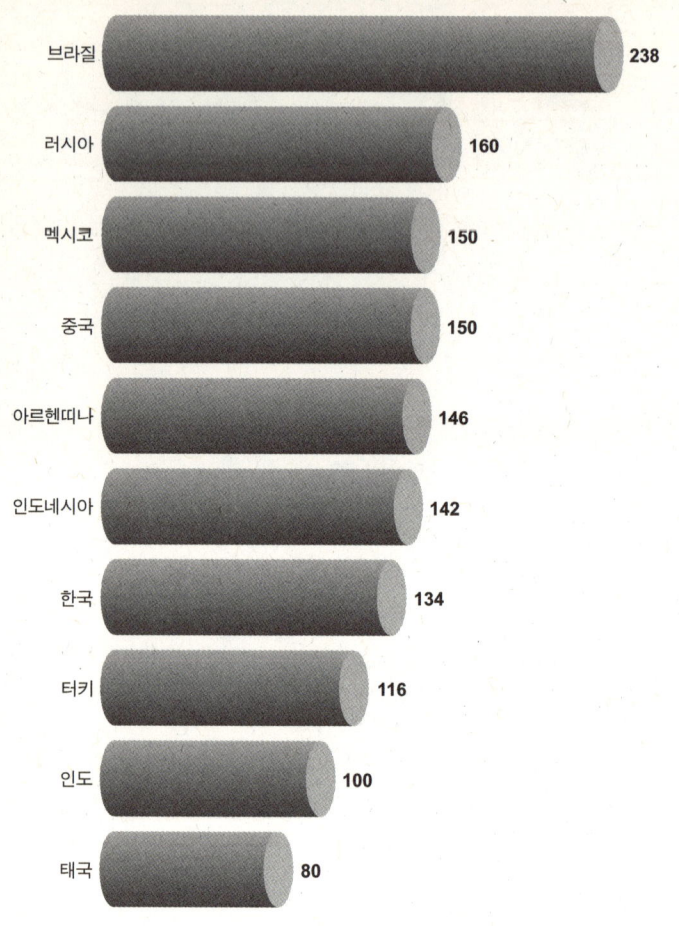

2000년 개발도상국 10대 채무국(10억 달러)

브라질	238
러시아	160
멕시코	150
중국	150
아르헨띠나	146
인도네시아	142
한국	134
터키	116
인도	100
태국	80

* 출처: 세계은행, *Global Development Finance*(2002)

Q 20 다양한 개발도상국의 주요 채권자는 누구인가?

개발도상국 전체의 수준에서 보면 양자적 부분이나 다자적 부분보
다는 민간 부분의 외채가 가장 크다(Q 19).

124

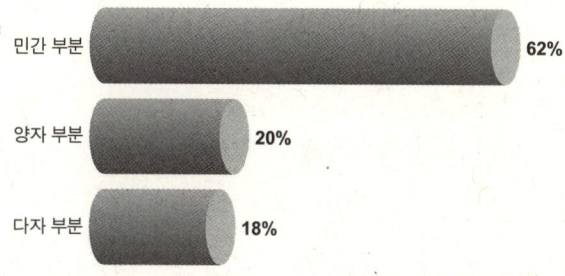

2001년 개발도상국 외채의 채권자별 분포

민간 부분 ▇▇▇▇▇▇▇▇▇▇▇ 62%

양자 부분 ▇▇▇▇ 20%

다자 부분 ▇▇▇ 18%

*출처: 세계은행, *Global Development Finance*(2002)

하지만 나라별로 커다란 차이가 존재한다. 전략적인 원자재를 보유하거나 산업화 수준이 상당히 높은 나라의 경우 상환을 보장할 수 있는 능력이 있다. 따라서 민간 금융기관(은행, 연금기금[1], 보험사, 상호기금[2])이 자금을 빌려주기 좋다고 판단한 이들 국가는 외채의 많은 부분을 민간 부분이 차지하게 된다. 예를 들어 브라질, 아르헨띠나, 칠레, 베네수엘라, 멕시코, 남아공, 한국, 말레이시아, 터키, 헝가리, 체크공화국, 슬로바키아 또는 크로아티아의 경우가 그렇다.

극빈국이지만 광산자원을 보유하고 있는 경우에도 민간 금융기관의 차관을 도입할 수 있다. 앙골라나 콩고 또는 나이지리아 등이 이런 경우이다.

반면 광산자원도 없는 극빈국은 은행이나 다른 민간 금융기관의 관심을 끌지 못하며, 금융기관들은 1980년대 초반 외채 위기가 발생하자마자 이들 국가에서 철수했다. 그후 새로운 차관은 제공되지 않았다. 결국 1982년 이래로 은행들은 이런 나라들에 새로운 차관을 주지 않았으며 과거의 차관에 대한 상환금만 받고 있다. 드물지만 새로운 차관을 제공하는 경우도 단기적으로 높은 금리를 적용하곤 한다. 국제통화기금과 세계은행 커플과 선진산업국 정부들은 극빈국이 은행에 돈을

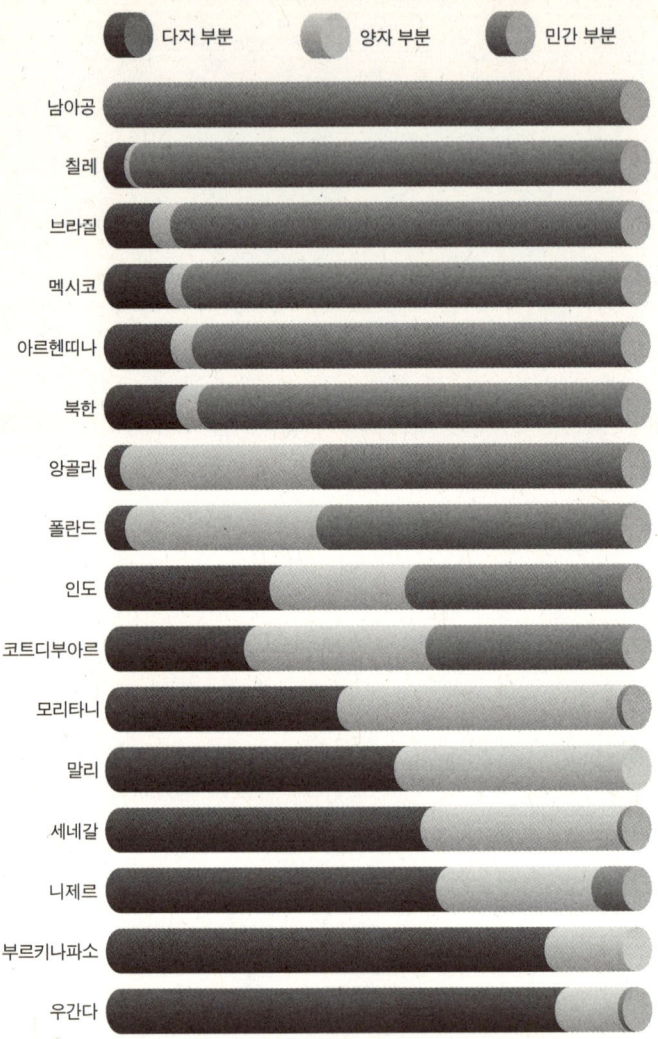

채권자에 따른 개발도상국 장기 외채의 분포

● 다자 부분　　● 양자 부분　　● 민간 부분

남아공
칠레
브라질
멕시코
아르헨띠나
북한
앙골라
폴란드
인도
코트디부아르
모리타니
말리
세네갈
니제르
부르키나파소
우간다

갚도록 새로운 자금을 빌려준 셈이다. 일부 과중채무국의 경우 다자기구들이 완전히 지배적인 채권자로 등장하게 되었다. 부르키나파소, 부룬디, 차드, 감비아, 말라위, 우간다, 아이띠, 네팔의 경우 다자기관이 외채에서 차지하는 비중이 80%를 넘는다. 이들 국가의 부채는 얼마나 과중한지 다자 금융기관들이 권력을 독점하고 있다고 해도 과언이 아니다.

다른 일부 채무국의 경우 북부 국가들이 국제 금융기관과 함께 채권자 역할을 하고 있다. 모리타니, 말리, 에티오피아, 기니, 가이아나, 온두라스 등을 들 수 있다. 그러한 현상이 나타나는 이유는 양자 부채의 많은 부분이 원래 차관을 제공한 국가의 민간기업에 진 빚이기 때문이다. 이 민간기업들은 프랑스의 꼬파쎄(Coface)나 벨기에의 뒤크롸르(Ducroire)와 같은 수출차관공사[3]를 통해 자국 정부의 보장을 받기 때문이다.

다음 페이지의 그래프들은 몇가지 사례를 통해 외채의 다양한 구조를 시각화한 것이다.

 지난 30여년간 다양한 채권자의 비중은 어떻게 변화했는가?

일차적인 분석에 따르면 지난 30여년간 개발도상국 여섯 지역의 부채기 늘이난 것을 알 수 있다.

이제 1970년부터 오늘날까지 채권자별 분포를 살펴보자. 이 분석은 여러가지 측면에서 교훈이 될 만한 변화를 보여준다. 1970년에서 1980년까지 외채 가중의 네 주역은 민간은행과 북부 국가, 세계은행과 남부의 정부들이다. 북부 민간은행의 역할이 활발하며, 외채에서도 민간 부분이 가장 크다. 1979년에 나타난 급격한 이자율 상승으로 외채 위기가 발생하자 민간은행들은 전략적 자원이나 효율적인 산업이 없는,

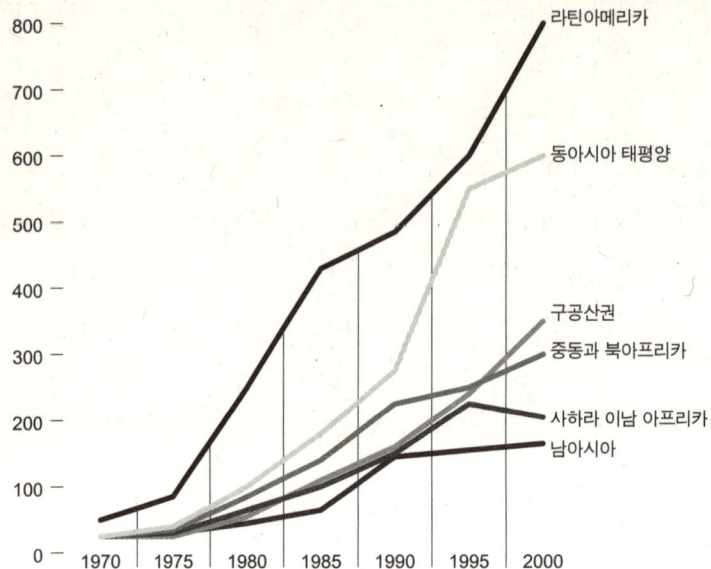

지역별 외채의 변화(10억 달러)

* 출처: 세계은행, *World Development Indicators*(2001); *Global Development Finance*(2002)

예를 들면 사하라 이남 아프리카 지역과 같은 곳에서 철수했고 라틴아메리카나 아시아와 같이 이윤이 높은 곳에 집중적으로 몰려갔다. 개발도상국 전체를 보면 다음과 같다.

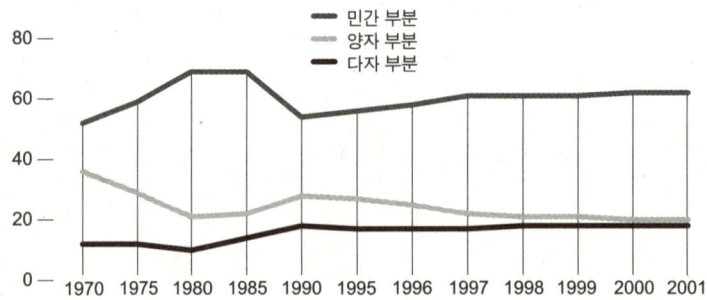

개발도상국 외채 분포와 그 변화(%)

* 출처: 세계은행, *World Development Indicators*(2001); *Global Development Finance*(2002)

라틴아메리카의 경우 여러 국가가 다각화된 산업구조를 지니고 있고 석유나 광물 같은 천연자원, 그리고 상당히 발달된 내부 시장을 보유하고 있다. 1990년대 중반 멕시코 위기시에는 민간 부분이 줄어들기는 했지만 그래도 높은 수준을 유지했다.

라틴아메리카와 카리브해 지역의 외채 분포와 그 변화(%)

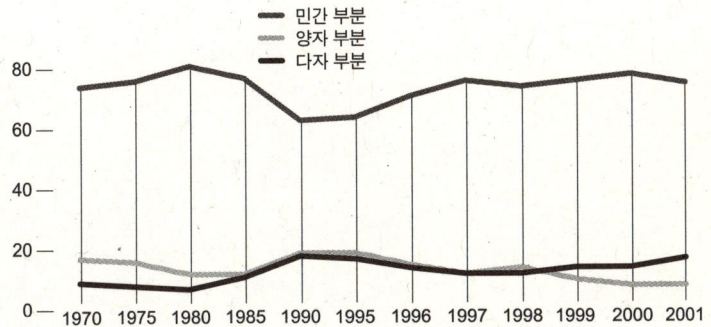

* 출처: 세계은행, *World Development Indicators*(2001); *Global Development Finance*(2002)

동아시아에서도 비슷한 현상이 나타나며, 특히 1997년 위기 뒤에 민간 부분이 줄어드는 경향을 보인다.

동아시아 태평양 지역의 외채 분포와 그 변화

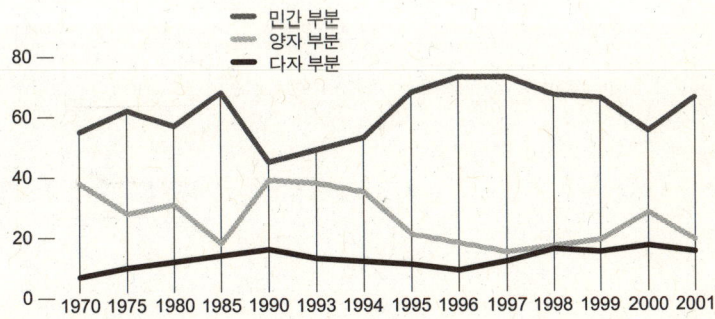

* 출처: 세계은행, *World Development Indicators*(2001); *Global Development Finance*(2002)

사하라 이남 아프리카의 경우 해당 국가의 전략적 자원 보유 여부에 따라 완전히 다른 양상을 보인다. 앙골라, 콩고, 나이지리아나 남아공처럼 석유나 금 또는 다이아몬드를 보유한 나라나 카카오와 커피의 거대 수출국인 코트디부아르의 경우 1980년대 외채의 민간 부분이 줄어들었지만 여전히 높은 수준이다.

전략자원을 보유한 사하라 이남 아프리카 국가의 외채 분포와 그 변화(%)
(앙골라·콩고·코트디부아르·나이지리아·남아공)

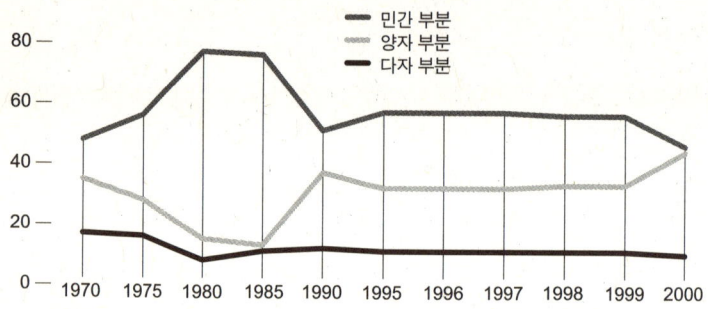

* 출처: 세계은행, *World Development Indicators*(2001); *Global Development Finance*(2002)

1985년부터는 민간 부분이 줄어드는 것과 함께 양자 부분이 늘어나는 것을 볼 수 있다. 2000년의 변화는 나이지리아의 양자 부분이 130억 달러에서 260억 달러로 늘어난 데 기인한 변화라 할 수 있다. 2002년 나이지리아는 채권자들이 부채의 삭감을 거절한 데다 석유 소득의 급락으로 심각한 상환 위기를 겪었다.

반면 중요한 자원을 보유하지 못한 국가에서는 민간 부분이 빈약하며 시간이 흐름에 따라 다자 부분이 증가한다.

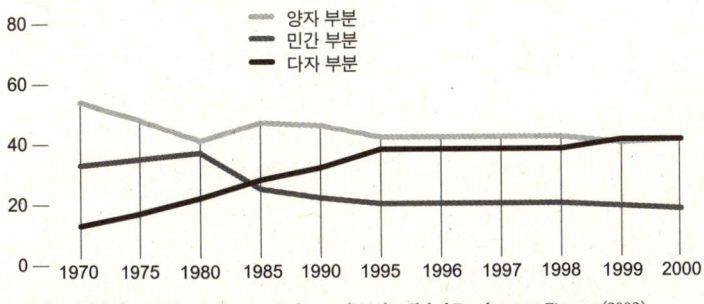

전략적 자원이 없는 사하라 이남 아프리카 국가의 외채 분포와 그 변화(%)

* 출처: 세계은행, *World Development Indicators*(2001): *Global Development Finance*(2002)

Q 22 개발도상국들은 빚을 갚고 있는가?

일부 개발도상국들에서 심각한 경제적 침체를 맞아 부채를 상환하지 못하는 현상이 일시적으로 나타나기는 하지만 대부분은 금융 부채에 대한 책임을 이행하고 있다. 2001년 외채 관련 총부담금은 3,820억 달러였으며(지도 4), 개발도상국 여섯 지역에 다음과 같이 분포되어 있었다.

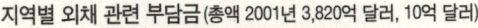

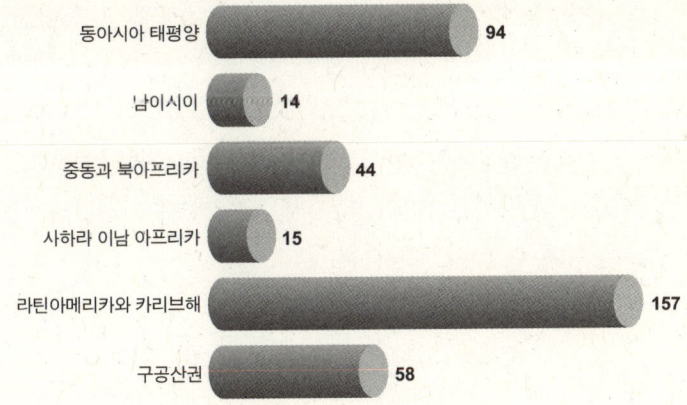

지역별 외채 관련 부담금(총액 2001년 3,820억 달러, 10억 달러)

* 출처: 세계은행, *Global Development Finance*(2002)에 따른 저자들의 계산

2001년이 예외적인 해였다고 믿어서는 안된다. 1980~2001년 기간 외채 관련 부담금의 상환액은 지속적으로 증가해왔는데, 1980년 900억 달러였던 것이 1989년에는 1,600억, 1995년에는 2,400억 그리고 2001년에는 3,820억 달러에 달한다.

1980년 이후 개발도상국 외채 부담금의 변화(10억 달러)

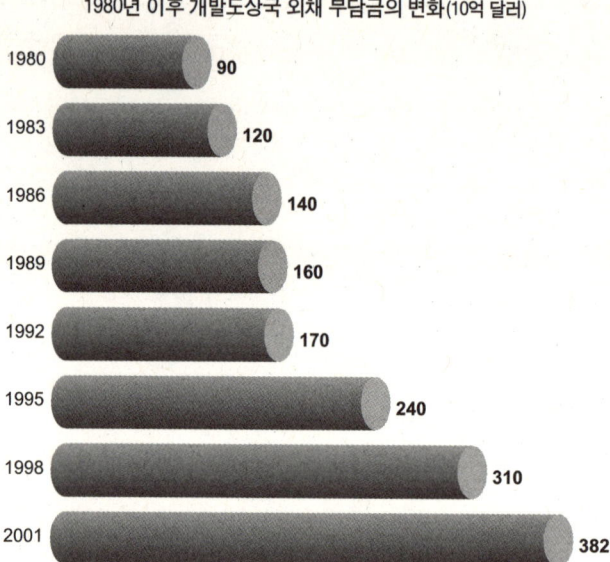

* 출처: 세계은행, *World Development Indicators*(2001); *Global Development Finance*(2002)

1980년에서 2001년 사이 상환한 금액은 총액은 대략 4조 5,000억 달러에 달한다.

다음의 도표는 무엇을 보여주는가? 이 도표의 결론은 1980년에 진 1달러의 빚을 갚기 위해 개발도상국들이 7.5달러를 지불했으며 아직도 4달러의 빚을 안고 있다는 사실이다.

상환금이 너무 막대하기 때문에 과거의 빚을 갚기 위해 새로운 차관을 도입해야 한다. 이러한 상황이 지속된다면 외채는 영원히 남아 있

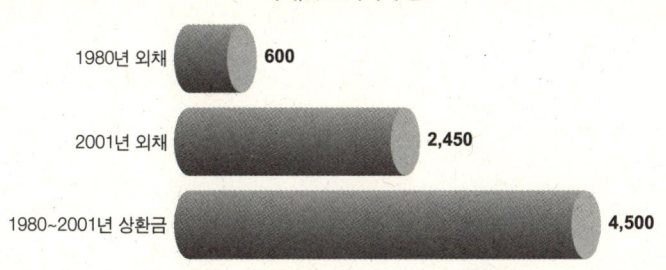

외채, 부도덕적 수탈?

1980년 외채   **600**

2001년 외채   **2,450**

1980~2001년 상환금   **4,500**

＊출처: 세계은행, *World Development Indicators*(2001)；*Global Development Finance*(2002)에 따른 저자
  들의 계산

을 것이고, 동시에 교묘한 지배수단으로서의 외채의 역할도 지속될 것
이다.

Q 23   외채 관련 자금의 흐름은 어떠한가?

부유한 국가들은 원조를 제공한다고 관대한 척 연설을 해대지만 우
리는 개발도상국들이 실제로 외채를 갚는 데 쓰는 금액보다 많은 액수
를 이들로부터 새로운 차관으로 들여오는지 의심해볼 수 있다. 다시
말해 외채와 관련된 자금이 북부에서 남부로 가는지 아니면 반대로 남
부에서 북부로 가는지 궁금하다는 것이다. 이에 대한 해답은 너무나도
명백하다. 자금의 흐름은 남부에게 크게 마이너스로 나타나는데 그것
은 부가 개발도상국에서 북부로 흐르는 것이지 그 반대가 아니기 때문
이다. 다음은 2001년 각 지역별로 나타나는 자금이전 수지를 보여주는
것인데, 여기서 마이너스는 개발도상국에서 자금이 빠져나간다는 의
미를 지닌다.

이것이 '외채의 악순환'이다. 개발도상국은 상환금을 부담하기 위

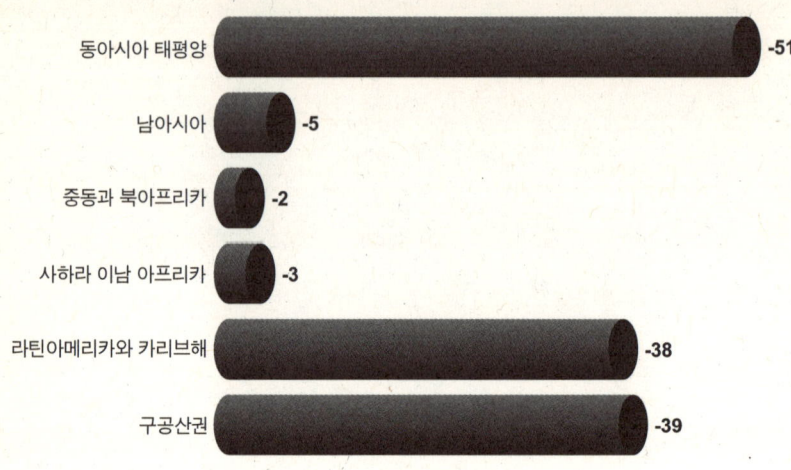

2001 지역별 외채 관련 자금이전 수지(1,380억 달러, 10억 달러)

동아시아 태평양 **-51**

남아시아 **-5**

중동과 북아프리카 **-2**

사하라 이남 아프리카 **-3**

라틴아메리카와 카리브해 **-38**

구공산권 **-39**

• 출처: 세계은행, *Global Development Finance*(2002)에 따른 저자들의 계산

해 새로운 차관을 도입할 수밖에 없다. 대략 1980년대 중반부터 자금
이전의 흐름이 바뀌었고, 그때부터 지속적으로 자금은 남부에서 북부

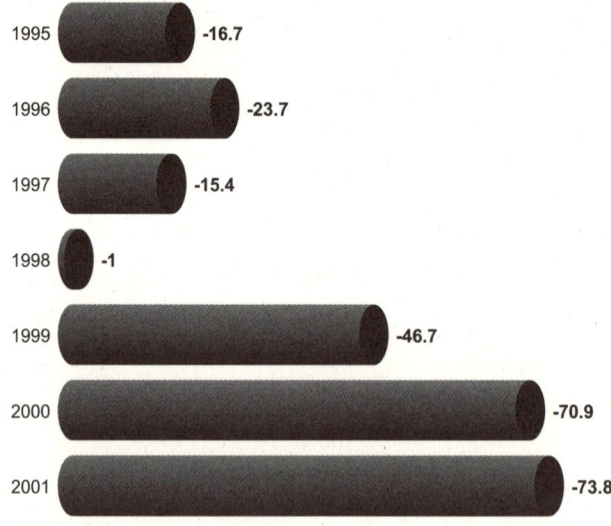

공공외채 관련 자금이전 수지(10억 달러)

1995 **-16.7**

1996 **-23.7**

1997 **-15.4**

1998 **-1**

1999 **-46.7**

2000 **-70.9**

2001 **-73.8**

• 출처: 세계은행, *Global Development Finance*(2002)

로 향하고 있다.

1998년 이후를 지역별로 살펴보면 동남아와 라틴아메리카 위기가 초래한 결과가 명백하게 드러나는데 모두 4,400억 달러가 개발도상국에서 삼극체제로 이전되었다(지도 4).

좀더 정확하게 공공외채에 대한 자금이전 수지를 살펴보도록 하자. 여기서도 마찬가지로 남부 국가들이나 국가가 부채를 보장하는 기관들은 엄청난 자금을 북부로 이전시켰다. 1995년과 2001년 사이 이들은 도합 2,480억 달러를 쏟아부었다.

1998년의 수치가 낮은 이유는 아시아의 위기와 그 뒤에 발생한 러시아와 브라질 위기 때문에 제공된 주요 차관들 때문이다. 그해에는 채무자와 채권자들의 파산을 막기 위해 국제통화기금이 보유한 엄청난 자금이 이전돼 외채 관련 자금이전 수지가 균형을 잡았지만 경향 자체가 바뀐 것은 아니다. 그 뒤 몇년간 외채가 크게 불어났기 때문에 이와 관련된 상환금도 증가했고, 이로써 개발도상국에서 북부의 채권자들에게 이전된 부도 늘어났다.

또한 현실적 흐름을 좀더 정확하게 추정했을 때 이 수치들은 더욱 불어난다. 왜냐하면 외채 상환 이외에도 개발도상국의 부유한 자들의 자본 도피, 다국적기업 이윤의 회수(여기에는 영수증 금액의 조작을 통한 보이지 않는 이전도 포함되어야 한다), 민영화 과정에서 저렴한 가격으로 팔린 개발도상국 기업들을 선진국 지배계층이 소유하는 현상, 개발도상국 국민들이 생산한 원자재를 저렴한 가격으로 구매하는 현상(교역 조건의 악화), 브레인의 탈출, 유전적 자원의 파괴 등을 포함시켜야 하기 때문이다. 결국 부의 제공자들은 우리가 평소에 생각하는 사람들이 아니다.

이상에서 보았듯이 외채란 남부의 소규모 생산자들로부터 북부의 자본 보유자들에게 부를 이전시키는 강력한 기제이다. 개발도상국의 지배계급은 그 중간에서 수수료를 챙긴다.

개발도상국은 1980년과 2001년 사이 채권자들에게 마셜 플랜의 56배나 되는 돈을 지불했다.

제2차세계대전이 종결되자 미국은 유럽의 재건을 위해 마셜 플랜을 통해 자금을 지원했는데 그 액수는 당시 달러로 125억 달러였고 현재 달러로는 800억 달러에 해당한다. 남부의 국민들은 1980년부터 북부 채권자들에게 56개 마셜 플랜에 해당하는 4조 5,000억 달러를 보냈고, 현지 자본주의 엘리뜨들은 그 중간에서 수수료를 챙겼다. 그 일부는 자금이전이 지속되도록 새로운 차관의 형태로 되돌아온다. 수학적으로 외채는 영구적인 것이 되어버린다. 우리 눈앞에서 진행되는 현상은 북부의 지배계급이 남부 지배계급의 도움을 통해 남부 민중을 재정적으로 수탈하는 것이다.

|주|

1 Pension Fund. 연금기금은 고객의 월급 일부를 취합하여 이 자본을 불리기 위해 금융시장에서 투기를 한다. 그 목표는 두가지이다. 첫째 고객이 퇴직하면 일정한 연금을 보장하는 것이다. 두번째는 자신을 위해 추가 이윤을 축적하는 것이다. 이 두가지 목표를 실현하는 데는 위험이 따른다. 영국의 로버트 맥스웰 제국이 무너진 것처럼 이미 여러 차례 대규모 파산으로 인해 임금노동자들이 저축한 돈도 날리고 연금도 사라져버린 일이 발생했다. 이같은 저축형(자본화) 연금제도는 앵글로 색슨 국가에서 일반화되어 있다. 2002년 현재 유럽의 프랑스를 비롯한 일부 국가는 여전히 세대간의 연대 정신에 기초한 분배를 통해 연금제도를 유지하고 있다.

2 Mutual Fund. 미국의 공동투자기금으로 프랑스의 SICAV나 OPCVM에 해당한다.

3 북부의 민간기업이 개발도상국과 계약을 체결하고 수출이나 투자를 할 경우 경제적·정치적인 어려움으로 계약 관련 자금을 받지 못할 위험이 있다. 이런 경우에 대비해 해당 기업은 프랑스의 꼬파쎄나 벨기에의 뒤크롸르와 같은 수출차관공사에 보험을 들 수 있다. 문제가 발생할 경우 남부의 계약 체결자 대신 수출차관공사가 돈을 지불하여 북부의 기업은 계약 관련 자금을 되돌려받을 수 있다는 보장이 생긴다. 수출차관공사의 개혁을 위한 자카르타 선언에 따르면 "이들은 현재 세계에서 가장 중요한 공공자금 제공의 출처라고 할 수 있다. 1998년 현재 세계무역의 8%가 이들의 보장을 받고 있으며, 주로 개발도상국의 대규모 민간 또는 군사 계약 관련 투자로 그 규모가 3,910억 달러에 달한다. 이는 500억 달러 정도의 공공개발원조의 평균 연간 액수보다 높다. (…) 다른 한편 수출차관공사의 보장액은 개발도상국 외채의 24%에 달하며 이들에 대한 공공채권의 56%에 이른다." 이들은 자신이 보장하는 계약의 성격에 대해 전혀 무관심하다는 점에서 비판을 받는다. 그 내용은 예를 들어 군비나 인프라 또는 에너지 부문의 대규모 프로젝트들인데 중국의 어마어마한 삼협 댐 건설은 그 대표적인 사례이다. 이들은 또한 프로젝트의 사회적·환경적 결과에 대해 무관심하고 결과적으로 억압적이고 부패한 정권을 지지하며(예를 들면 미얀마에서 토탈Total의 경우) 인간의 기본권을 침해하는 데 암묵적으로 기여하고 있다.

제6장

외채 경감을 위한 과정들

> 외채 재조정은 암 환자에게 아스피린을 주는 것과 마찬가지다.
>
> —압둘라이 와드

 Q 24　왜 외채 경감 조치가 마련되었는가?

채권자들은 일반적으로 채무를 탕감해주지 않으며 선물을 마련하는 경우는 더더욱 드물다. 그런데 왜 언론에서는 정기적으로 외채 경감과 탕감에 대한 말이 나오는 것일까? 이를 살펴보자.

1988년 토론토 G7 회담 이래 외채는 구조적인 문제로 인정돼왔다. 그리하여 부유국들은 상환금이 쌓여가는 많은 국가들을 위해 외채 재조정과 몇가지 빈약한 경감 조치를 취할 수밖에 없었고, 채무자는 상환 연기를 얻어내기 위해 채권자들을 자주 만나야 했다. 그러나 일련의 조치들은 매번 부족하고 부적절했으며, 문제는 그대로 남았다.

다자 부분은 국제통화기금과 세계은행이 자신들의 규약을 내세우며 외채 탕감을 금지하고 있다. 따라서 1996년까지는 양자 및 민간 부분에 대한 경감 조치만 논의되었다.

회원국들이 합의하는 양자 부분 경감을 관리하는 빠리클럽은 이 분야에서 결정적인 역할을 담당한다. 그들이 결정한 조치는 대부분의 경우 빠리클럽 이외의 양자 부분 채권자나 민간 채권자들에게 하나의 기준을 마련하는 협약으로 작용한다. 이것이 '유사한 처분의 원칙'이다. 우리는 빠리클럽이 외채의 일부에 대해서만 경감 조치를 취하고 다른 부분은 재조정한다는 것을 이미 살펴보았다. 시간이 흐르고 G7 회담이 여러차례 반복되면서 외채를 더 많이 탕감할 수밖에 없었는데 그것은 해당 국가들이 상환 연기의 악순환에서 빠져나오지 못했고 위기가 가속화되었기 때문이다. 그 탕감 비율은 1988년 토론토에서 33%로 시작되었으나 1991년 런던에서 50%가 되었고, 1994년 나뽈리에서는 67%로 늘어났다.

1990년 이후 시행된 몇가지 탕감 조치들은 언론에서 크게 떠들어댄 것에 비하면 실제로는 실망스러운 것이었다. 미국과 기타 강대국(일본 독일 프랑스 영국)의 전략적 동맹국들에게만 경감 조치의 혜택이 돌아갔는데 그 주요 수혜국을 보면, 폴란드(바르샤바 조약에서 탈퇴를 유도하기 위해), 이집트(이라크를 대상으로 한 걸프전의 지지를 위해), 파키스탄(최근 아프가니스탄에서의 전쟁 지지를 위해), 유고(슬로보단 밀로셰비치의 인도를 위해) 등이 포함되었다. 그러나 탕감액도 결국은 극히 제한적인 것이었다. 이러한 조치는 당연히 미국의 성조기 아래 행해지는 정치적 또는 경제적 변화를 탐탁지 않아하는 해당국 주민들의 지지를 모으기 위한 것이다.

이 시기에 또다른 강대국은 언론이 전혀 신경을 쓰지 않는 사이에 외채를 탕감해주었다. 러시아는 1990년대 니까라과, 모잠비크, 베트남 등에 대해 가지고 있던 채권의 상당 부분을 포기했고, 스스로도 채무국으로서 중요한 경감 조치의 혜택을 받았다(Q 17).

1996년 외채 위기의 규모가 광대해지자 세계의 돈줄들은 새로운 경감 조치를 구상한다. 바로 과중채무빈곤국 조치가 그것으로 이는 지금도 유지되면서 다양한 목표를 추구하고 있다.

정말 우리 빚을 갚기 위해서 우리의 아이들이 굶어 죽도록 내버려두어야

하는가? —줄리우스 니에레레(Julius Nyerere, 1964~85년 탄자니아 대통령)

 Q 25 과중채무빈곤국 조치는 무엇인가?

영어로 HIPC(Heavily Indebted Poor Countries), 불어로 PPTE(Pays pauvres très endettés)는 과중채무빈곤국이란 의미이다.

1996년 리옹 G7 회담에서 시작되어 1999년 9월 퀼른 회담에서 강화된 과중채무빈곤국 조치는 빈곤국가의 과중한 채무를 경감시켜주는 것을 목표로 하고 있다. 이 조치는 아주 적은 숫자의 극빈국에만 적용된다(165개 개발도상국 중 42개국, 부록의 명단을 볼 것). 이 조치의 목표는 외채를 지탱 가능할 정도로 가볍게 해주는 것에 불과하다. 국제통화기금과 세계은행은 단지 밀린 상환금을 갚고 재조정할 수 있을 만큼만 부채를 경감시켜준다. 그 이상은 아무것도 없다! 다음에서 보다시피 이조차 제대로 달성하지 못한다. 특히 이 기관들은 구조조정정책의 강화를 강요하기 위한 수단으로 이 조치를 활용했다. 결국 변화의 겉모습 아래 여전히 옛날과 같은 논리가 적용된 것이다.

과거의 경감 조치와 비교해보았을 때 이 조치의 특징은 처음으로 다자기관들까지를 포함한 모든 채권자들에게 적용된다는 것이다. 그 방식은 뒤에 다시 설명하겠지만 간단히 말하자면 외채 경감에 대한 기관들의 개입은 최소화하면서 정책 결정에 대한 개입은 최대화하는 것이다.

과중채무빈곤국이 조치의 틀 속에서 외채 경감의 혜택을 받기까지는 갖가지 엄격한 단계를 거쳐야 하고, 시간도 엄청나게 많이 걸린다.

국제통화기금에 따르면 이 조치의 혜택을 받고자 하는 국가들은

142

"견딜 수 없을 정도로 과중한 외채"를 지고 있어야 하며, "국제통화기금과 세계은행이 지원하는 계획을 통해 양질의 경제 정책과 개혁을 시행한 긍정적 경험을 수립"해야 한다. 이것이야말로 진정한 장애물 경주다. 해당국은 이 조치의 혜택을 받기 위해 국제통화기금과의 협약에 서명한 뒤 이 기금이 승인한 경제 정책을 3년간 지속적으로 시행해야 한다. 이 정책은 빈곤축소전략문서[1]에 기초한다. 이 문서는 임시적이지만 오랜 기간에 걸쳐 작성된다. 문서에는 해당국의 경제 상황이 소개돼 있는데 한편으로는 민영화 대상 명단과 외채 상환을 위한 자원을 도출해내기 위한 탈규제 정책을 제시하고, 다른 한편으로는 경감된 외채 자금을 가지고 어떻게 빈곤을 극복하기 위한 투쟁을 벌일지를 상세하게 설명해야 한다. 이상과 같이 문서는 모순된 두 부분으로 구성되어 있다. 또한 공식적으로 이 문서는 현지 시민사회를 포함한 '광범위한 참여 과정'을 통해 작성되어야 한다.

이 3년의 기간이 지나면 국제통화기금과 세계은행은 이 국가가 추진한 정책이 외채 상환에 적합한지를 판단한다. 외채의 과중성을 판단하기 위한 기준은 당시 해당국 연간 수출액에 대한 외채의 비율로 이 비율이 150%를 넘으면 외채가 과도하다고 추정된다.[2] 이 결정 기준에 이른 국가가 해당국이 되며 과중채무빈곤국 조치의 수혜 대상 후보가 된다.

그러면 이 국가는 '과도적'이라고 불리는 첫 경감 조치의 적용을 받게 되는데 이는 국제통화기금과 합의된 기간의 상환금에 대해서만 적용된다. 이 경감 비율은 쾰른 G7 회담 이래 90%에 이른다. 그러나 착각해서는 안된다. 이 단계에서 해당국의 외채 누적액은 전혀 줄어들지 않고 단지 상환금 일부에 대해서만 감소 조치가 이뤄질 뿐이다.

결정 기준에 이른 국가는 국제통화기금이 승인한 정책을 지속적으로 추진해야 하며 정식 빈곤축소전략문서를 작성해야 한다. 이 기간은 1년에서 3년인데 문서의 작성과 국제통화기금과 합의한 개혁을 잘 완수했는지에 따라 결정된다. 이 개혁들이란 실제로 1980년대와 1990년대 구조조정정책의 강화된 버전이며, 단지 빈곤축소전략문서라는 이름으로 대체되었을 뿐이다.

그런 다음 최종 단계에 도달한다. 해당국은 쾰른에서 협의된 조건에 따라 양자 외채 누적액의 탕감 혜택을 누린다. 공식적으로 최초 협상 일자 이전의 공공개발원조를 제외한 외채의 90%가 탕감되는데 실질적으로 이 단계에 도달하는 경우는 드물다. 외채 중 다자 부분에 대한 상환 부담은 실제로 탕감되는 것이 아니라 단지 경감될 뿐이다. 왜냐하면 이 조치의 목표가 국제통화기금이 규정한 기준에 따라 전체적으로 견딜 만한 외채 수준에 도달하게끔 하는 것이기 때문이다.

탄자니아의 사례를 살펴보도록 하자. 1996년 11월 탄자니아는 국제통화기금이 승인한 구조조정정책에 서명했다. 2000년 4월 5일 국제통화기금과 협약을 맺은 지 3년이 조금 지나 탄자니아는 과중채무빈곤국 조치의 결정 기준에 도달했다. 2000년 4월 14일 빠리클럽은 쾰른의 조건에 따라 대략 향후 3년간 외채 관련 부담액에 해당하는 7억 1,100만 달러를 기준액으로 삼았다. 2001년 11월 27일 최종 단계에 도달했고 2002년 1월 다시 빠리클럽의 결정이 뒤따랐다. 탄자니아의 외채 총액은 75억 달러였고 그중 양자 부분은 29억 달러였다. 국제통화기금과 세계은행은 신속하게 외채 관련 부담금의 30억 달러를 경감한다고 발표했다. 이것은 기만의 극치라 할 수 있는데 왜냐하면 이 30억 달러 경감은 매년 1억 달러씩 30년에 걸쳐 상환액을 갚으라는 것이기 때문이다! 이 기간 동안 신자유주의 정책으로 새로운 외채가 축적될 것이고, 수출 소득은 줄어들 것이며, 쉽게 치료될 수 있는 질병이나 영양 실조로 수백만명의 사람들이 죽어갈 것이다.

조치의 전반적인 시행이 실질적인 외채 경감으로 나타나지는 않을 것이다. 왜냐하면 경감은 주로 이자나 외채 상환금에 대한 경감의 방식이지 외채 원금을 직접 경감시키는 방식은 아닐 것이기 때문이다. ─OECD「외채 통계」(1998~99).

외채 다자 부분의 경감과 관련하여 과중채무빈곤국 신용기금이라는 것이 설립되었다. 기금 관리는 국제개발협회에서 하는데(Q 13) 부유국과 다자기구들은 이 기금에 기여하도록 장려된다. 이 신용기금이 형성한 자금은 금융시장에 투자돼 다시 투기 버블을 만들어낸다. 결국 탕감 자금이 있는데도 불구하고 이를 시행하지 않기로 결정한 다자기구들은 여기서 벌어들인 이자로 경감액을 충당하는 것이다. 이처럼 상환금을 개발도상국이 지불하건 신용기금이 지불하건 국제통화기금과 세계은행에게 바뀌는 것은 하나도 없는 상황에서 탕감 운운하는 것은 이미지를 개선하기 위한 언어 조작일 뿐이다. 그러므로 우리는 다자 외채의 탕감이 이뤄진다고 착각해서는 안된다.

과중채무빈곤국은 도합 42개국인데 사하라 이남 아프리카의 34개국(앙골라, 베냉, 부르키나파소, 부룬디, 카메룬, 코모로, 콩고, 코트디부아르, 에티오피아, 감비아, 가나, 기니, 기네비사우, 케냐, 라이베리아, 마다가스카르, 말라위, 말리, 모리타니, 모잠비크, 니제르, 우간다, 중앙아프리카공화국, 콩고민주공화국, 르완다, 상투메프린시페, 세네갈, 시에라리온, 소말리아, 수단, 탄자니아, 차드, 토고, 잠비아)(지도 7)과, 라틴아메리카의 4개국(온두라스, 니까라과, 볼리비아, 가이아나) 그리고 아시아의 3개국(라오스, 베트남, 미얀마) 및 예멘이 그들이다. 그러나 이들이 모두 경감 조치의 수혜를 받는 것은 아니다. 라오스에서는 이 조치를 신청하지 않고 있는데 지도자들이 장점보다는 단점이 많다고 판단했기 때문이다. 게다가 앙골라, 케냐, 베트남과 예멘 등의 4개국은 결정 기준의 싯점에서 부적격 판정을 받았다. 이들의 외채는 견딜 만한 것으로 판단되었는데 앙골라의 경우 지난 25년간 다국적기업들이 조장한 내전으로 피폐되었고 2002년 전례 없는 기아에 허덕였는데도 이런 결정이 내려졌다. 끝으로 라이베리아와 수단, 소말리아는 이 조치의 혜택을 볼 수 없을 것으로 예상되는데 그 이유는 전쟁 상태라는 것과 부국과 충분히 협력하지 않는다는 것 때문이다. 이들은 서방의 눈에 정치적으로 불순하게 보인다는 이유로 제재를 받는다. 결국 과중채무빈곤국 조치는 기껏해야 34개국을 대상으로 한다.

과중채무빈곤국 조치

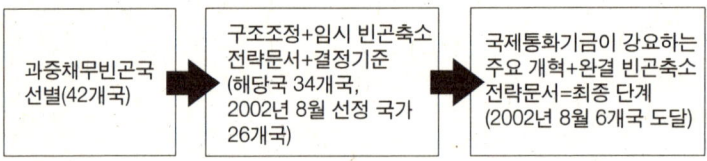

이것이 공식적인 측면이다. 그러나 여기서 분석을 중단해서는 안되며 무대 뒤에서 일어나는 일들을 이해하려면 좀더 복합적인 관찰과 판단이 필요하다.

외채를 발명한 것은 마귀이다. 아프리카에서 산책하면서 어디에 외채가 있냐고 물어보라! 우리에게 줬다고 하는 외채는 아무도 어디로 갔는지 보지를 못했다. 외채는 에이즈보다 심각하다. 에이즈는 그나마 전망이라도 할 수 있는데 외채란 도무지…… 미래의 세대는 원금도 아닌 이자를 지속적으로 지불해야 하는 입장이다. 나는 외채에 대해서 말하지 않는다. 나는 외채가 지워지지 않을 것이란 사실을 잘 안다. 외채를 가지고 장난을 치고 재조정을 하고 부스러기들을 던져주지만 그것은 암 환자에게 아스피린을 주는 것과 마찬가지이다. ―압둘라이 와드(Abdoulaye Wade, 세네갈 대통령) 『리베라씨옹』 2002년 6월 24일자.

Q 26　과중채무빈곤국 조치의 결과는 무엇인가?

2002년 8월 현재 결정 기준에 도달한 국가는 26개국이고(부록 참고) 우간다, 볼리비아, 모잠비크, 탄자니아, 부르키나파소, 모리타니 등 6개국은 최종 단계에 도달했다.

국제통화기금은 이들 26개국이 400억 달러의 혜택을 누린다고 선전하지만 탄자니아의 사례에서 볼 수 있듯 이는 상환금에 대한 30여년에 걸친 경감이다. 따라서 실제의 상황을 제대로 이해하기 위해서는 이 액수를 수십년에 걸쳐 따져봐야 한다. 국제통화기금이 제공하는 수치에 따르면 이들 나라의 2005년까지 연간 부담액은 1998년의 액수에 비해 평균 30% 정도 낮을 것으로 예상된다. 하지만 이들 국가들이 결정 기준에 도달한 것은 그 이전, 즉 2000년의 일이다. 따라서 조치의 결과를 분석하기 위해서 2001년 이전의 수치를 가지고 계산해서는 안된다. 현실은 완전히 다른 결론을 보여준다.

수치를 보면 실제 부담액이 1998년과 2001년 사이에 축소되는 것을 볼 수 있지만 이는 과중채무빈곤국 조치와는 아무런 상관이 없다. 그 원인은 오히려 전통적인 외채 재조정에서 찾아야 한다(일부 마감 일정과 상환이 연기되었다). 채무 문제는 시간적으로 연기되어 수십년 뒤

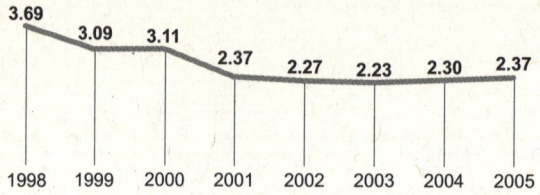

결정 기준에 도달한 26개 과중채무빈곤국의 외채 관련 부담액(2002년 이후는 예상, 10억 달러)

| 3.69 | 3.09 | 3.11 | 2.37 | 2.27 | 2.23 | 2.30 | 2.37 |
| 1998 | 1999 | 2000 | 2001 | 2002 | 2003 | 2004 | 2005 |

* 출처: IMF: AID, *HIPC: Status of Implementation*(2002년 4월 12일)

로 밀려났을 뿐이다. 2001년부터 연간 부담액이 아주 조금 줄어들지만 2005년이 되면 다시 2001년 수준을 회복하며 상승하기 시작한다. 결국 부담액을 약간 축소시키긴 했지만 과중채무빈곤국의 과중채무 문제는 전혀 해결되지 못하고 있다.

현재 강화된 과중채무빈곤국 조치에 대해 가지는 기대는 현실적이지 못하다. 계획된 외채 경감은 중기적으로 외채 부담을 견딜 만하게 하는 데 충분하지 않을 것이다. (…) 한편 외채 경감의 규모와 실현 방법은 빈곤 축소에 중요한 직접적 결과를 가져오지는 못할 것이다. ─UNCTAD(2000).

공식적으로 이 조치의 비용은 다자기구가 48%(그중 세계은행 22%, 국제통화기금 7%), 부국들이 48%(그중 빠리클럽 회원국은 38%), 그리고 민간은행이 4%(위에서 보았듯이 극빈국 외채에서 차지하는 부분은 아주 적다)를 부담한다.

부국들이 약속한 금액을 합친 과중채무빈곤국 신용기금은 26억 달러에 이른다. 1996년 이후 모인 기여금은 현재 16억 달러 정도인데 그야말로 소규모다. 국제통화기금은 보유하고 있는 금 일부를 판매하여 8억 달러 정도를 마련했다. 이미 언급했듯이 이 금액은 다자기구들이 제공하는 상환금 경감을 충당하는 데 쓰여진다. 일반적으로 국제통화기금과 세계은행은 이 기금의 실제 내용과 약속된 경감액을 충당할 수 있는 가능성에 대해 그다지 많은 말을 하지 않는다. 비공식적으로 해당 정부들이 약속을 지키지 않으면 그들도 약속을 지킬 수 없다고 인정할 뿐이다.

이제 많은 사람들이 인정하는 사실은 상당수 사례에서 과중한 외채에 대한 초기 분석들이 과중채무빈곤국의 수출 소득과 성장 잠재력을 지나치게 과대평가했음을 보여준다는 것이다. ─코피 아난(Kofi Annan) 「외채 위기에 대한 유엔사무총장 보고서」(2001년 8월 2일).

Q 27 과중채무빈곤국 조치의 한계는 무엇인가?

첫째 이 조치는 과중채무빈곤국의 발전을 진흥하는 것이 아니라 단지 그들의 외채 상환 부담을 조금 덜어주는 것이다. 그 차이는 엄청나다. 이 조치의 성격은 개발도상국들이 능력을 최대한 발휘하여 돈을 갚을 수 있을 만큼만 탕감해주는 것이다. 실제 탕감되는 것은 대부분 이미 지불이 불가능해진 채권들이다. 과중채무빈곤국 조치는 무엇보다 상환의 영구성을 보장하는 것을 목표로 하며, 관대함으로 포장된 더욱 강화된 구조조정을 감추는 것이다. 2000년, 즉 조치가 시작된 지 4년 뒤 과중채무빈곤국 42개국은 거대한 금액을 북부에 지불했다. 외채 관련 이전수지는 이들에게 23억 달러의 적자를 나타내고 있다.

둘째 해당 액수가 아주 적고 매우 한정된 국가들을 대상으로 한다. 경감 혜택을 보기 위해서는 극도로 가난하면서 극한의 외채를 짊어지

고 있어야 한다. 나이지리아는 엄청난 채무를 지고 있지만 석유 생산
국이기 때문에 아주 가난하다고 판단되지 않는다. 아이띠는 세계에서
가장 빈곤한 국가 중 하나지만 혜택을 받기에는 외채가 많지 않다고
판정된다. 게다가 세계에서 빈곤인구가 가장 많은 나라들은 해당되지
않는다. 예를 들면 중국, 인도, 인도네시아, 브라질, 아르헨띠나, 멕시
코, 필리핀, 파키스탄이 그들이다. 이런 조치를 가지고 어떻게 현재 개
발도상국들이 빠져 있는 재정적 함정에서 이들을 구해내기를 기대할
수 있단 말인가?

2001년 과중채무빈곤국과 기타 개발도상국 인구 비교(%)

● 출처: 세계은행, *World Development Indicators*(2001)

국제통화기금과 국제개발협회는 이 조치의 전개 상황에 대해 정기
적으로 보고서를 간행하며 전망하는 바를 발표한다. 2002년 4월 보고
서에 따르면 과중채무빈곤국 조치가 처음 설정한 제한된 역할조차 하
지 못하고 있다는 사실을 발견할 수 있다. 해당 34개국 중에서 몇나라
는 외채 관련 부담금이 일시적으로 약간 감소하는 것을 발견하고 기뻐
하겠지만 얼마 뒤에는 아무 일도 없었다는 듯 다시 증가하는 것을 보
게 될 것이다. 또다른 일부는 그들에게 관대하게 허락된 탕감이 결국
은 미래에 더 많은 액수를 갚도록 하기 위해서라는 사실을 발견할 것
이다.

물론 이론적으로야 모든 외채의 경감은 환영해야 할 일이지만 국제
통화기금이 해당 국가 경제에 대한 전적인 통제권을 확보한다는 점을

외채 관련 부담금(백만 달러)

	2000	2001	2002 (예상)	2004 (예상)
베냉	55	33	34	36
카메룬	437	271	267	284
온두라스	233	181	209	246
말리	68	76	86	95
니제르	18	20	37	30
우간다	90	71	80	102
잠비아	148	149	158	211

* 출처: 국제통화기금과 국제개발협회, *HIPC: Status of Implementation* (2002년 4월 12일)

감안하면 정말 비싼 댓가를 치르는 셈이다. 이는 국제통화기금이 승인해야 하는 빈곤축소전략문서를 검토해보면 쉽게 알 수 있다. 이는 명칭만 바뀌었을 뿐 지난 20여년간 이름을 떨친 구조조정정책의 상속자이다. '빈곤축소전략'은 사회적인 냄새가 나고 아름답게 들리지만 실제는 구조조정이다! 이는 아무 수정도 없는 구조조정정책의 재탕이며 특정한 빈곤축소 계획이 첨부되었지만 대부분 규정된 성장 목표 아래서는 실현 불가능한 것들이다. 그 정도니 라오스가 참여를 거부한 것도 놀랄 일은 아니다.

사회 정치 세력과 어떤 협의도 없이 루사카 정상회의에서 아프리카 국가 원수들이 채택한 아프리카 개발을 위한 신파트너십은 30여년 전부터 브레턴우즈 기구들이 강요했고 이 대륙의 주민들에게 빈곤만 가져온 신자유주의 정책을 새롭게 소개한 것뿐이다. (…) 과중채무빈곤국 조치의 후보국은 국제통화기금과 세계은행의 주도 아래 빈곤축소전략문서를 채택해야 한다. 이 문서는 조치를 통해 지원된 자금의 용도를 밝혀야 하며 전통적인 구조조정 조치의 시행과 관련된 일정한 약속을 포함해야 한다. 공공기업의 민영화, 임금 규모의 축소, 노동시장의 탈규제화 등이 그것이다. 그것들은 극단적인 자유주의 조치의 전형적인 모델이라 할 수 있는데 이미 아프리카 주민의 빈곤화에 기여했고, 사회적 써비스의 질을 하락시켰으며, 평균수명을 7년 이상 낮추었다. 또한 이미 통제했다고 믿었던 갖가지 질병이 다시 등장하게 했으며, 젊은 졸업생들의 실업을 상승시켰고, 산업화의 기초를 황폐화했으며, 만성적인 식량 위기 상황을 초래했다. ―무사 창가리(Moussa Tchangari) 「아프리카를 위한 신자유주의 프로젝트」, 『알떼르나띠브』(*Alternative*) 2002년 7월 24일, 니제르.

공식적으로 빈곤축소전략문서는 시민사회와 협의해 작성되어야 한다. 그러나 실제로는 조작에 의해 진행된다. 남부의 일부 비정부기구는 자신도 모르는 사이에 문서 작성을 위한 다양한 위원회에 등록된다. 이들은 회의에 초대될 때도 거의 마지막 순간에 통보를 받으며, 뒤늦게 서류를 받아보곤 한다. 이렇듯 비정부기구들은 결정권을 보유한 정부와 기타 기관의 대표들과 만나기 전에 효율적으로 대처할 시간을 갖지 못한다. 수도 외부에서 활동하는 비정부기구들은 이 과정에 참여조차 하지 못한다. 어떤 개발도상국의 장관은 비정부기구에 이렇듯 훌륭한 빈곤축소전략문서에 서명하라고 요구하며 외국인들 앞에서 이견을 보이는 것은 국가의 신용도를 낮추게 된다고 협박하기도 했다. 부르키나파소에서 시민사회의 참여는 '기부자'들과 1시간 반 동안 회의를 하는 것에 한정되었다. 일부 정부는 시민사회의 의견을 수렴하는 척하기 위해 스스로 비정부기구를 만들어내기도 한다. 이런 경우 참여과정이라는 것은 허구일 뿐이다.

다른 한편 외채의 과중성을 측정하기 위해 선택된 기준들은 두가지 문제점을 보인다.

① 기준들이 정당하지 못하다. 어떻게 한 국가의 빈곤축소를 위한 부채 경감 여부를 결정하는 데 단지 비율 하나를 연구하는 것으로 충분할 것인가? 149%면 참 아쉽다면서 혼자서 잘 해결해보라고 충고하고, 하지만 마음은 당신들과 함께한다고 덧붙인다.

② 기준들이 무척이나 복잡한데 이는 일부러 그랬다는 인상을 지울 수 없다. 결국 전문가들 사이에서만 논의가 가능하며, 이 조치의 제한적 내용은 전혀 눈에 띄지 않는다. 하지만 그들에게는 불행한 일이지만 제3세계 외채 탕감을 위한 위원회(CADTM)와 같이 국제적 네트워크를 보유하고 있는 협회의 회원들이 이를 검토하여 힘차게 비판하고 있다. 유엔무역개발회의나 유엔의 인권위원회 역시 이 조치에 대해 무척이나 비판적인 보고서를 발표했다.

거의 20여년간 지속된 구조조정정책으로 인해 빈곤은 증가했고, 성장은 대부분 느리고 변덕스러우며, 농촌의 위기는 악화되었고, 탈산업화가 성장의 가능성을 제한했다. 2년 전부터 빈곤의 축소는 아프리카와 다른 저소득 국가에서 국제금융기관들의 활동과 정책의 근본적인 목표가 되었다. 이러한 변화는 긍정적으로 평가되어야 한다. 하지만 과연 사고방식의 변화가 이뤄졌는가? —UNCTAD, 2002년 9월 26일자 보도자료.

국제통화기금과 세계은행은 단어들을 바꾸었고, 이니셜을 바꾸었으며, 자문방식을 바꾸었지만 그들의 신념은 하나도 변하지 않았다. —데틀레프 코트(Detlef Kotte)·UNCTAD 「국제통화기금과 세계은행의 아프리카 대실패」, 『리베라씨옹』 2002년 9월 27일자.

빈곤축소전략문서에 있는 구조조정과 거시경제 정책 조치들을 상세히 살펴보면 일명 '워싱턴 컨쎈써스'라고 부르는 틀 속에서 제안된 조치들과 근본적인 차이점을 발견할 수 없다. ─UNCTAD 「구조조정과 빈곤축소──무엇이 새로운 것인가?」(2002년 9월 26일).

위에서 서술한 놀랄 만한 90%의 탕감 비율, 그리고 이를 보도하는 언론들은 모두 착각에 빠져 있다. 이 조치는 검토했듯이 전체 외채에 대한 것이 아니며 그나마 몇몇 소수의 국가만이 혜택을 누릴 수 있을 뿐인데도 무척 효율적인 장치라고 착각하는 사람들이 많다. 정부와 일부 언론을 그대로 믿는다면 프랑스는 이미 세번에 걸쳐 외채를 100% 경감해준 셈이다. 한편 수혜국이 되려면 해당 국가는 정치 경제적으로 아주 순종적인 태도를 보여야 한다. 조치의 첫번째 수혜국이 동아프리카에서 미국의 동맹국인 우간다였던 것은 우연이 아닐 것이다.

벨기에로부터 상업 차관이나 공식 외채(국가 차관)를 도입했고, 2001년 이전에 빠리클럽과 협상한 국가들과 양자 협약이 체결되었거나 향후 체결되어야 할 것이다. 해당국은 파키스탄, 가나, 볼리비아, 기네, 마다가스카르, 카메룬 등이다. 그중 볼리비아의 외채 탕감만이 재무성의 예산에 직접적인 영향을 미친다. 이는 2001년 사용된 6백만 유로에 해당한다. (⋯) 다른 협약들은 상업 차관의 경우 23년, 그리고 국가 차관의 경우 40년의 기간에 걸친 재조정이기 때문에 직접적인 비용을 초래하지는 않는다. ─2001년 벨기에의 부채 탕감과 관련한 끌로딘느 드리옹(Claudine Drion)의 질문에 벨기에 재무성의 답변(2002년 6월).

한편 과중채무빈곤국 신용기금의 운영에 필요한 자금을 모을 수 있을지 확신하기는 어렵다. 일부 다자기구들은 아직 탕감 조치에 참여 여부를 밝히지 않았으며 정부들이 자신의 약속을 실행하는 데 늑장을 부리고 있기 때문이다. 따라서 예정된 경감 조치가 실현될 수 있다는 보장은 어디에도 없다. 그러니 아직 문제 해결의 실마리도 보이지 않는 것이다.

양자적 차원에서 경감되는 액수가 어떻게 산정되는가는 무척 중요한 문제이다. 경감된 액수가 개발도상국에 제공되는 다른 원조에서 제외된다면 아무런 효과도 없는 셈이다. 하지만 아직은 이런 우려를 지울 수 없는 상황이다. 프랑스가 대표적인 경우이다. 프랑스는 증여를 통한 자금 공급 제도를 수립했다. 과중채무빈곤국이 프랑스에 자금을 상환하면 프랑스는 곧바로 같은 액수의 자금을 해당국 중앙은행의 특별 계좌에 입금시킨다. 이렇게 제공된 자금에 대한 용도는 해당국 정부와 프랑스 대사가 공동으로 결정하게 되는데 이는 과중채무빈곤국의 예산 중 일부를 프랑스의 손아귀에 넣는 것과 마찬가지이다! 게다가 프랑스가 지불하는 자금은 실질적으로 공공개발원조가 하나도 증가하지 않았는데도 공공개발원조로 계산된다. 따라서 채권자와 채무자의 관계가 명확하게 분리되지 않은 상태에서 공공개발원조가 지원해야 하는 프로젝트들은 무시되고 탕감도 제대로 이뤄지지 않는 것이다. 이것이 사기가 아니라고 할지 모르겠지만 사실은 사기에 가깝다.

실제로 과중채무빈곤국 조치는 세계은행과 국제통화기금이 강요하는 구조조정정책을 강화하고 정당화하는 데 이용된다. 이 조치의 메씨지는 다음과 같이 요약될 수 있다. "당신들이 우리가 제안하는 정책을 편다면 당신들의 외채는 견딜 만한 것이 될 것이오. 게다가 우리가 제안하는 정책을 펼 수 있도록 돈까지 빌려주고 있소." 이는 무척 교묘한 새로운 지배 수단이다. 이를 통해 브레턴우즈 기구들은 외채 증가 현상의 책임에서 발을 뺄 수 있으며 남부 정부들로 하여금 자신의 말을 들도록 할 수 있다.

위와 같은 이유로 특히 남부의 수많은 시민들은 과중채무빈곤국 조치가 해결책이 아니라 문제의 일부분이라고 보고 있는 것이다.

국제통화기금과 세계은행은 자신들의 지나치게 낙관적인 예측 때문에 극빈국에 대한 대규모 국제 외채 경감 조치가 이들 대부분을 해방시키지는 못한다는 것을 인정하고 있다. (…) 하지만 은행의 간부들은 비정부기구의 압력에도 불구하고 주초에 열린 이사회가 관대함을 보여주지는 않을 것이라고 발표했다. (…) 원자재 가격의 폭락으로 농산물 수출에 의존하는 과중채무국 다수가 부채-수출 비율의 목표에 다다르지 못할 것이다. 보고서는 비정부기구의 다양한 제안과 외채 경감을 확대하는 내용의, 현재 미국 의회에서 검토중인 법안도 살펴보았지만 이들 조치가 너무 많은 비용을 요구하고 있는 반면 빈곤국에 주어지는 추가 자금은 충분하지 못할 것이라고 결론 내리고 있다. (…) 스칸디나비아와 영국을 비롯한 일부 부국은 경감액의 제한적인 증가를 추진하는 수정안을 제시했지만 세계은행 간부들은 미국과 일본이 그러한 부분적인 수정에도 반대하고 있다고 밝혔다. ―「국제통화기금에 따르면 외채 경감 계획은 실패작이다」, 『파이낸셜 타임스』 2002년 9월 5일자.

Q 28 아프리카 개발을 위한 신동반자 관계(NEPAD)는 무엇인가?

아프리카 국가들의 탈식민화는 많은 기대를 낳았다. 드디어 이 대륙이 발전의 기회를 맞는 것으로 보였기 때문이다. 그러나 발전의 조건은 모아지지 않았고 사회 경제적 상황은 개선되지 않았다. 반식민주의와 환경주의에 참여한 르네 뒤몽(René Dumont)의 책 제목들은 의미심장한데, 1960년대의 『아프리카의 잘못된 출발』부터 1980년의 『목졸린 아프리카』까지 대륙은 빈곤의 나락으로 더 깊숙이 빠져들었다.

1980년 아프리카의 자율적 발전과 산업화를 위해 아프리카통일기구(OAU, Organization of African Unity)의 지도자들을 중심으로 라고스 플랜(Lagos Plan)이 수립되었다. 하지만 같은 시기에 브레턴우즈 기구들은 구조조정정책을 추진하고 있었고, 이것과 라고스 플랜의 목표는 상호 모순적이었기에 후자는 불행히도 시행되지 못하고 사문화되어버렸다.

1990년대 후반에는 두개의 진정한 아프리카 발전 전략이 만들어졌다. 그 하나는 남아공의 타보 음베키(Thabo Mbeki) 대통령, 나이지리아의 올루세군 오바산조(Olusegun Obasanjo) 대통령, 알제리의 압델라지즈 부테플리카(Abdelaziz Bouteflika) 대통령이 아프리카 부활을 목표로 추진한 밀레니엄 아프리카 플랜이다. 이 플랜은 북부로부터의 독립 의지와 아프리카 문화의 존중이라는 목표를 견지한 가운데 제안되었고 범아프리카주의자들의 관심을 끌었다. 다른 하나는 세네갈 대통령 압둘라이 와드(Abdoulaye Wade)의 오메가 플랜인데 이는 확고하게 자유주의적 관점에서 아프리카 공동 시장 형성을 지향한 것이었다.

이 두 계획은 2001년 통합되어 아프리카 개발을 위한 신동반자 관계로 발전했다. 그 목표는 아프리카와 산업국의 격차를 줄이기 위한 동력을 가동시키는 것이다. 간단히 말해 아프리카 대륙이 근대와 성장의 길로 들어갈 수 있도록 하자는 것이다. 대륙이 세계시장에 통합되는 데 필요한 주요 수단으로 민간 투자가 대두됐다. 세계무역의 1.7% 밖에 차지하지 못하는 아프리카는(1980년에는 5%였다!) 주로 민간 주도 활동을 위한 현장으로 고려되었다. 2002년 다카르에서 '아프리카 개발을 위한 신동반자 관계'(NEPAD, 이하 신동반자 관계)의 자금 동원을 위한 회의가 열렸을 때 마이크로쏘프트나 휴렛 패커드, 유니레버, 토탈피나엘프 등 북부의 대표적 다국적기업들은 모두 참여했다.

신동반자 관계는 좋은 정치(good governance)부터 국제 시장 접근, 인간발전과 인프라 개발 등을 포함한 모두 열개의 선결 목표를 제시했다. 아프리카의 국가 원수들은 무리한 정책을 추진하지 않고 분명하고 엄격하게 정책을 펴나감으로써(현지 다국적기업의 행태로 불안과 분쟁이 가중되는 경우가 있지만, Q 44) 자금 지원자들의 축복을 받으려고 나선 것이다.

신동반자 관계를 구상한 지도자들은 2001년과 2002년 G8 회담에 초청되어 선진국 지도자들의 지원과 장려를 받았다. 북부의 많은 관계자들에게 승인받은 이 계획은 자본과 다국적기업을 유치하는 것이 목표이며, 결국 아프리카 대륙 전체적인 차원에서 국제통화기금과 세계은행의 정책을 정당화하는 결과를 낳았다. 신동반자 관계에서 프랑스를 대표하는 관련자가 과거 국제통화기금의 총재를 지낸 미셸 깡드쉬라는 사실은 우연이 아니다.

구조조정정책의 형태로 국제통화기금에 의해 강요되고 언론에 의해 자세히 그 내용이 보도되는 외적 조건들은 현지 주민들에게 거부감을 초래한다. 결국 신동반자 관계는 이러한 외적 조건을 아프리카 국가 원수들이 제안하는 내적 조건으로 변화시킨 셈이다. 이 표면적 파트너십 또한 반복되는 실질적 경제 예속을 감추지 못한다.

실제 이 새로운 틀 속에서 검토되는 계획들은 모두 동일한 논리에 따라 작동한다(Q 7). 알제리와 나이지리아를 잇는 서아프리카 가스 라인, 다카르와 은자메나를 잇는 사하라 횡단 고속도로, 제프타레일이라 불리는 베냉, 니제르, 부르키나파소, 토고를 연결하는 철도, 케냐 몸바사의 정유시설과 엘도레트 파이프라인의 재건, 대륙의 에너지 수출을 위한 그랜드 잉가 계획 등이 여기에 속한다.

이 아프리카의 제안 뒤에는 기존 경제 구도에 진입하려는 네 아프리카 국가 원수의 공명심이 자리잡고 있다. 신동반자 관계의 주창자들, 특히 압둘라이 와드는 아프리카 국가들의 외채 탕감 요구나 수세기에 걸친 약탈과 노예제도를 통해 발생한 악영향에 대한 보상 요구를 재빨리 포기하고 아프리카의 미래 투자에 대해서만 논의하려는 경향을 보인다.

우리가 여기에 온 이유는 돈을 받기 위해서가 아니다. 이런 생각은 조금도 하고 있지 않다. 중요한 것은 G8이 우리가 제안하는 새로운 파트너십을 수용한다는 점이다. 여러분이 알다시피 그들은 우리를 초청해야 할 어떤 이유도 없었다." ─압둘라이 와드, 2002년 6월 G8 회담에서.

신동반자 관계의 목표는 매년 640억 달러의 투자와 2015년까지 7%의 성장인데 아직은 이런 수치에 전혀 미치지 못하고 있다. 2002년 6월 말리의 시비(Siby)에서 열린 민중 포럼에서 논의되었듯이 외국 민간자본은 싱장이 존재하는 곳만 찾아다닐 뿐이다.

민간자본은 성장을 가져오는 것이 아니라 쫓아다닌다. 따라서 이 민간자본이 아프리카에 투자되는 것을 희망한다면 우선 경제 발전의 싸이클을 추동하는 것이 필요하다. 아닐 경우 케이크 위에 올려진 앵두와 케이크를 만드는 데 필요한 밀가루를 혼동하는 일이 될 것이다! 더 심각한 현실은 자본의 도입과 유출 전체를 비교하고 세계무역기구의 규칙을 살펴보았을 때 바로 사하라 이남 아프리카가 세계에 자금을 제공하고 있지 그 반대가 아니라는 사실이다! —아르노 자카리(Arnaud Zachari) 「체리와 세계무역」, *Le Soir* 2002년 7월 4일자.

게다가 토론보다는 행동이 중요하다는 명분 아래 주민들의 의견은 전혀 고려되지 않았다. 아프리카인들의 사회적·경제적·문화적 권리, 특히 여성의 권리는 무시되었다. 이 주제를 놓고 생각할 때 절대 배제되어서는 안될 아프리카의 시민사회는 대안을 제안하고 규정하는 세력으로, 그리고 민주적 과정을 붕괴시키려는 권위주의적 힘에 대한 견제 세력으로 고려되지 않았다. 이렇듯 신동반자 관계는 아프리카인들에게 해결책을 가져다주기에는 아주 잘못된 출발을 한 셈이다.

신동반자 관계의 전략에서 외국 계좌에 예치된 아프리카 독재자들의 횡령 자금 회수나 국가 예산을 상환금으로 지불하는 식의 외채 탕감은 전혀 논의되지 않고 있다. (…) 아프리카 국가들이 어려운 상황에서 벗어날 수 있는 대안이란 외채의 단순하고도 완벽한 탕감을 요구하고 국내 저축을 동원해 내부적 자원을 활용하는 길밖에 없다는 것은 확실하다. 신동반자 관계는 이러한 문제에 중요성을 부여하지 않고 있으며 아프리카 국가들의 종속 상태를 제거할 수 있는 새로운 행동을 제안하지도 못하고 있다. (…) 아프리카 지도자들이 경제 사회적 권리 존중에 반하는 정책을 강요하는 국제금융기관의 개혁과 같은 중요한 문제나 주민의 식량 안보와 건강에 부정적 영향을 초래하는 세계무역의 불평등한 규칙의 개혁을 제기하지 않는 것은 정말 수치스러운 일이다. (…) 신동반자 관계는 씨애틀 무역 협상에서 좌절했던 아프리카 대표들의 경험에 기초해 다른 제3세계 국가들과 협력, 신자유주의 세계화의 부정적 경향을 해소할 수 있는 방향으로 나아가야 했다. —

무사 창가리 「아프리카를 위한 신자유주의 프로젝트」, 『알떼르나띠브』 2002년 7
월 24일자, 니제르.

 Q 29 벌처 펀드(Vulture fund)란 무엇인가?

금융시장에 접근할 수 있는 개발도상국들은 그곳에서 자금을 획득
하기 위해 채무 증서를 발행한다. 일단 발행된 채무 증서는 해당국의
경제 및 재정 상황에 따라 그 가치가 변동하며 금융 행위자들 사이에
서 거래될 수 있다.

지난 몇해 사이 투자액의 일부분이라도 건지기 위해 채무 증서를 팔
려고 하는 채권자들에게서 어려움을 겪는 국가의 채권을 낮은 가격에
사들이는 민간기관이 생겨났다. 이 새로운 채권자는 그들의 행동이 가
져올 인간적·사회적 결과는 고려하지 않은 채 해당 채무국을 법원에
고소하여 채권 전체의 즉각 상환을 요구함으로써 거대한 이윤을 남기
곤 했다. 이들이 바로 불안정하고 부패가 만연하는 상황에서 활개를
치는 유명한 벌처 펀드들이다. 채무국들이 이들에게 지불해야 하는 댓
가는 오랜 기간의 투쟁을 통해 얻어낸 빈약한 경감액보다 더 높은 경
우도 있다…….

다음은 뻬루에 대한 채권을 1,100만 달러에 사서 같은 나라에서
5,800만 달러를 얻어낸 사례이다.

미국의 벌처 펀드 엘리엇 어쏘씨에이트는 뻬루의 재무성이 발행한
외채 증서를 1,140만 달러에 사들였는데 그것의 명목상 가치는 2,070
만 달러였다. 엘리엇 어쏘씨에이트는 2차 시장, 즉 채무 증서(Bond)
를 사고파는 일종의 채무 중고시장에서 뻬루 증서를 사들였다.

얼마 뒤 빠리클럽과 런던클럽의 주관하에 그리고 국제통화기금과 미국 정부의 참여하에 뻬루 채무의 경감과 재조정 계획이 채택되었다. 엘리엇 어쏘씨에이트는 채무 경감에 반대하며 이 계획에 참여하기를 거부하면서 뻬루 정부가 자사 보유 채권은 물론 그 이자까지 도합 3,500만 달러를 지불하기를 요구했다. 뻬루는 이를 거절했고 엘리엇 어쏘씨에이트는 분쟁을 뉴욕 법원에 가져갔는데 첫번째 판결에서는 패했다. 그러나 2000년 상부 법원은 엘리엇 어쏘씨에이트에게 승소 판결을 선사하는 것은 물론 우선적으로 보상받아야 하는 채권자로 인정했다. 이 황당한 판결은 뻬루에 재판이 진행되는 4년 동안 누적된 이자를 포함하여 도합 5,800만 달러를 지불하라고 판결했다. 엘리엇 어쏘씨에이트는 3,800만 달러에 달하는 푸짐한 이익을 올렸고 그 변호사들은 소박하게도 9백만 달러를 챙겼을 뿐이다.

엘리엇 어쏘씨에이트는 이미 빠나마, 에꽈도르, 빠라과이 등을 상대로 같은 수법을 사용했고 이를 통해 1억 3,000만 달러를 챙긴 후였다.

이 사례의 교훈은 다음과 같다. 특정 국가가 채권자들과 채무를 경감하는 협약의 '혜택'을 받게 되면 이 나라의 재정 상황이 향상된다는 이유로 채무가 오히려 증가할 수도 있다. 이 국가의 지불 능력은 상승하고 기존 채무의 교환가치는 올라간다. 반대로 특정 국가가 뒤늦게 채무를 상환하면 그 교환가치는 하락한다.

여기서 얻는 교훈은 시장경제에서 도덕이란 존재하지 않는다는 것이다. 외채의 전부를 탕감하거나 상환을 거부하는 것이 더 바람직하다.

| 주 |

1 Poverty Reduction Strategy Paper. 1999년부터 세계은행과 국제통화기금이 추진한 정책으로 빈곤축소전략문서는 공식적으로는 빈곤을 퇴치하기 위한 것이지만 실제로는 구조조정정책을 지속하고 강화하는 결과를 낳으며, 단순히 해당 정부와 사회적 행위자들의 동의를 얻음으로써 이를 정당화하려는 데 불과하다. 때로는 '반빈곤 투쟁의 전략적 틀'이라고 불리기도 한다.

2 좀더 분명하게 설명하자면 일부 극빈국들은 경제의 개방 정도가 높으며 연간 수출액도 높다. 따라서 과중한 외채가 있음에도 불구하고 이들의 외채는 이 기준을 적용하면 견딜 만한 것이라고 판단될 수 있다. 이런 국가들이 혜택을 누릴 수 있도록 또다른 기준이 제시되었다. 국내총생산 대비 수출이 30% 이상이고 국내총생산 대비 세수가 15% 이상일 경우 (동원된 세수가 충분한 수준이라는 것을 확인하기 위해) 외채 과중성의 기준은 세수 대비 외채액이 250% 이상이라는 것이다. 이 기준을 통해 과중채무빈곤국 조치 후보국이 된 나라로 코트디부아르와 가이아나가 있다.

| 제7장 |

외채 탕감과
과거 지불 중지 사례

빚을 갚다가 우리가 죽으리란 사실은 분명하다.

— 토마스 상카라

 30   과거에는 외채 탕감이 없었는가?

역사적으로 외채의 진정한 탕감은 이미 시행된 바 있다. 일방적으로 탕감된 경우도 있었고, 법정에서 승인된 경우도 있었으며, 지배 강대국들이 양보한 경우도 있었다. 여기서는 몇가지 의미있는 사례를 살펴보도록 한다. 이에 따르면 세계의 돈줄을 쥔 권력자들이 주장하는 것과는 달리 현재의 외채를 탕감하는 것이 가능하고 바람직하다는 것을 알 수 있을 것이다.

채무의 거절

미국   1776년 북미의 13개 영국 식민지들은 영국과의 종속 관계를 청산하고 미국에서 독립하기로 결정했다. 이 신혁명국가는 런던에 대한 채무를 부정함으로써 부채의 짐에서 벗어났다.

19세기에 링컨이 대통령에 당선되자 남부 주들은 미합중국에서 떨어져나와 남부연맹을 형성했다. 이어서 발생한 남북전쟁(1861~65년)에서 반노예제를 주장하며 산업화 과정에 있던 북부가 승리했다. 이 시기에 남부 부호들에게 손해를 입힌 새로운 부채의 상환 거부가 시행되었다. 1830년대에 주로 체결된 채무는 은행의 창립이나(미씨씨피의 플랜터스 뱅크, 노스캐롤라이나의 유니언 뱅크 등) 철도 건설을 보장하기 위해서였다. 가령 미씨씨피에서는 초기에는 상환이 잘 이뤄졌다. 그러나 1852년 플랜터스 뱅크의 채무 증서에 대한 지불 여부를 국민 투표로 결정하는 법안이 통과됐고 지불하지 말아야 한다는 투표 결과가 나왔다. 그리고 남북전쟁 이후 1876년 헌법 개정을 통해 플랜터스 뱅크의 증서에 대한 지불을 특별히 지목하여 금지하는 조항이 도입되었다. 따라서 전쟁 이후의 새로운 체제는 상환의 금지를 합법화하는 이 결정을 승인한 것이다. 해당 8개 주의 채무 거절액은 7,500만 달러에 달한다.

소련　1918년 1월 막 탄생한 공산주의 소련은 과거 짜르 러시아의 채무에 대한 책임을 인수하기를 거부했고 모든 채무를 일방적으로 무조건 취소했다. 전쟁을 종결하고 농민들에게 토지를 나누어주려는 혁명에서 태어난 새 국가는 제1차세계대전 중에 대학살을 위해 체결된 채무를 거부한 것이다. 게다가 정부는 과거 체제와의 완전한 단절을 표명했다.

멕시코와 다른 라틴아메리카 국가들　1867년 베니또 후아레스 (Benito Juárez)[2]는 프랑스 군대가 멕시코를 점령하는 데 필요한 자금을 대기 위해 2년 전 빠리 쏘시에떼 제네랄에게 진 막시밀리안 황제의 빚을 갚기를 거절했다.

　1914년 혁명이 한창일 때, 에밀리아노 사빠따(Emiliano Zapata)[3]와 빤초 빌라(Pancho Villa)[4]가 승승장구하던 그 시기에 멕시코는 외채 상환을 완전히 중단했다. 멕시코는 당시 대륙에서 가장 많은 채무를 지고 있었지만 1914년에서 1942년 사이 상황을 진정시키기 위해 상징적인 액수의 상환금만을 지불했다. 멕시코는 1922년부터 1942년까지 (20년의 기간이다!) 미국의 제이피 모건 은행의 총재 중 한명이 주도하는 채권자 집단과 기나긴 협상을 했다. 1934년에서 1940년의 기간 동안에는 라사로 까르데나스(Lázaro Cárdenas)[5] 대통령이 북미와 영국 기업의 손에 있던 석유산업과 철도를 보상 없이 국영화했고, 국내 또는 외국인들이 소유하던 1,800만 헥타르 이상의 거대한 농장을 몰수하여 공동 재산(에히도ejido)의 형태로 분배했으며, 공공교육을 심도 있게 개혁했다.

이 반제국주의적이고 민중적인 급진 정책은 미국과 영국 출신의 채권자들의 당연한 항의를 불러일으켰다. 그러나 멕시코의 끈기는 좋은 결과를 낳았다. 1942년 채권자들은 결국 융자의 80%에 해당하는 가치를 포기했고(1914년의 가치가 기준이었는데 이는 미상환 이자도 포기했음을 의미한다) 몰수당한 기업들에 대해서도 약간의 보상으로 만족했다. 브라질이나 볼리비아, 에꽈도르 등의 국가들도 1931년부터 상환을 완전 또는 부분적으로 중단했다. 브라질의 경우 1943년까지 상환의 선별적 중단을 시행했고, 그해에 협약을 통해 부채의 30%를 경감할 수 있었다. 에꽈도르의 경우 1931년에 상환을 중단했고, 이는 1950년대까지 지속되었다. 1930년대에는 모두 14개국이 장기적으로 상환을 중단했다. 주요 채무국 중에서 중단 없이 채무 상환을 지속한 나라는 아르헨띠나가 유일하다. 하지만 아르헨띠나는 1930년대 남미에서 경제적으로 가장 침체된 국가이기도 했다.

사후 승인된 지불 중단

꾸바 1898년 미국은 꾸바를 두고(당시까지 꾸바는 스페인의 식민지였다) 스페인과 벌인 전쟁에서 승리하게 된다. 그리하여 꾸바는 뿌

에르또리꼬나 필리핀과 함께 스페인령에서 미국 보호령으로 넘어오게 되었다. 이 전쟁의 결과 스페인은 꾸바에 채무 상환을 요구했다. 같은 해 빠리에서 이 문제에 관한 회의가 개최되었는데 미국은 꾸바 민중의 동의 없이 자신의 이익만을 강요한 이 채무가 극악한 것이라고 주장했다. 스페인은 이 논리를 수용했고 꾸바는 이 식민 부채를 상환하지 않아도 되었다.

터키　1889년에서 1902년 사이 터키는 심각한 금융 위기를 겪어 러시아 제국에 대한 상환금을 지불할 수 없는 상황에 처했다. 상임조정법원은 1912년 터키 정부가 주장한 '불가항력의 논리'(Q 36)의 적절성을 인정했다.

꼬스따리까　꼬스따리까의 띠노꼬(Tinoco) 정부는 미국에게는 그 정통성을 부정당하고 있었고, 영국을 비롯한 다른 국가들에게는 승인받은 정부였는데 1919년 9월 전복되었다. 1922년 8월 신정부는 이전 정부가 서명한 모든 계약을 부정했는데, 특히 주요 채권 은행인 캐나다 로열 뱅크와의 채무 관계를 부정했다. 미국 최고법원장 태프트(Taft) 판사는 1923년 조정위원으로 참여했고 외채 부정을 인정하는 의견을 다음과 같이 제시했다.

문제의 거래는 띠노꼬 정권이 민중의 지지를 받지 못하고 이 정부를 전복하려는 정치·군사 운동이 크게 성장한 시기에 체결되었다. 로열 뱅크 사건은 거래의 형식만으로 설명될 수 없으며 은행의 진정성에 관한 것이다. 정당한 사용을 위해 정부에 자금을 제공했다는 사실을 증명하는 것이 바로 은행의 임무이다. 하지만 은행은 이를 증명하지 못했다. 우리는 캐나다 로

열 뱅크가 정부의 정당한 사용을 위해 자금을 지불했다고 증명하지 못한 것으로 판단할 수 있다. 따라서 은행의 주장은 기각되어야 한다. —태프트 판사(1923).

그 결과 꼬스따리까의 신정부는 이 채무를 상환하지 않아도 되었다.

지배적 강대국들이 양보한 탕감

폴란드 1919년 제1차세계대전의 종결에 따라 개최된 베르싸이유 회담은 폴란드를 식민화하기 위해 독일이 체결한 채무를 새로 구성된 폴란드 정부에게 부담지울 수 없다고 판단했다. 따라서 폴란드는 이를 상환할 필요가 없었다.

독일 1953년 런던협약을 통해 독일이 진 전쟁 부채의 51%가 탕감되었다. 당시 목표는 채무 부담이 수출액의 3.5%를 넘지 않도록 하는 것이었는데 이는 같은 수치가 현재 평균 17% 이상에 달하는 개발도상국들과 비교했을 때 커다란 혜택이라 할 수 있다. 당시의 독일은 부채 탕감을 위해 개도국들에게 현재 요구되는 기준을 하나도 충족시키지 못했을 뿐 아니라 1940년대의 나치 정권은 세계의 여러 지역을 파괴하는 만행을 저질렀다. 이 탕감을 바탕으로 독일은 커다란 혜택을 입었고, 결국 유럽 제1강대국이 되어 유럽통합의 기관차 역할을 할 수 있게 되었다.

나미비아와 모잠비크 남아공은 자국의 인종차별 체제가 주변 지역을 황폐화하는 결과를 가져왔다는 인식하에 1995년 나미비아와 1999년 모잠비크에 대해 무조건적으로 그리고 일방적으로 채권을 포기했다.

지난 20여년간 개발도상국의 시도

1985년 7월 뻬루의 신임 대통령 알란 가르시아(Alan Garcia)는 외채 상환금을 수출 소득의 10%로 제한하기로 결정했다. 그 후 뻬루는 미국의 주도 아래 국제사회에서 소외당하고 불안정해졌으며 국제통화기금과 세계은행으로부터 배척당했다. 결국 이 시도는 몇개월 만에 종결되었고 이 기간 동안 밀린 이자 50억 달러(그중 프랑스는 12.7억 달러)는 외채 누적액에 고스란히 추가되었다(이자의 원금화).

역시 1985년 7월 꾸바의 까스뜨로는 아바나에서 열린 한 회의에서 외채의 상환 거부와 라틴아메리카 및 카리브해 국가의 대륙적 공동전선의 구성을 제안했다. 이 전선은 밑그림이 그려졌으나 미국이 배후에서 영향력을 행사해 멕시코, 브라질, 꼴롬비아 등이 이를 저지하게 하는 데 성공했다.

1986년 아프리카 통일연합의 회의에서 부르키나파소의 젊은 대통령 토마스 상카라(Thomas Sankara) 역시 외채의 일방적인 취소와 상환 거부를 위한 아프리카 공동전선을 제안한 바 있다.

빚은 갚을 수 없다. 그 이유는 우리가 갚지 않아도 채권자들이 죽지는 않을 것이라는 사실이 명백하기 때문이다. 반대로 빚을 갚다가 우리가 죽으리란 사실 역시 분명하다. (…) 우리를 빚의 함정으로 인도한 자들은 카지노에서와 같은 놀음판을 벌였다. 돈을 딸 때는 별다른 말이 없던 그들이 이제 놀음에서 실패하자 우리에게 돈을 내놓으라고 한다. 그리고 위기 운운한다. 그들은 놀음을 했고 돈을 잃었으며, 이것이 게임의 규칙이다. 삶은 계속된다. (…) 만일 부르키나파소 혼자서 빚 갚기를 거절한다면, 나는 다음 회의에 참석할 수 없을 것이다. ─토마스 상카라, 아프리카 통일동맹 에티오피아 아디스아바바 회의에서 연설(1986).

1987년 11월 15일 토마스 상카라는 암살당했다. 더이상 외채 상환 거부의 깃발을 드는 아프리카 국가 원수는 단 한 사람도 없었다.

10여년 뒤 1997년 위기에 몰린 한국은 강력한 대응을 보였다. 한국은 외국 채권자들이 상환기한을 연기해준다는 조건으로 상환을 지속한다는 입장을 취했다. 그리하여 국제사회에서 배제되지 않으면서도 자신이 원하는 외채 재조정을 강력하게 추진할 수 있었다.

드물지만 그러한 강력한 반응은 채무국에게 매우 긍정적인 결과를 가져왔다. 그렇다면 만일 민주적으로 선출되고 시민운동이 지지하는 정부가 상환 동결을 시행한다면 어떤 일이 벌어질까? 시민들이 직접 외채 문제에 관심을 가지고 정부가 이 방향으로 나아가도록 압력을 행사하는 것은 시급한 임무이다.

지난 몇년간 '외채에 반대하는 민중법원'이 여러 차례 열렸다. 2000년 12월 다카르에서 열린 '아프리카, 저항에서 대안으로' 모임에서는 세네갈 발전을 지지하는 비정부기구 회의(CONGAD)나 제3세계 외채 탕감을 위한 위원회(CADTM, 이하 CADTM)와 같은 남부와 북부의 사회운동 단체가 참여했는데, 이들은 다카르 교외의 한 부녀자 그룹에서 '외채의 소송'이라는 공연을 했다. 이 소송에는 국제통화기금과 세계은행, 그리고 G7 및 남부의 정부들이 피고였고 구조조정정책으로 일상에서 피해를 입은 여성들이 증인으로 채택됐다. 이 회의 기간 동안 주민들(청년, 여성, 운동 선수, 노조 등)의 참여는 활발했고, 이 이벤트는 놀라운 반응을 얻었다. 2002년 2월 뽀르또 알레그레 세계 사회 포럼에서는 남부 주벌리(Q 38) 국제 네트워크가 CADTM과 공동으로 주관한 외채에 관한 국제민중법원이 개최되었다. 이 두 사례는 외채로 고통받는 남부 시민들에게 이 불평등한 제도의 책임자들을 재판하고 단죄하고자 하는(아직까지는 상징적으로) 의지가 얼마나 강한지를 잘 보여준 사례라 할 수 있다.

다른 한편 외채 체결 과정에서 시민들이 민주적으로 의견을 개진하려는 시도들이 나타나고 있다. 스페인에서는 2000년 3월 총선을 치르면서 개발도상국이 스페인에 대해 지고 있는 외채를 탕감하는 데 대한 사회적 자문투표가 진행되었다. 정부의 방해로 이 투표는 불법적인 것이 되어버렸지만 투표에 참여한 1백만여명의 국민 중에서 95% 이상은 탕감에 찬성했다. 다른 한편 브라질에서는 2000년 9월 '조국의 주' 마지막 날에 비슷한 종류의 자문투표가 이뤄졌다. 독립기념일이기도 한 이 날의 행사는 토지 없는 농민과 실업자들이 참여하는 '소외자들의 함성'으로 끝나는데, 전국에서 6백만명이 참여하여 그중 95%의 사람들이 브라질 외채 상환 중지를 지지했다. 이런 행사들은 외채에 대한 투쟁을 대중화하고 시민의 분노를 표출시키는 데 중요한 역할을 한다.

왜 남부의 정부들은 외채를 계속 갚고 있는가?

1980년대 초기에 발생한 외채 위기 이래 개발도상국들은 국제금융기관의 차관에 종속되어버렸다. 국제금융기관은 효율적인 압력 수단을 보유하고 있는 셈이다. 워싱턴 컨센서스에 반대하려는 의지를 가진 남부의 정부가 많지 않은 것도 이 때문이다. 심지어 이들 국제금융기관은 2002년 5월에야 진정한 독립국이 된 동티모르에서도 지도자들의 의지는 아랑곳하지 않고 곧바로 차관을 도입하라고 요구할 정도다.

이러한 압력이 더욱 쉽게 행사되는 이유는 채권자들은 국제통화기금, 세계은행, 빠리클럽, 런던클럽 등으로 완벽하게 조직되어 있는 반면, 채무국은 개별적으로 협상에 나서야 하기 때문에 항상 취약한 입장에 있다는 데서 찾을 수 있다.

따라서 개발도상국 정부는 국제사회에서 배제되는 위험을 감수하기보다는 국제기구의 차관 수용을 선호한다.

다른 한편 부국들은 자신들이 보유한 기회를 활용하여 믿을 만한 사람을 개발도상국 수뇌에 앉히는 데 모든 영향력을 활용한다. 이들의 정권 정복은 교묘하게 준비되고 추진된다. 남부의 고위 권력자들은 대부분 부국으로부터 재정적이고 조직적인 지원을 받기 때문에 일단 권력을 잡으면 부국에 종속되어 소중한 후견인들의 이익을 돌볼 수밖에 없다. 라틴아메리카의 정권 정복에 미국 중앙정보부가 개입하지 않은 경우는 드물다(2001~2002년 꼴롬비아나 니까라과에서처럼). 프랑스어권 아프리카에서 대통령을 압박하거나 유지할 때 프랑스-아프리카 커넥션은 언제나 참여한다(2001년 5월 차드의 이드리스 데비 Idris Déby 나 2002년 3월 콩고민주공화국의 드니 사수 은게소 Denis Sassou Nguesso). 2002년 4월 베네수엘라에서 쿠데타로 권력을 잡을 뻔했던 자는 미국과 스페인이 일찍부터 잘 알고 있던 대표적인 자본가였지만 거리의 압력이 차베스의 복귀를 가능하게 했고, 결국 우고 차베스는 구원받은 생존자가 되었다.

냉전 기간에 제공된 차관의 경우 채권자들의 도덕적 책임은 특히 명백하다. 국제통화기금과 세계은행이 자이레(현재 콩고민주공화국)의 유명한 대통령 모부투에게 돈을 빌려줄 때 이들은 이 자금이 주로 가난한 사람들을 도와 주기 위해 사용되는 것이 아니라 모부투의 축재에 사용될 것이라는 사실을 알고 있었다(또는 알고 있어야 했다). 이 지도자에게 돈을 대준 이유는 이 나라를 확실하게 서방의 추종자로 유지하게끔 하기 위해서였다. 많은 이들이 국민을 대표하지 못하는 부패한 지도자들에게 주어진 차관을 이들 국가의 납세자들이 책임져야 한다는 것에 대해 너무나도 불공평하다고 느끼고 있다. ―조지프 스티글리츠 『거대한 각성』.

이 분석을 보완하기 위해 덧붙이자면 남부 국가의 재정 담당자들은 대부분 북부의 대학이나 최고 수준의 경영대학(하바드, 컬럼비아, 프린스턴, 옥스퍼드, 케임브리지, 예일 등)에서 자유주의 교육을 받았다. 브라질 중앙은행 총재 아르미니오 프라가 네또(Arminio Fraga Neto)는 자본가 조지 쏘로스(George Soros)의 투자 기금에서 일하던 사람이다. 코트디부아르의 알라산 드라만 우아타라(Alassane Dramane Ouattara)는 1984~88년에 국제통화기금 아프리카국 국장, 1990~93년 코트디부아르 공화국 총리를 역임했으며, 1994~99년에는 국제통화기금 부총재로 일했다. 2001년 2월 터키가 위기를 맞았을 때 국제기구들이 취한 가장 상징적인 제스처는 돈만 빌려주는 것이 아니라 당시 세계은행 부총재로 있던 케말 더비스(Kemal Dervis)를 같이 빌려주어 조국의 재무장관이 되도록 했다는 점이다. 2000년에 당선된 멕시코 대통령 비센떼 폭스(Vicente Fox)는 과거 코카콜라 멕시코 자회사의 사장이있다. 일레한드로 똘레도(Alejandro Toledo)는 2001년 뻬루 대통령이 되기 전에 세계은행에서 컨썰팅을 하는 관료였다. 이런 상황에서 추진되는 정책들이 워싱턴의 의지를 그대로 반영하는 것은 놀라운 일이 아니다.

남부 국민들의 의견은 그 어느 때도 신중하게 고려되지 않았으며 교묘하게 소외되었다. 이 씨스템은 밀폐된 채 운영되고 있으며, 이에 저항하는 요소들을 '이성'으로 돌아오게 하는 수단을 갖추고 있다. 다른 사람들은 그저 순교자가 될 뿐이다.

| 주 |

1 에이브러햄 링컨(1809~1865년)은 1860년부터 미국의 대통령으로 재직하면서 적극적인 반노예주의 정책을 폈다.

2 베니또 후아레스 가르시아(1806~72년)는 인도 출신 멕시코 정치인이다. 1861년 대통령에 당선되어 자유주의적이고 반교회 성향의 개혁을 시행했다. 1863년부터 프랑스의 멕시코에 대한 개입을 막기 위해 투쟁했고, 1867년에는 막시밀리안 황제를 총살시켰다.

3 에밀리아노 사빠따(1879~1919년)는 멕시코 혁명가이다. 이 농민 지도자는 극단적인 농민투쟁을 주도했고 1911년 아얄라 플랜이라고 불리는 광범위한 사회개혁 프로그램의 수립에 참여했다. 1914년에는 빤초 빌라와 연합하여 혁명의 무대를 지배했으며 수도 멕시코씨티를 점령했다. 1919년에 암살당했다.

4 빤초 빌라(1878~1920년)는 멕시코 혁명가로 북부군의 지도자였으며 1920년에 암살당했다.

5 라사로 까르데나스(1895~1970년)는 장군 출신으로 1934년 대통령에 당선되었다.

제8장

개발도상국
외채 탕감을 위한 변론

외채는 정치적인 문제이며 정치적으로 해결되어야 한다.

―피델 까스뜨로

 Q 32 개발도상국의 발전을 도모하기 위해 외채 탕감은 충분한 조건인가?

우선 우리는 정상적이고 이성적인 조건하에 체결된 융자의 상환은 도덕적으로 당연한 것임을 밝힐 필요가 있다. 하지만 개발도상국을 강타하고 있는 현재의 외채 위기는 차원이 완전히 다르다. 일반적으로 존재하는 도덕적 상환의 의무는 1980년대 초반 개발도상국이 밀폐된 함정에 빠져 개발에 대한 모든 희망이 부정된 그 상황에서 사라진다. 따라서 우리의 주장은 법을 어기고 도덕을 어기면서 정당한 의무를 저버리자는 것이 절대 아니다. 개발도상국들이 당하고 있는 지배와 약탈과 빈곤의 기제를 고찰하여 정의로운 조치를 요구하는 것이다.

제3세계 민중들은 그들이 전혀 혜택을 보지 못했고, 그 결과가 전혀 그들에게 미치지도 못한 채무를 갚아야 하는 입장이다. ―아돌포 페레스 에스끼벨(Adolfo Ferez Esquivel, 1980년 노벨 평화상 수상자).

선진산업국들이 국제통화기금과 세계은행의 도움으로 수립한 제도는 개발도상국 지배를 가능하게 했다. 이제는 개발도상국의 공공외채 전액을 탕감하기 위한 다양한 논리를 상세하게 살펴보도록 하자. 남부 주벌리는 "우리는 어떤 빚도 없고 어떤 돈도 지불하지 않는다"고 천명 했으며, 이야말로 당연한 말이다. 하지만 계산기를 0으로 돌린다고 해서 이 막다른 골목에 다다른 씨스템이 변하는 것은 아니다. 외채 탕감은 필요조건이지만 불충분조건이다. 따라서 채무로 인한 예속을 피할 수 있는 대안적 자금 동원 기구를 구축해야 하며 다양한 분야에서 중요한 보완 조치를 갖추어야 한다(Q 43).

지난 얼마간 외채 탕감에 대한 많은 논의가 있었으며, 이는 바람직한 일이다. 탕감이 이뤄지지 않으면 많은 개발도상국들은 개발되지 못할 것이다. 현재 이들이 올리는 수출 소득의 엄청난 부분이 빚을 갚기 위해 선진국의 주머니로 들어가버리기 때문이다. —조지프 스티글리츠 『거대한 각성』.

Q 33 개발도상국 외채 탕감을 위한 도덕적 논리는 무엇인가?

우리는 외채가 엄청난 인간적·자연적 자원을 보유한 남부 국가들을 조직적으로 수탈함으로써 전반적 빈곤화를 초래한다는 사실을 살펴보았다. 이 수탈의 근본적 동력은 외채 씨스템에서 비롯된다.

외채 상환은 마실 수 있는 물에 대한 접근, 충분한 양식, 근본적인 보건 진료, 기초 교육, 적절한 주택, 만족할 만한 인프라 등 기본적인 인간의 욕구를 충족시키는 데 주요 장애물로 작용하고 있다. 지정학적 이나 금융적인 고려에 앞서 인간의 기본적인 욕구가 충족되어야 한다는 사실은 너무나도 명백하다. 도덕적인 차원에서 50억 시민의 근본적인 권리를 앞에 두고 채권자, 빚쟁이, 투기자들의 권리는 무슨 주장을 할 수 있는가?

개발도상국에게 빈약한 자원으로 이 기본적 욕구의 충족을 포기하고 부유한 채권자들(그들이 남부에 있건 북부에 있건 간에)의 빚을 상환하는 데 사용하라고 요구하는 것이야말로 비도덕적이다.

외채는 개발도상국을 대상으로 경제적 식민화를 추진하는 주요 요인이다. 외채는 역사적으로 부국들이 이들에게 행한 노예제도, 원자재와 문화재 약탈, 현지 주민의 학살, 식민지배 등의 행위에 하나를 더하는 것이다. 이제는 정의를 위해 지배의 논리를 부의 재분배의 논리로 대신해야 하는 때이다.

국제통화기금과 세계은행, 빠리클럽은 자신들이 당사자이자 판사가 되는 자신만의 진실과 자신만의 정의를 강요하고 있다. 이와같은 승리자들과 억압자들의 정의에 종지부를 찍어야 한다.

외채가 부도덕한 이유는 그것이 비민주적 정권에 의해 체결되었기 때문이며, 이들이 받은 자금을 국민의 이익을 위해 사용한 것이 아니라 북부 국가와 세계은행, 국제통화기금의 암묵적이거나 적극적인 동의하에 거대한 횡령을 조직했기 때문이다. 선진국의 채권자들은 1979년 이자율 상승과 세계시장에서 원자재 가격의 폭락으로 이윤을 챙길 수 있었고 대부분 부패한 정권의 상황을 잘 알면서도 돈을 빌려주었다. 그들은 민중에게 이를 상환하라고 요구할 권리가 없다. 요구를 하려면 이미 낙마했거나 아직 자리를 꿰차고 있는 독재자들과 그 주변의 공범들에게 해야 할 것이다.

여기서 잠시 비교 분석을 해보자. 역사적으로 노예제를 없애기 위해 싸운 투사들은 이 사악한 관습에 확고하게 반대했고 정의의 이상을 추구했다. 어느 순간에 도달하자 시민들의 투쟁으로 역학관계가 뒤바뀌었고 노예제는 더이상 유지할 수 없는 상황이 되었다. 물론 노예제 지

지자들은 제도가 폐지되면 경제적 재앙이 올 것이라고 경고했다. 1980
년 이후 사건들의 전개와 개발도상국 외채 문제를 보면 비슷한 문제구
조를 지니고 있다는 사실을 알 수 있다(물론 동일한 것은 아니다). 외
채는 그 숨은 요인을 우선 이해해야 하는 철저한 지배 도구가 되어버
렸다. 이 수치스러운 지배와 인간적 피해에 직면하면서 등장한, 이를
극복하기 위한 시민 투쟁은 지배체제를 무너뜨리기 위해 강화되어야
한다. 물론 채권자들은 외채 탕감이 남부 경제에 악영향을 미칠 것이
라고 주장하지만 말이다(앞에서 러시아(Q 27)와 남아공(Q 30)의 경우
를 통해 사실이 아니라는 것을 보았다).

북부는 자신의 상대적 복지가 남부의 빈곤을 이용한 돈으로 이뤄지
기를 원해서는 안될 것이다. 모든 개발도상국이 지고 있는 공공외채의
전액 탕감을 주장하는 것은 위험에 처한 사람들을 도우는 것일 뿐이
다. 탕감이 전액이어야 하는 것은 노예제를 수정하는 것이 아니라 폐
지시키는 것과 같은 이유에서이다.

남부의 국가들은 빚을 상환하는 일을 중단해야 한다. 이 외채가 부당한
이유는 대부분 돈을 횡령하여 자신들을 위해 빼돌린 전체주의적이고 부패
한 정부들에게 빌려준 것이기 때문이다. 외채는 또한 북부가 수세기의 수탈
과정에서 우리의 자원을 야탈한 결괴이기도 하다. 남부의 주민들은 부국의
빈국에 대한 지배와 통제의 수단이 되는 이 짐을 더이상 짊어져서는 안된다.
―리디 납씰(Lidy Napcil, 남부 주벌리 국제 요원) 「남부 주벌리―외채의 재판
소」, 『르몽드』 2002년 1월 26일자.

Q 34 개발도상국 외채 탕감을 위한 정치적 논리는 무엇인가?

외채의 메커니즘은 개발도상국들을 워싱턴(국제통화기금과 세계은행, 미국의 재무성이 모두 이곳에 있다)의 요구에 종속시켰다. 경제정책의 대부분은 해당 국가의 외부에서 결정된다. 하지만 개발도상국의 경제적 결정에 국제통화기금과 세계은행이 개입해야 하는 정당한 이유는 어디에도 없다. 결국 외채가 채권자들로 하여금 채무국에 과다한 권력을 행사하게끔 한 것이다. 외채가 북부의 지배계급에 세계를 종속시킬 수 있도록 했다. 이는 현대적 노예제라고도 할 수 있다.

국제통화기금과 세계은행이 대표하는 채권자들의 지배체제에 예속된 개발도상국들은 점차 모든 주권을 포기해야만 했다. 정부는 이제 더이상 자신들의 집권을 유지할 수 있는 정책을 실행할 수 없게 되었다. 예를 들어 가이아나는 정부는 2000년 초 지난 5년간 30%나 하락한 구매력을 보상하기 위해 공무원 임금의 3.5% 인상을 결정했다. 국제통화기금은 곧바로 가이아나를 과중채무빈곤국 명단에서 지울 것이라고 위협했다. 몇달 뒤 가이아나 정부는 후퇴할 수밖에 없었다.

다른 한편 2002년 여름 제3세계에서 가장 많은 외채를 지고 있던 브라질은 아르헨띠나 위기의 여파와 미국 및 유럽연합의 경기 침체로 인해 중대한 금융 위기의 파고를 맞게 되었다. 페르난도 엔리께 까르도쏘(Fernando Henrique Cardoso) 대통령을 수반으로 한 브라질 정부는 국제통화기금과 거대한 차관 협약을 맺었는데 이는 기존의 외채 2,380억 달러에 2003년 말까지 추가로 304억 달러를 빌린다는 내용이었다. 물론 여기에는 댓가가 따랐는데 국제통화기금은 2005년까지 엄격한 긴축예산정책을 요구했다. 이 차관은 시장에 안정을 가져오는 동시에 2002년 10월 대통령에 당선될 유명한 룰라(Lula), 즉 루이스 이그나씨오 다 씰바(Luiz Iñacio da Silva)를 길들이는 방법이기도 했다. 국제통화기금은 차관을 제공하기 전에 이 플랜에 대한 주요 대통령 후보들의 원칙적 동의를 요구했다. 기금의 총재 독일인 호르스트 쾰러의 발언은 명쾌하다. "취약성과 불확실성을 축소하는 이 계획은 (…) 2003년부터 다음 정부에게 다리를 만들어주는 셈이다." 결론은 국제통화기금이 시민들의 선택에 영향력을 행사하기 위해 국내 정치에 직접적으로 개입하고 있다는 것이다.

세네갈에서 아르헨띠나까지 모든 남부의 시민들은 국제통화기금과 세계은행을 잘 알며, 이들의 파괴적 구조조정정책 효과를 일상적으로 경험한다. 세네갈에서 많은 사람들은 거리에서 "와드 대통령이 치매가 걸린 모양이야, 하루는 몇가지 조치를 발표했다가 그 다음날에는 정반대의 행동을 하니 말이야"라고 빈정거린다. 그러나 압둘라이 와드가 치매가 걸린 것이 아니라 국제통화기금과 세계은행이 특정 조치를 강요하거나 금지하고 있기 때문이다. 대통령도 이들을 고려해야 한다. 결정은 결국 더 높은 수준에서 내려지고 있는 것이다!

국제통화기금과 세계은행의 커플이 강요하는, 그리고 좀더 전반적으로 북부의 채권자들이 강요하는 제약들이 존재하는 한 개발도상국의 진정한 주권은 존재할 수 없다.

사람들이 주장한 것과 마찬가지로 세계화는 대부분 국내 엘리뜨의 독재를 국제금융의 독재로 대신하는 경향이 있는 것 같다. 이들 국가에게 만일 특정 조건을 수용하지 않는다면 자본시장이나 국제통화기금이 자금을 빌려주길 거부할 것이라는 말이 반복된다. 문제의 핵심은 이들 국가들로 하여금 주권을 포기하도록 강요한다는 점이다. 이들은 국민의 생활 수준의 향상과 장기적 성장을 생각하기보다는 단기적 이익만 추구하는 투기꾼들이 지배하는 금융시장의 변덕에 '길들여지게끔' 강요당하고 있다. 국가들에게 할 것과 하지 못할 것을 결정하고 강요하는 것은 바로 시장이고 투기꾼들이다.
—조지프 스티글리츠 『거대한 각성』.

다섯 세기에 걸친 약탈과 노예제와 식민화, 그리고 20여년에 걸친 구조조정을 강요당한 뒤 이제 남부의 시민들은 북부의 채권자들과 이들을 지지하는 남부의 지배계급들이 수립한 은폐된 메커니즘으로 인해 겪어야 한 고통에 대해 보상을 요구할 권리가 있다. 외채의 전액 탕감은 이러한 보상의 첫걸음이다.

부국의 많은 시민들은 개발도상국의 시민들이 자신의 토지와 가족을 버리고 북부에 와서 생존을 추구해야 하는 이 사악한 메커니즘을 이해하지 못했다. 이들에겐 사실 다른 선택이 없다. 왜냐하면 생산되는 모든 부가 체계적으로 북부로 유출되기 때문이다. 부국이 제공하는 원조는 제한적이며 남부를 떠나가는 부의 이전을 보상하지 못한다. 유럽에서 발견되는 이기주의의 부상과 인종차별 및 배타적인 태도의 등장은 무지와 일부 집단의 사기에 기인한다. 이제 베일을 벗겨 남부와 북부 시민들의 공동 이익을 설명하는 한편 개발도상국 공공외채의 전액 탕감과 구조조정정책의 포기를 요구하기 위해 뭉치는 것이 시급하다.

내가 1985년부터 하던 말을 다시 한번 반복하지만 외채는 처음 체결되는 순간의 조건을 감안할 때 이미 상환되었다. 지난 10여년간의 달러 이자율의 임의적인 폭등과 아직 개발의 과제를 안고 있는 국가들에게 기본적인 소득의 근원인 기초 상품 가격의 폭락이 외채를 더욱 불렸을 뿐이다. 결국은 외채가 스스로를 불리면서 이자를 갚기 위해 새로 외채를 얻는 악순환이 생긴

것이다.

외채는 그 어느 때보다 명백하게 경제적인 문제가 아니다. 그것은 정치적인 문제이며 정치적으로 해결되어야 한다. 우리는 이 문제의 해결이 자원과 힘을 가진 부국으로부터 나와야 한다는 사실을 더이상 무시해서는 안될것이다. ─피델 까스뜨로, 2000년 4월 12일 아바나에서 연설.

Q 35   개발도상국 외채 탕감을 위한 경제적 논리는 무엇인가?

우선 앞에서 제시된 수치가 증명하듯(Q 22) 외채는 이미 여러번 상환되었다. 1980년에 1달러의 외채에 대해 개발도상국들은 이미 7.5달러를 상환했으며 앞으로 4달러를 더 갚아야 한다. 이제 외채는 정상적인 조건하에 체결된 채무에 대한 공정한 상환이라기보다는 매우 교묘하게 숨겨진 수탈과 약탈과 지배의 수단이 되어버렸다.

다른 한편 외채 관련 순 자본이전은 남부에 커다란 적자를 안겨주고 있다. 1999년에서 2001년 사이 개발도상국 정부는 자국의 임금노동자와 생산자들의 노동에서 나온 도합 1,900억 달러 정도의 자금을 북부의 자본 소유자들에게 바쳤다. 남부와 동부의 국가들을 외채의 굴레에서 허덕이게 하는 이 재성석 출혈을 종결시키는 것이 시급한 과제가 되고 있다.

이제는 이같은 상황을 환경적으로 지속가능하고 사회적으로 공정한 발전의 계기를 만들어 대체해야만 한다. 따라서 이 불평등한 채무관계를 청산하는 것은 물론 발전을 위한 대안적 자금 공급의 기제를 마련하여 외채에 대한 종속을 강력하게 제한해야 한다.

남부의 외채 탕감은 이들에게 절호의 기회를 제공할 것이다. 과거에 실현된 진정한 외채 탕감의 사례는 그 수혜국들의 경제에 얼마나 커다란 이득을 가져다주었는지를 잘 보여주고 있다(Q 30).

과거 남부의 경제는 외채를 상환하기 위해 수단과 방법을 가리지 않고 수출에 매달릴 수밖에 없었다. 이는 세계시장에서 원자재 가격의 놀라운 폭락을 초래했고, 결국 원자재 가격은 도저히 수용할 수 없는 수준까지 내려갔다. 하지만 외채가 탕감된다면 이런 마구잡이 수출의 필요도 사라질 것이고 이로써 남부 경제는 정상화의 길을 걸을 수 있을 것이다.

게다가 개발도상국들은 경화를 벌기 위해 무조건 북부에 수출을 하려 하기보다는 자신들간의 관계를 강화할 수 있을 것이다. 예를 들어 남부 국가들은 점진적이고 선별적인 보호주의를 시행할 수 있다. 이미 산호세 조약에 따라 베네수엘라는 13개 라틴아메리카 국가에 석유를 20% 저렴한 가격으로 제공하고 있다.

이는 또한 석유 부문의 석유수출국기구(OPEC)[1]와 마찬가지로 일부 품목에서 가격과 세계무역에 영향을 미칠 수 있는 생산국들의 카르텔 형성을 촉진할 수 있다. 이러한 조건하에서 개발도상국들은 자신의 생산품에 대한 적절한 가격을 획득할 수 있을 것이다. 또 이 방법을 통해 개도국들은 광산품, 석유, 가스, 수산물 등 재생 불가능한 자원을 조금 더 잘 보호할 수 있을 것이다.

다른 한편 인프라와 주요 공공 써비스는 성장을 추동하는 중대한 내부 요인들이다. 동시에 적절한 공공투자가 없는 상황에서 민간투자는 효율성을 발휘할 수 없다. 또한 민간자본을 유치하려면 상당 수준의 성장이 전제돼야만 한다(Q 28). 그런데도 불구하고 외채의 무게와 그로 인한 재정긴축정책의 제약 때문에 필요한 공공투자가 불가능한 상황이다. 이같은 이유로 외채 탕감은 세계경제의 활성화를 위한 강력한 요인으로도 작동할 수 있다.

다음은 석유수출국기구의 석유 가격 인상 결정 뒤의 발언이다.

서방의 한 지도자는 아주 멀리서부터 전화를 걸어와 유가에 우려를 느끼고 있다고 말했다. 나는 그에게 나도 같은 걱정을 한다고 대답했다! 그런데 왜 우리는 빈곤국의 외채와 불평등한 교역조건에 대해서는 전혀 논의하지 않는 것인가? ─우고 차베스『리베라씨옹』2000년 9월 29일자.

Q 36 개발도상국 외채 탕감을 위한 법적 논리는 무엇인가?

일방적인 외채 탕감의 법적 근거를 설명하는 데는 국제법의 여러 논리를 동원할 수 있다. 여기서는 세가지를 검토하도록 한다.

불가항력의 경우 불가항력의 경우는 특정 정부나 공공기관이 자신의 의지와 상관없이 외채 상환과 같은 국제적 의무를 다할 수 없는 외부적 제약에 종속되었을 때 동원할 수 있는 논리이다. 이 논리는 그 누구도 불가능한 것을 실현할 수는 없다는 상식과 동시에 국제법의 원리에 속하는 법적 원칙이라고 할 수 있다. 자신의 의시와 상관없는 외적 제약은 원자재 가격의 하락일 수도 있고 1979년 이자율의 상승과 같은 채권자들의 행위(채무관계 형성에서 법은 채권자의 공동 책임을 규정한다)일 수도 있다. 개도국들은 1970년대 적절한 이자율에 채무관계를 형성했는데 이자율을 대폭 상승시키면서 세계시장에서 원자재 가격의 하락을 유도한 부국들의 행위가 상황을 완전히 변화시킨 것이다. 이것이야말로 선진산업국들의 일방적인 행동으로 초래된 불가항력의 경우라고 할 수 있다.

필연적 상황　필연적 상황이란 국가의 정치적 또는 경제적 생존을 위협하는 위험한 상황으로 특징지어진다. 심각한 사회적 불안이나 보건, 교육 등 주민의 기본적 필요를 충족할 수 없는 경우라고 하겠다. 이 경우는 국제적 의무를 다할 수 없는 절대적 상황은 아니지만 그 의무를 실행할 경우 정상적인 정도를 초월하는 희생을 시민들에게 요구할 수밖에 없는 상황이라 할 수 있다. 따라서 국가의 다양한 의무 중 우선권을 선택해야 하는 필연적 상황 역시 외채의 상환 거부를 정당화할 수 있다.

유엔의 인권위원회는 외채와 구조조정 문제에 대해 여러 결의안을 채택한 바 있다. 그중 1999년 채택된 한 결의안에서 위원회는 "식량, 주택, 의복, 노동, 교육, 보건, 환경 등 채무국 국민의 기본적 권리의 행사는 외채로 인한 구조조정과 경제개혁 정책의 시행에 종속될 수 없다"고 명백하게 밝히고 있다.

개도국은 자국 국민의 기본적인 인간적 필요를 충족시킬 능력을 상실했다. 이러한 무능력은 이들 국가의 존재 이유에 문제를 제기하고 있으며, 이들은 외채 상환을 일방적으로 중단하기 위해 필연적 상황을 제시해야 할 것이다.

우리는 한 국가가 내부 또는 외부의 채권자들에게 상환할 돈을 마련하기 위해 학교와 대학, 그리고 법원의 문을 닫고 공공 써비스를 포기함으로써 공동체를 혼란과 무정부 상태에 빠뜨리기를 기대할 수는 없는 것이다. —유엔 국제법위원회 연감(1980년 1권)

부당 부채　국제법은 외채를 체결한 정권의 성격과 지급된 자금의 사용 용도를 감안할 필요성을 인정한다. 이는 채권자들이나 민간기구 또는 국제금융기구의 직접적인 책임을 의미하는 것이다. 독재정권을 대신해 정당한 정권이 들어설 때 국민의 이익과 무관하게 채무관계가 형성된 것이나 부당한 목적을 위해 채무가 체결되었다는 것을 증명할 수 있다. 이 경우 채무관계는 청산될 수 있으며 새로운 정권은 외채를 갚지 않아도 된다. 채권자들은 독재정권의 지도자들에게 개인적인 차원에서 상환을 요구하면 된다. 국제통화기금이나 세계은행 또는 그 어떤 채권자도 주어진 차관이 합법적으로 사용되고 있는지를 감시할 의무가 있으며, 상대방이 부당한 정권이라는 사실을 모를 수 없는 상황에서는 특히 그러하다.

1984년 독재정권 후에 등장한 아르헨띠나 신정부는 이러한 방향으로 나아갔다. 2000년 7월 13일 내려진 올모스 판결에서 제2형사법원은 7년간 지속된 채무 체결 정책을 국제통화기금과 세계은행의 적극적인 참여 아래 합법적으로 이뤄진 약탈로 규정했다. 그러나 이같은 판결은 아무 소용이 없었다. 외부의 압력 아래 아르헨띠나 정부는 마지막 한푼까지 외채를 짊어지고 상환해야 했다. 결국 2001년 3년간의 경기 침체 끝에 국제통화기금이 추가 차관 제공을 거절하자 아르헨띠나는 완전한 지불정지 상태로 빠져들었다.

이러한 논리는 부당한 정권에 이어 등장한 다른 수많은 정권에 의해 주장될 수 있었을 것이다. 예를 들어 라틴아메리카에서 우루과이, 브라질, 칠레 등에서 군부독재가 무너진 뒤에, 1986년 필리핀에서 마르코스의 축출 뒤에, 1994년 르완다의 인종 학살 뒤에, 남아공에서 아파르트헤이트(인종차별정책) 뒤에, 자이레에서는 1997년 모부투 정권 종결 뒤에, 1998년 인도네시아의 모하메드 수하르토 하야 뒤에 말이다. 독재정권을 뒤이어 등장한 정권들이 부당하다고 할 수 있는 과거 정권의 채무를 채권자들의 압력 때문에 계승하여 피할 수 있는 상환의 짐을 짊어지는 것은 안타까운 일이다. 압력에 굴복함으로써 이들은 부당한 부채를 자국 국민들로 하여금 짊어지게 한 것이다. 이들의 선택은 여러 세대의 삶에 부정적 영향을 미친다. 그렇게 함으로써 이들은 가장 쉬운 길을 선택했을 뿐이다. 왜냐하면 복종과 비겁함을 댓가로 채권자들은(브레턴우즈 기관들이나 민간은행들 모두) 다시 돈을 빌려주었기 때문이다. 빚을 갚는 것은 정부가 자신의 금고에서 돈을 꺼내서 갚는 것이 아니라 국민들이 빈약한 재원을 희생해서 갚는 것이다. 오늘날 이들 정부는 상환 시기 조정이나 상징적이고 부분적 탕감을 협상하는 데 만족할 뿐이다.

하지만 이 부당 부채의 논리는 과거 1898년 꾸바, 1922년 꼬스따리까, 1995년 나미비아, 1999년 모잠비크 등지에서 주장되었다(Q 30). 이 개념이 성공적으로 인정될 경우 국가의 채무는 독재 책임자들의 개인적 부채로 전환되고 국가의 재정 자원과는 무관한 것으로 돌변한다. 이제 이러한 개념을 공공 토론의 장에 가져오는 것은 물론 개도국의 민주적 정부로 하여금 이 방향으로 나아가도록 인도해야 할 것이다.

국제법은 외채 탕감이나 거부를 가능하게 하는, 그리고 과거에 성공적으로 제안된 논리를 풍부하게 제공한다. 사회운동들은 국제법, 특히 세계인권선언과 경제사회문화권리조약이 채권자들과 고리업자들의 권리보다 우선한다고 강력하게 주장해야 한다. 왜냐하면 이들 기본적 문헌들은 부도덕하고 대부분의 경우 부당한 외채의 상환과 공존할 수 없는 원칙을 내세우고 있기 때문이다.

만일 전제적 정권이 국가의 필요와 이익이 아니라 자신의 독재정권을 강화하고 자신에 저항하는 국민을 억제하기 위해 차관을 도입했다면 이 채무는 이 국가 전체의 국민에게 부당한 것이다. 국가는 이 부채에 대한 의무가 없다. 이 부채는 정권의 부채이자 이를 체결한 정권의 개인적 부채일 뿐이다. 따라서 이 부채는 정권의 소멸과 함께 사라진다. —알렉산더 나훔 삭 (Alexander Nahum Sack) 『국가변혁이 공공채무와 기타 재정적 의무에 미치는 영향』(*Les effets des transformations des États sur leurs dettes publiques et autres obligations financières*), Recueil Sirey 1927.

37 개발도상국 외채 탕감을 위한 환경적 논리는 무엇인가?

자연환경의 악화를 초래하는 두가지 주요 원인은 잘 알려져 있다. 그것은 한편으로는 자원을 고갈시키면서 환경 씨스템의 균형을 깨는 부의 축적이 지구 한쪽에서 진행되는 것이고 다른 한편으로는 빈곤이 주민들로 하여금 자원을 싼값에 양보하게 한다는 것이다.

과잉생산과 과잉소비가 부국을 지배한다. 천연자원의 사용은 재생능력을 훨씬 능가한다. 인류는 자신이 재생할 수 있는 것보다 40% 이상의 자원을 소비하고 있는 것이다.

이러한 경향은 심각하게 부정적인 효과를 초래한다. 공기와 물은 더럽혀지고, 독성이 강한 쓰레기들이 축적되며, 녹색 공간은 사라져간다. 북부의 정부와 다국적기업들은 가능하다면 그 부정적 결과의 짐을 개발도상국에 넘겨버린다. 예를 들어 미국의 중금속이 담긴 산업 쓰레기는 인도로 이전되어 재처리된다. 외채의 압력에 시달리는 남부 국가들은 북부의 공해성 산업을 수용할 수밖에 없다. 외채에 의한 남부의 종속은 결국 이들로 하여금 북부의 쓰레기통이 되도록 한다.

공해 수출에 관한 북부 지도자들의 남부 주민에 대한 냉혹함은 놀라울 정도다.

아프리카의 인구가 적은 국가들에는 대부분 공해가 없다. 이들 국가의 공기 질은 로스앤젤스나 멕시코에 비해 말할 것도 없이 좋다고 할 수 있다. (…) 따라서 공해 산업을 저개발 국가 쪽으로 이동시키는 것을 장려해야 한다. (…) 부국에서는 사람들이 오래 살기에 전립선 암과 같은 병에 걸린다. 다른 곳에서는 1천명의 어린이 중 200여명이 만 다섯살이 되기 전에 죽는다. 우리는 공해가 전립선 암의 발병 요인이라는 사실에 주의를 기울일 필요가 있는 것이지 후자에 신경쓸 필요는 없다.

자연적인 제약 때문에 성장에 제약을 가해야 한다는 생각은 심각한 오류이다. 만일 그렇게 사고한다면 엄청난 사회적 비용을 초래할 것이다.

내 생각에 독성 쓰레기를 임금이 낮은 국가에 이전시켜야 한다는 경제적 논리는 완벽한 것이라고 할 수 있다.

환경 문제는 어디서나 심각하다고 할 수 있지만 그것은 단지 가난한 나라에서만 빈곤의 끔찍한 효과와 결합해 수백만명을 죽이고 해친다. 따라서 직접적인 규제나 시장원리를 제한함으로써 가난한 나라의 성장을 둔화시키는 환경 문제 전략들은 전적으로 부도덕한 것이라고 말할 수 있다. ─로런스 써머스(Lawrence Summers, 세계은행 수석경제학자, 빌 클린턴 재직시 미재무성 장관), 1991년.

개발도상국의 자원들은 수세기 전부터 부국 엘리뜨의 배타적인 이익을 위해 개발되었다. 16세기 라틴아메리카, 그리고 아프리카와 아시아의 식민기 수탈 과정에서 발생한 보석의 대량 약탈을 떠올려보라. 당시 이러한 부를 차지하기 위해 필요했던 힘은 이제 구조조정정책으로 대체되었다. 외채 상환에 필요한 외화를 벌기 위해, 또는 권력을 유지하기 위해, 남부 정부들은 광산, 석유, 수자원 등의 천연자원을 과잉 개발하여 헐값에 팔거나, 종의 다양성을 위협하고(동물과 식물의 많은 종이 사라져가고 있다), 벌목과 토양의 침식, 사막화 등을 초래하고 있다(Q 2, 4). 지난 50여년간 아프리카에서 경작 가능한 토지의 65%, 즉 5억 헥타르가 피해를 입었다.

보건 인프라나 마실 물, 또는 연료의 부족은 심각하다. 오물은 처리 과정 없이 곧바로 인근의 강이나 바다에 버려진다. 현재 일상적으로 물이 부족한 아프리카 국가는 14개국에 달하며 2025년에는 25개국이 될 것으로 전망된다. 일부 광물의 처리에 사용되는 위험한 물질(예를 들면 금광에서 사용되는 수은이나 청산가리)이 무차별적으로 자연에 버려져 지하수를 오염시키고 있다.

이와같은 다양한 환경의 응급상황에 대처하기 위해 세계의 지도자들은 1997년 쿄오또 의정서를 통해 이산화탄소 배출을 조직적으로 축소하려고 했다. 이는 2008~12년쯤 1990년의 배출량 수준으로 가스 배출량을 축소한다는 계획이었다. 그러나 이같은 제한적인 계획도 비준과정에서 어려움을 겪고 있다. 호주와 미국과 같은 국가는 이와 관련해 어떤 규제도 거부하고 있다(Q 2). 가스의 배출권 제도도 예정되어 있다. 이를 통해 자신의 배출권보다 적게 배출하는 국가는 그 반대 국가에게 그 권리를 매매할 수도 있다. 그 목표란 결국 선진산업국들이 배출에 대한 제약을 피해갈 수 있도록 하는 것이다.

오염권 시장을 만들어서 빈곤한 국가들이 그 권리를 팔게 하는 것보다는 외채 기제를 종결하고 외채를 탕감함으로써 그들이 공해를 배출하지 않고 자원을 낭비하지 않으면서 상품을 생산하고 자신의 필요를 충족시킬 수 있는 가능성을 열어주는 것이 더 바람직하다.

결국 가난한 국가의 환경에 행해진 돌이킬 수 없는 가해로 인해 지난 수십년간 부국들이 개도국 국민들에게 일종의 환경 채무를 누적해왔다고 우리는 주장한다. 이에 대한 적절한 보상을 요구해야만 한다.

채권자들이 요구하는 구조조정정책은 환경 악화를 구조화하는 정책이다. 왜냐하면 이를 통해 해당 국가는 공공이익을 위해 국토와 천연자원, 환경적 균형을 관리할 수 있는 책임을 박탈당하기 때문이다. 구조조정정책은 이러한 책임을 민간 그룹, 특히 다국적기업에 넘겨버리곤 하는데 이들로서는 공공이익을 고려할 아무런 단기적 이유도 없다. 이들의 목적은 가장 짧은 기간에 가장 많은 이윤을 남기는 것일 뿐이다.

지금의 제도하에서 환경에 대한 고려는 무척이나 취약하다고 하겠다. 우선시되는 것은 늘 경제적·재정적·지정학적 이익일 뿐이다. 외채를 탕감하고 주민들로 하여금 자신에 관한 자금의 용도를 결정토록 하는 것이야말로 발전의 개념에 환경적 요인을 포함시키는 유일한 방법이라고 할 수 있다.

 38 개발도상국 외채 탕감을 위한 종교적 논리는 무엇인가?

여러 종교는 각각의 교리에서 채무 문제를 다루고 있다.

성경　성경에는 주빌리(Jubilee)라 불리는 대사(大赦)의 해가 있는데 이는 50년마다 예외적으로 부채를 탕감해주는 희년(禧年)을 의미한다.

너는 일곱 안식년을 계수할지니 이는 7년이 일곱 번인즉 안식년 일곱 번 동안 곧 49년이라. 일곱째 달 열흘날은 속죄일이니 너는 뿔나팔 소리를 내되 전국에서 뿔나팔을 크게 불지며 너희는 50년째 해를 거룩하게 하여 그 땅에 있는 모든 주민을 위해 자유를 공포하라. 이 해는 너희에게 희년이니 너희는 각각 자기의 소유지로 돌아가며 각각 자기의 가족에게로 돌아갈지며 ─레위기 제25장 8~10절.

이 희년에는 토지의 휴면이나 노예의 해방 또는 부채의 탕감과 같은 사회적 조치가 뒤따른다.

돈을 빌려주는 것은 생계 유지를 위해 이자 없이 7년이라는 기한의 조건 아래 정당화된다. 이 기간이 지나면 부채는 탕감되어야 한다. 만일 특정인의 상황이 악화되어 생존을 위해 몸을 팔아야 하는 상황이 발생한다면, 즉 노예가 되어야 하는 경우, 이 사람은 7년이 지나면 다시 해방되어야 한다.

꾸란   이슬람의 기본 문헌에 따르면 상업과 교역 부문은 사회적·도덕적·종교적 차원에서 다뤄져야 한다. '리바'라고 불리는 대금업, 즉 이자를 받는 행위는 부정된다.

이슬람이 이러한 행위를 부당히다고 여기는 이유는 채권자가 채무자의 어려움을 이용하여 노력 없이 손쉽게 부를 축적하기 때문이다.

신은 매매는 허락했지만 대금업은 금했다. ─꾸란 II 275

당신에게 빚진 자가 어려움에 처해 있으면 상황이 좋아질 때까지 기다려라. 권리를 아예 포기한다면 그야말로 바람직하다는 사실을 알아야 한다.

—꾸란 II 280

신도들이여, 이득을 마구 늘리는 대금업을 하지 말지어다. 하늘을 두려워하라. 그로 행복을 얻을 것이다. —꾸란 III 130

위와 같은 이유로 이슬람 국가의 은행들은 적어도 이론적으로는 이자의 개념을 배제하는 다른 원칙에 기초하여 운영되고 있다.

다른 사례들…… 그리스나 로마의 고대, 유태 문화 등에서도 부채 탕감은 빈번한 일이다.

고대 그리스, 그리고 예수 시대까지도 부채의 탕감은 제한적이면서도 지혜롭게, 상당히 빈번히 시행된 정치적 행위였는데 이는 내전을 막고 사회계급간의 화합을 도모하기 위한 목적으로 행해졌다. 왜냐하면 부자와 빈자의 불평등이 강화되면서 가난한 사람들은 부자에게 빚을 질 수밖에 없었고 이는 내부적인 노예화를 초래했으며 결국은 내전이나 도시국가의 파괴를 가져왔기 때문이다. 따라서 도시국가의 파멸을 가져온 원인을 파악하는 것으로는 부족했고 본질적으로 그 원인을 제거하여 새로운 기초에서 새로운 출발을 해야 했다.

이처럼 부채의 탕감은 그리스 문화의 대표적인 행사였으며 유태 문화에서도 상황은 마찬가지였다. 유태 전통에서 50년마다 돌아오는 대희년은 바로 모든 부채를 탕감하는 해였으며 그로써 대다수의 주민들, 즉 부채를 짊어진 가난한 주민들을 즐겁게 하며 노예화의 위협에서 벗어나게 해주는 해였다. —알랭 족스(Alain Joxe) 『혼란의 제국──탈냉전기 미국 지배에 대항하는 공화국들』(*L'empire du chaos, Les Républiques face à la domination américaine dans l'après-guerre froide*), La Découverte 2002.

최근의 시도 북부와 남부의 여러 국가는 1996년부터 부채 탕감을 위한 대희년 2000 계획을 추진했다. 이 시도는 가난한 나라의 채무를 탕감하기 위한 광범위한 국제적 캠페인이었으며, 주로 유럽과 아메리카, 아프리카, 아시아 등에 있는 교회들과 사회운동 단체 그리고 비정부기관들이 주도했다. 이 캠페인은 유례가 없는 여론 홍보를 통해 2,400만명의 지지를 획득했다.

> 오늘날 특별히 필요한 것은 자선이라 불리는 신의 자비이다. (⋯) 인류는 새로운 노예의 형태를 경험하고 있으며, 이는 과거의 것보다 훨씬 교묘하다. (⋯) 많은 나라들, 특히 가장 빈곤한 나라들은 빚의 무게에 짓눌려 있으며 그 규모가 너무나 커져서 이를 실질적으로 상환한다는 것이 거의 불가능한 상황이다. ─요한 바오로 2세, 2000년 대희년 교황 교서.

북부에서, 특히 영국과 독일에서의 탕감 요청은 가장 빈곤한 국가에 대한 것이었다. 남부에서의 요청은 더욱 급진적이었으며 제3세계 전체 채무의 진정한 탕감을 의미했다. 이 투쟁에 동참하는 사회 세력들은 1999년 남부 대희년이라는 조직으로 뭉쳤고 이는 42개국의 85개 운동을 포괄하게 되었다. 2000년 말 대희년이 끝나가는 상황에서 보았을 때 결론은 무척 단순하고 명료한 것이었다. 진정한 의미의 부채 탕감은 이뤄지지 않았다. 그럼에도 불구하고 가톨릭과 프로테스탄트 교회들은 대희년 캠페인이 끝났다고 여겼다. 영국의 대희년 2000년·캠페인은 교회 지도부의 지지 철회로 약화될 수밖에 없었다. 프랑스에서 '부채와 개발' 조직은 30여개의 노조와 협회(CADTM을 포함하는)로

구성되었고 '기아극복과 발전을 위한 가톨릭 연대'(CCFD)가 주도했
는데 이 캠페인은 지속됐고 정부의 주요 자문기관으로 부상했다. 다른
한편 '남부 주벌리'는 CADTM과 마찬가지로 제3세계의 공공외채의
무조건적이고 즉각적이며, 완전한 탕감을 위해 투쟁을 지속하기로 결
정했다.

 누가 누구에게 빚을 갚아야 하는가?

수세기 전부터 남북간의 지배적 관계의 형성은(북부의 거대한 재산
형성과 마찬가지로) 대부분 남부 자원의 수탈과 노예제도 그리고 식민
주의에 기초해 이뤄졌다. 16세기부터 라틴아메리카와 아시아, 아프리
카에서 빼내온 막대한 양의 광산물과 자원에 대한 비용은 치러지지 않
았다. 당시 유럽의 지배적 강대국들은 힘을 통해 그 자원을 차지했으
며 자신만을 위해 사용했다. 이러한 행위를 정당화하기 위해 동원되는
문명화 또는 개종의 임무들이 현지 주민들의 동의 아래 이뤄졌다거나
이들에게 혜택을 주었다는 거짓은 더이상 통하지 않는다! 게다가 이
거대한 규모의 약탈은 현지 경제적·사회적 세포를 파괴하는 결과를
낳았다. 남부의 영토는 자신의 발전을 구조화할 수 있는 능력을 가지
지 못했고, 제국이나 지배적 강대국에 자원을 쉽게 대주는 역할밖에
할 수 없었다. 예를 들어 인도의 섬유산업은 영국 제국에 의해 파괴되
었다. 이러한 부당한 수탈에 대해 재정적 보상을 요구하는 것은 너무
나도 정당한 일이다. 이제는 북부의 부유한 계급이 남부 주민들에 대
해 지고 있는 역사적 채무를 고려해야 할 때가 되었다.

문화적 자산 역시 부국들 특히 서유럽에 의해 약탈되었다. 종속된

개발도상국 국민들은 자신들의 조상이 남긴 유산조차 가지지 못하고 있다. 그들의 문화유산의 핵심은 빠리의 루브르나 영국의 브리티시 뮤지엄, 브뤼쎌의 테르뷔렌이나 빈·로마·마드리드·베를린·뉴욕 등의 박물관에 있다. 대부분 조직적인 약탈로 들여온 유물들이다. 그게 아니더라도 강대국 세력이 문화재 발굴 결과를 과소평가하여 현지 당국과 대단히 불평등한 유물 분배를 자행했다는 사실은 널리 알려져 있다. 원시 예술이 대표적인 경우다. 이 예술 애호가들은 문화적 가치가 높은 유물들을 얼마나 수치스러운 조건 속에서 들여왔는지 생각해보아야 할 것이다.

인간적 개발에 있어 남부의 심각한 낙후적 상황(Q 2), 채무국 주민들에게 있어 현 제도의 심각한 환경적 결과(Q 4, 37), 그리고 위에서 살펴본 법적(Q 36)·정치적·경제적(Q 34, 35) 논리에 입각해 우리는 현재의 재정적 부채가 부당하다는 사실을 확고하게 주장할 수 있으며 오히려 북부의 지배계급이 역사적·인간적·문화적·사회적·도덕적·환경적 빚을 지고 있다는 사실을 알 수 있다.

그런데도 대부분의 남부 정부는 이상한 입장을 취하고 있다. 이들은 자신의 국가를 위해 일해야 하는데도 외채의 불평등한 제도를 조직한 신자유주의 논리를 따르고 있다. 따라서 우리는 남부의 정부들이 북부에 대한 재정적 부채를 거부할 것을 요청하는 동시에 북부 국가들도 이 다양한 차원의 외채에서 자유롭지 않다는 사실을 지적하고자 한다.

결과적으로 남부의 주민들은 북부와 남부의 지배계급에 대해 당장 보상을 주장할 권리를 보유하고 있다.

남부 국가들의 외채는 이미 여러번 상환되었다. 부당하고 불공평하며 사기성이 농후한 채무는 국제 고리대금업 제도를 위한 지배 도구로 기능할 뿐이다. 외채의 지불을 요구하는 나라들은 바로 남부의 천연자원과 전통적 지식을 약탈한 국가들이다. 우리는 그 외채의 무조건적인 탕감과 동시에 역사적·사회적·환경적 부채에 대한 보상을 요구한다. ―뽀르또 알레그레 세계 사회 포럼, 사회운동의 호소문(2002).

Q 40 외채 탕감은 조건부여야 하는가?

'조건부'라는 용어는 국제통화기금과 세계은행이 구조조정정책을 통해 개도국에 강요하는 강력한 제약을 지칭한다. 외채로 인한 지배 체계를 종결하기 위해서는 구조조정과 그 조건부 논리와 완벽하게 결별해야 한다.

일부 기관들과 비정부기구들은 부채 탕감을 일부 긍정적 조건부와 연결하기를 제안하고 있다. 예를 들어 민주적 과정이 시작되면 탕감해 준다거나 학교나 보건소와 같은 인간발전의 계획이 추진되는 경우에 탕감한다는 것이다. 이러한 제안은 무척 매력적인 것임에 틀림없지만 문제는 누가 이러한 긍정적 조건을 강요할 수 있는 권리를 가지고 있는가이다.

일부 기관들은(국제통화기금, 세계은행, G8, 북부의 일부 강력한 비정부기구) 자신이 선악을 가릴 수 있는 적절한 주체라고 믿는다. 그러나 현장 상황에 따라 자금을 관개시설에 투자할 수도 있고 인간발전에 입각해 다른 심각한 문제를 해결하기 위해 사용할 수도 있을 것이다. 우리의 의견은 해당 주민들과 이들이 민주적으로 선택한 대표들만이 결정권을 가진다는 것이다. 이들만이 발전의 우선권을 선택하고 실현해야 할 프로젝트를 결정하며 자금의 사용처를 감독하고 시행과정을 통제할 수 있어야 한다. 그리고 이들만이 과정의 전체를 조정해야 한다. 물론 일부 결정은 중요한 아이디어를 제공할 수 있는 비정부기관이나 특화된 기관들의 자문을 거쳐야 할 것이다. 특히 남부와 북부 운동들 간의 대화는 당연히 유익한 결과를 낳을 수 있다. 그러나 무엇보다 중요한 것은 남부에 관한 결정은 남부에 의해 남부를 위해 내려져야 한다는 원칙을 인정하는 것이다. 이는 북부의 재정과 다국적기업을 위해 북부에서 결정을 내리는 현재의 씨스템과는 정반대라 하겠다.

결국 조건부를 결정할 수 있는 것은 개도국의 주민들이며 이들이 유일한 결정권자이다. 남부를 위한 남부의 결정이라는 원칙을 투명하게 수립하기 위해서는 외채를 완전히 탕감하고 세밀한 제도를 만드는 과정이 필수적이다. 국민이 자금 사용에 관한 결정 과정에 충분히 영향을 미칠 수 있으려면 이들의 적극적 참여가 관건이다.

한 방법으로 각 국가마다 부채 탕감으로 생성된 자금과 진정한 발전을 위한 다른 자금을 포함해 국가발전기금을 형성하는 길이 있다(Q 43). 이렇게 마련된 자금의 용도는 지난 12년 전부터 뽀르또 알레그레에서 수립된 것과 비교할 만한 참여 과정을 통해 시민들이 결정하면 될 것이다. 이 투쟁의 훌륭한 전범인 브라질의 한 도시에서 진행된 이 과정은 좋은 결과를 낳았으며, 외채에서 해방된 다른 개도국에도 적용될 수 있을 것이다.

브라질의 뽀르또 알레그레에서 시 예산을 형성하는 데 주민들이 참여한 것은 현지에서의 자금 지출을 인간발전의 커다란 우선 분야로 이끄는 데 크게 기여했다. 이 실험 첫 7년 동안 상수도에 접근할 수 있는 가정이 80%에서 98%로 늘었고 하수도에 대한 접근할 수 있는 가정의 비율은 46%에서 85%로 거의 두배나 늘었다. ─유엔개발계획 「2002년 인간발전 세계보고서」.

차관에 대한 중대한 결정은 광범위한 공공 토론 뒤에 의회에서 내려져야 한다. 외채의 탕감과 구조조정정책의 포기를 동반하는 이같은 참여 민주주의만이 개도국 주민들에게 자신의 삶에 대한 결정권을 부여할 수 있다. 우리가 수용하는 유일한 조건부는 남부 주민들에게서 나오는 조건들이다.

다른 사람들을 위해 그들 없이 하는 일이란 그들에 반하는 일이다. ―다니엘 메르메(Daniel Mermet), '2001 Agenda'에서 인용한 투아레그 속담.

202

| 주 |

1 OPEC는 석유를 수출하는 11개 개발도상국을 포함하고 있다. 알제리, 싸우디아라비아, UAE, 인도네시아, 이라크, 이란, 쿠웨이트, 리비아, 나이지리아, 카타르, 베네수엘라 등이다. 이 11개국은 현재 세계 석유 생산의 41%를 점유하고 있으며, 석유 매장량의 75% 이상을 보유하고 있다. 1960년 9월에 창설, 오스트리아 빈에 본부를 두고 있으며 안정적인 소득을 보장하기 위해 회원국의 석유 정책을 조정하고 통일하는 역할을 담당한다. 이를 위해 생산은 원칙적으로 할당량에 따라 이뤄진다. 각국을 대표하는 것은 에너지 및 석유 담당 장관이며 회원국들이 돌아가면서 조직의 운영을 담당한다. 2002년 7월 1일 베네수엘라의 알바로 씰바깔데론(Alvaro Silva-Calderon)이 OPEC의 사무총장으로 부임했다.

제9장

개발도상국
외채 탕감에 관한 논란

외채는 민중의 돈이며, 민중은 그 돈이 어디로 갔는지 알 필요가 있다.

—오딜 비이디

 Q 41 만일 채권자들이 외채 탕감을 결정한다면 세계 금융 위
기가 발생할 것인가?

204

1조 6,000억 달러로 평가되는 개발도상국 전체의 공공외채는 남부 국가의 빈약한 재정 능력을 고려했을 때 견딜 수 없는 부담으로 작용한다. 하지만 이 외채는 북부의 거대한 채무 상황과 비교해본다면 무척 작은 부분에 불과하다.

2002년 선진국들의 공공부채는 무려 20조 달러에 달했는데(지도 5 참고) 이는 개발도상국 공공외채의 12배에 달하는 금액이다(우리는 물론 민간 재정기관들이 대부분 보유하고 있는 부국들의 이러한 공공부채에 대해서도 조치를 취하는 것이 필요하다고 느낀다. 왜냐하면 이 공공부채는 북부의 시민들에게 사회적으로 커다란 부담을 강요하기 때문이다).

미국의 공공기관과 가계와 기업들의 부채를 모두 합하면 29조 달러에 이르는데 이는 우리가 탕감을 요구하는 부채의 18배나 되는 액수이다.

미국 기업들만의 부채를 계산해도 무려 14조 달러에 달하는 한편 지구의 민간기업 부채를 합하면 대략 30조 달러라는 결과가 나온다.

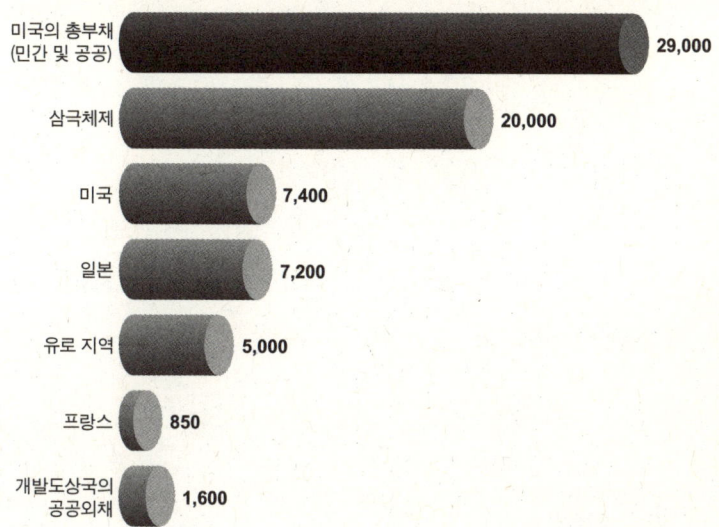

미국의 총부채와 개발도상국 공공외채 대비 일부 부국의 공공부채(10억 달러)

미국의 총부채 (민간 및 공공)	29,000
삼극체제	20,000
미국	7,400
일본	7,200
유로 지역	5,000
프랑스	850
개발도상국의 공공외채	1,600

* 출처: IMF: OECD: 미연방준비위원회

결국 개발도상국들의 공공외채는 세계의 채권 중 3% 미만이라는 사실을 알 수 있다. 이를 탕감한다고 해서 세계 금융체계가 흔들리는 일은 전혀 없을 것이다.

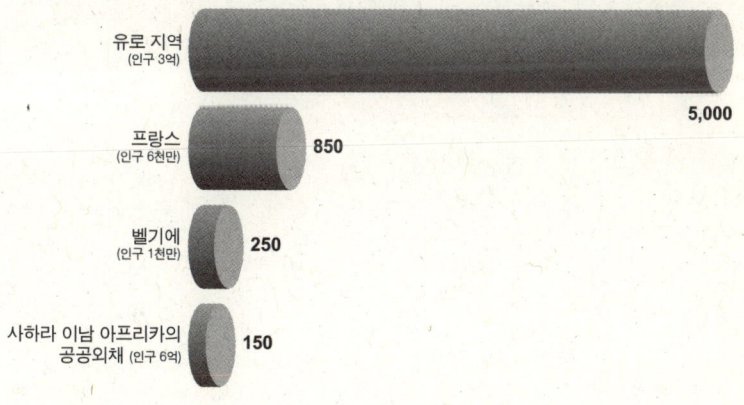

사하라 이남 아프리카의 공공외채와 프랑스·벨기에의 공공부채 비교(10억 달러)

유로 지역 (인구 3억)	5,000
프랑스 (인구 6천만)	850
벨기에 (인구 1천만)	250
사하라 이남 아프리카의 공공외채 (인구 6억)	150

* 출처: 프랑스은행: 세계은행, *Global Development Finance* (2002)

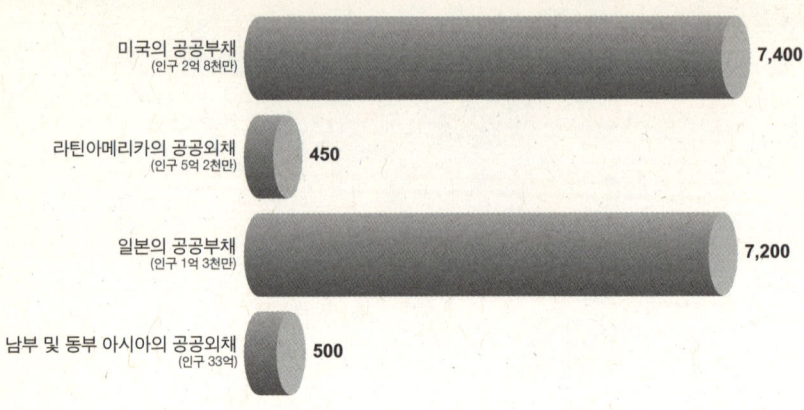

아시아 · 라틴아메리카의 공공외채와 미국 · 일본의 공공부채 비교(10억 달러)

미국의 공공부채
(인구 2억 8천만)
7,400

라틴아메리카의 공공외채
(인구 5억 2천만)
450

일본의 공공부채
(인구 1억 3천만)
7,200

남부 및 동부 아시아의 공공외채
(인구 33억)
500

＊출처: 세계은행, *World Development Indicators*(2001); *Global Development Finance*(2002)

일부 개발도상국 집단의 공공외채 액수와 남부 일부 국가와 중대한 경제 관계를 맺고 있는 부국들의 공공부채를 비교하는 것도 흥미로운 일이다.

한편 2002년 상반기에 우리의 주장을 뒷받침해줄 만한 흥미로운 수치들이 제시되었다. 통신 부문은 세계에서 가장 많은 부채를 안고 있는 부문인데 프랑스 텔레콤이나 도이치 텔레콤 등과 같은 강대한 다국적기업들은 각각 680억 달러와 660억 달러의 부채를 지고 있다. 이를 합치면 개발도상국 가운데 가장 많은 부채를 안고 있는 나라 중 하나인 한국의 외채와 비슷한 규모가 된다. 역시 2002년 여름 미국 장거리전화 시장에서 두번째로 큰 기업인 월드컴에서 72억 달러에 달하는 부정부패 사건이 발생했는데 이 기업은 미국의 파산에 관한 법 제11조 조항을 활용하여 채무에서 도피할 수 있었다(이 조항에 의하면 기업은 3개월 동안 채무를 이행하지 않으면서도 기업 활동을 계속할 수 있다). 반면 비슷한 규모의 외채를 지고 있던 말레이시아는 1997년 동남아 위기 당시 채무 이행의 의무에서 일시적으로라도 벗어날 수 없었다. 이제 다국적기업들은 주권 국가들에게 자신의 의지를 강요할 수 있는 거대한 규모로 성장한 것이다.

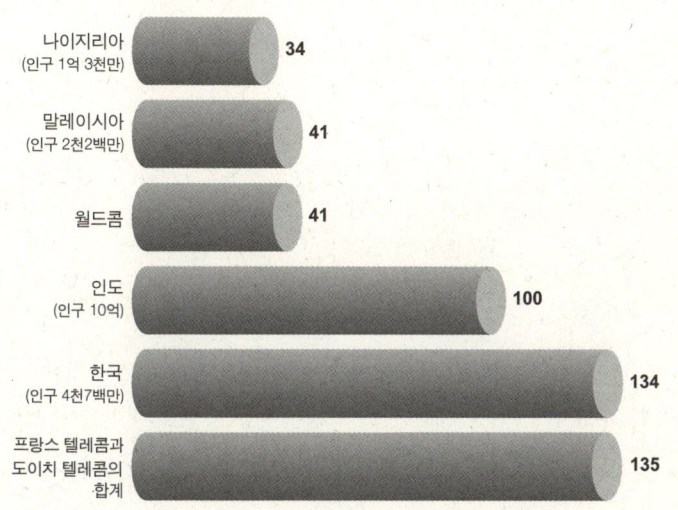

일부 개도국들의 공공외채와 다국적 기업들의 부채 비교(10억 달러)

나이지리아 (인구 1억 3천만)	34
말레이시아 (인구 2천2백만)	41
월드콤	41
인도 (인구 10억)	100
한국 (인구 4천7백만)	134
프랑스 텔레콤과 도이치 텔레콤의 합계	135

* 출처: 세계은행, *Global Development Finance* (2002): Les Échos (2002년 7월)

　　개발도상국 공공외채의 채권자들은 단순한 시민들이 아니며 이들은 국가이거나 다자기구 또는 대규모 민간기관들이다. 개발도상국의 외채가 비록 수십억 달러의 규모에 이르지만 국제 금융에서 교환되는 거대한 액수와 비교할 만한 수준은 아니다. 이 채권사들에게는 개발도상국보다 지불 능력이 훨씬 큰 채무자들이 있다. 지난 20여년간 이들은 개발도상국의 외채, 세계의 민영화, 임금노동자나 소규모 생산자들에게 타격을 안겨준 신자유주의 공세 등을 통해 충분히 많은 돈을 벌어들였다. 이들은 이미 빌려준 돈과 그 당시의 위험 부담에 대해 충분히 보상받았다. 이제는 그만이라고 외쳐야 할 때다.

나는 돈을 벌 권리를 요구한다. 내가 비벤디의 수장으로 임명되면서 주어진 임무를 성공적으로 수행한다면 정말 많은 돈을 벌 것이다. (…) 물론 주변에는 훌륭한 간부들이 있고 든든한 전문가들이 있지만 당신은 태풍이 모든 것을 휩쓸어버리는 것 같은 순간에 부딪히게 된다. 이러한 순간에 당신의 고독은 완벽한 것이다. 나의 전체적인 소득은 이러한 책임에 대한 댓가이다. 나는 내가 얼굴을 붉히거나 부끄러워해야 할 이유를 전혀 찾을 수 없다. ─장마리 메씨에(Jean-Marie Messier, 비벤디 유니버셜의 전 회장)「J-M.com, 신경제를 두려워해야 하는가?」.

외채 탕감이 기존의 채무자나 미래의 채무자에게 부정적인 영향을 주어 심각한 모럴 해저드[1]를 초래할 것이라는 주장은 위선적일 뿐 아니라 정확하지도 않다. 이런 식의 주장은 항시적으로 투기가 행해지는 금융시장이 도덕적이고 인륜적인 가치의 전당이 아니라는 것을 아는 사람들에게는 명백하게 위선으로 보인다. 또한 이 주장이 틀린 이유는 본질적으로 위험한 것은 시장이지 특정한 계약자가 아니기 때문이다.

게다가 국제통화기금과 세계은행은 자신이 보유한 특정 자산에 대해 입을 다물고 있다. 국제통화기금은 300억 달러로 평가되는 금을 보유하고 있다. 세계은행은 매년 15억 달러에 달하는 이익을 올리고 있는데 이는 대부분 개발도상국에서 벌어들이는 돈이다. 이러한 기관들이 돈이 없어 진정한 외채 탕감을 실행할 수 없다고 엄살을 부리는 것은 정말 가관이다.

만일 우리가 요구하는 외채 탕감이 이들 기관으로 하여금 더이상 현재의 기능을 수행할 수 없도록 한다면 이 기관들은 사라져야 한다. 세계는 다자기구들을 필요로 하고 있는만큼, 기존 기관들이 사라지면 진정한 의미의 민주적인 기관들이 새로 세워져 이들을 대체하게 될 것이다.

만일 국제통화기금과 세계은행이 현재 보유하고 있는 자금 전체를 개발도상국 공공외채 탕감에 사용한다면 이들이 사라지더라도 적어도 한번은 인류 복지를 위해 공헌했다는 영예를 누릴 수 있을 것이다. 앞으로 얼마나 더 많은 금융 위기와 인간적 파괴가 일어나야 이들이 조용히 무대에서 사라질 것인가?

국제 채무의 버블 규모는 엄청나다. 이러한 버블은 1980년대 말 일본에서 터졌고 일본은 아직도 그 충격에서 벗어나지 못하고 있다. 미국은 1980년대와 1990년대 자신의 적자와 군사 비용을 다른 국가들에게 전가하면서 충격을 피해갔지만 기업과 가계의 채무 위기 및 잠재적인 주식시장의 위기로 전반적인 위기를 맞을 가능성도 있다. 이럴 경우 미국을 구제하기 위한 비용은 개발도상국 외채 탕감액보다 훨씬 클 것이다. 예를 들어 미국 주식시장의 침체로 2000년에서 2002년 여름 사이 15조 달러가 연기처럼 사라져버렸다. 이는 개발도상국 공공외채의 10배에 달하는 금액이다.

개발도상국의 공공외채 탕감에 들어가는 비용 때문에 세계 금융 위기가 초래되지는 않는다. 오히려 이 외채를 지속했을 때 세계 금융 위기가 발생할 가능성이 높다.

어떤 경제적인 부담도 없이 부국들은 아프리카 외채를 탕감할 수 있을 것이다. ─제씨 잭슨(Jesse Jackson, 미국 무지개 연합의 총재).

Q 42 개발도상국 외채의 탕감은 북부 특히 북부 납세자들의
부담과 빈곤을 초래하지 않을 것인가?

　개발도상국들은 북부의 국가와 다자기구(이들 북부 국가들은 이 기
구들의 주요 주주다) 및 북부 민간은행에 외채를 갚고 있다. 앞에서 보
았듯이 선진산업국에서 유행하는 인도주의적 연설과는 반대로 부는
남부에서 북부로 이동하고 있으며, 남부의 지배계급은 그 사이에서 수
수료를 챙긴다. 탕감을 통해 이같은 부가 북부로 향하지 않는다고 해
서 북부에 부담이 간다거나 빈곤화가 일어날 것인가?

　우선 외채의 액수와 세계 광고 또는 군사 지출의 액수를 비교해볼
수 있다.

외채와 군비, 광고의 연간 지출 비교(10억 달러)

광고	1,000
군비	900
개발도상국의 외채상환	240

* 출처: 세계은행, *Global Development Finance*(2002); UNDP 「인간발전에 관한 세계보고서」(1998)

　이런 살인적 지출을 저지하는 것은 인류를 위한 긍정적인 공헌이라
고 할 수 있다.

　다시 한번 강조하지만 개발도상국들은 이미 채권자들에게 빚을 여
러 차례 갚았다고 할 수 있다. 1980년의 채무 1달러에 대해 채무국들
은 이미 7.5달러를 지불했지만 아직도 4달러를 더 갚아야 한다(Q 22).
지금 탕감을 한다고 해서 어떤 도둑질이 일어나는 것은 아니다. 채권

자들은 자신이 제공한 자본의 사용에 대해 충분히 보상받고도 남았기 때문이다.

　민간 채권자들에게 탕감은 소득의 감소를 가져올 것이고 그에 따라 주주들에게 나누어주는 배당금이 줄어들 것이다. 배당금 축소는 먼저 부국의 부유한 계층에 영향을 줄 것이다. 따라서 민간 채권자들 역시 회계 서류에서 개발도상국 채무를 충분히 지울 수 있다.

　양자 채권의 경우 부국이 개발도상국에 대해 보유하고 있는 채권은 국가에 따라 차이가 있지만 대개 할인(discount)[2] 대상이 되고 있으며, 평균 할인 규모는 명목 가치의 75% 정도로 알려져 있다. 따라서 양자 채권의 실질적 가치는 1,500억 달러 미만인데 이는 선진산업국 국방 예산의 1/4에 해당한다(전세계 국방 지출은 9,000억 달러이며 선진산업국은 그중 6,000억 달러를 차지한다).

　이 책에서 밝힌 우리의 분석에 따르면 북부는 개발도상국 주민들에게 역사적·인간적·도덕적·환경적·사회적·문화적 부채를 안고 있기 때문에 보상금을 지불하는 것이 마땅하다. 외채의 탕감은 이러한 보상의 전제조건이라고 할 수 있다.

　다른 한편 기술 이전도 중요한 역할을 할 수 있을 것이다. 중대한 기술 발전의 혜택이 남부 주민들 모두에게 돌아가게 하여 인류의 생활 조건을 전체적으로 향상시켜줄 발명자들을 위한 자금을 왜 마련하지 못하는가? 예를 들어 의학과 같은 중대한 분야에서의 연구를 공공 써비스로 규정하고 이를 전부 공공기관에서 진행하며 특허 제도 같은 것을 없앤다면 모든 연구 결과는 곧바로 전세계에 공개될 것이다. 이는 분명히 훌륭한 방향이지만 이에 대한 정치적 의지가 절대적으로 부족한 상황이다.

　다시 한번 노예제도와 비교해본다면 역사상 노예제 철폐를 위해 투쟁한 전사들은 제도의 철폐가 가져올 북부의 자원과 생활의 빈곤화 여부에 대해 왈가왈부하지 않았다. 이들은 정의의 이상을 추구하는 과정에서 이윤과 재산만을 고민하고 생각하는 사람들과 부딪쳐야 했다. 실제로 남부의 인력이 과다하게 수탈당하고 있기 때문에 싼 가격에 북부로 금과 면화와 커피를 수입하는 것은 쉬운 일이다. 그러나 그렇다고 인간적 비용을 무시할 수는 없다. 노예제 철폐 이후 북부가 빈곤화된 일은 없었다. 오히려 그 반대 효과를 낳았다고 할 수 있으며, 적어도 도덕적으로 훨씬 부유해진 것만은 분명하다.

공공외채의 완벽한 탕감은 북부에게 단순한 회계 장부 정리에 불과하지만 남부에게는 구원의 손길이 될 것이다.

우리는 자립할 수 있는 아르헨띠나를 만들기 위한 방법을 찾아야만 한다. 아르헨띠나는 더이상 지금과 같이 1년에 고작 5만 달러를 버는 미국인들, 그리고 자신들이 낸 세금으로 무엇을 하는지 의문을 품고 있는 미국의 노동자나 목수의 돈을 가져가서는 안된다. ―폴 오닐(Paul O'Neill, 미국 재무장관), CNN, 2001년 8월 18일.

미국의 재무장관 오닐은 미국의 납세자들, 즉 미국의 노동자와 목수들이 수십억 달러에 이르는 구제 프로그램에 자금을 제공한다는 느낌을 심어주었다. 그는 돈을 내는 이들에게 투표권이 있다는 주장을 한 것이다. 그러나 이는 새빨간 거짓말이다. 국제통화기금은 언제나 돈을 상환받기 때문에 자금의 출처는 결국 개발도상국의 노동자와 납세자들이다. ―조지프 스티글리츠 『거대한 각성』.

결론짓기에 앞서 유사한 방식이 북부 사회 내에서도 동원되고 있다는 사실을 지적할 수 있다. 선진국의 공공부채가 엄청난 액수라는 사실을 앞서 살펴보았다. 대부분 내부적이라고 하는데 이는 20조 달러에 달한다. 납세자들은 대규모 자금을 상환해야 하고 결국 민간은행과 기관투자자들이 북부 시민들의 돈으로 짭짤한 소득을 올리는 것이다. 여기서도 수법은 무척 교묘하다. 세금의 점점 더 많은 부분이 채무 상환에 쓰이고 있으며, 국가는 자신이 주요한 역할을 담당한 사회보장이나 교육, 문화 등의 부문에서 발을 빼면서 민영화를 양산하고 있다. 우리는 이익을 축적하는 기관투자자들과 이들로 인한 북부 주민의 수탈 기제에 대해서도 심각하게 고려해야 할 것이다.

북부의 생활양식을 재검토해야 하는 것 아닌가? 유엔개발계획에 따르면 유럽에서 주류 소비에 지출되는 연간 액수는 1,000억 달러에 달하고 담배는 500억 달러에 이른다. 세계에서 마약과 관련된 지출은 대략 4,000억 달러이다. 2001년 현재 향수 사용에 따른 지출은 340억 달러이다. 그렇다면 낭비를 막고 자원을 도출해내기 위해 북부 시민들의 생활양식을 재검토할 필요가 있는 것은 아닌가? 인류의 절반이 하루에 2달러 이하로 생존하는 상황에서 그 많은 담배와 화장품을 사용하는 것은 무관한 일인가? 인식의 전환이 필요하다. 새로운 자원의 배분은 모두에게 다른 소비양식으로 너 나은 삶을 보장할 것이다. 외채 탕감은 북부에도 많은 희망을 가져다줄 것이다. 부의 재분배에 대한 진정한 성찰과 북부의 현재 및 미래의 삶의 질에 대한, 그리고 발전에 대한 심대한 공공 토론이 시작될 수 있을 것이기 때문이다.

시장의 논리가 주요 필요를 충족시켜줄 것이라 기대하는 것은 무리이다. 구매력이 거의 없다시피한, 하루에 2달러 미만으로 생활하는 28억의 사람들에게 시장은 관심을 가지지 않는다. 공공정책만이 모두에게 인간의 기본적 필요를 보장할 수 있다. 따라서 정치 지도자들이 시민에 대한 약속을 지킬 수 있도록 하는 정치적·재정적 수단을 확보할 필요가 있다.

세계인권선언과 경제사회문화적 권리의 조약을 실현하기 위해서는 강력한 사회 및 시민운동이 필요하다. 우선 외채 상환이라고 하는 자원의 출혈을 막는 것이 중요하다.

이 첫걸음이 이뤄진 뒤에는 현재의 국제 채무 경제를 사회적으로 공평하고 환경적으로 지속할 수 있는 새로운 모델로 대체해야 한다. 이 모델은 국제통화기금과 세계은행 차관의 조건이나 금융시장의 변동에서 자유로워야 한다.

외채 탕감이 인간발전에 도움이 되기 위해서는 지금까지 부채 상환에 쓰인 자금을 발전기금으로 전환하여 지역 주민들이 민주적으로 통제할 수 있도록 해야 한다.

부채 탕감으로 발생한 액수뿐 아니라 다음과 같은 조치를 통해 발전기금을 형성하기 위한 금융 수단을 확보할 수 있을 것이다.

개발도상국 시민에게 부의 반환 현지 통치자와 자본가들은 북부 정부의 묵인 아래 그리고 금융기관들의 도움으로 엄청난 부를 선진산업국에 불법적으로 축적해둔 상태다. 이러한 움직임은 지금도 계속되고 있다(Q 44).

이 부를 시민들에게 반환하려면 제3세계와 선진산업국에서 동시에 법적 절차를 추진해야 한다. 부패 조사를 통해 부정부패한 자들이 어떤 제재도 받지 않는 현실을 타파해야 한다. 그러지 않고서는 민주주의와 투명성이 부정부패를 타파할 수 있다는 희망을 가질 수 없다.

한편 2000년 다카르 국제회의에서 결정된 방안들을 추진해야 한다. '저항에서 대안으로'라는 제목의 이 방안들에 따르면 제3세계는 지난 5세기에 걸쳐 자행된 수탈에 대해 보상받을 권리가 있다. 이는 특히 아시아와 아프리카, 아메리카 대륙에서 약탈된 경제적·문화적 자원에 대한 환원을 요구하는 것이다.

금융 거래에 대한 세금 부과 시민지원과 금융거래 세금부과를 위한 운동(ATTAC)은 매년 1조 달러를 거둬들일 수 있는 0.1%의 토빈세[3] 부과를 주장하고 있다. 이 소득은 불평등 해소를 위한 투쟁 및 교육, 공공 보건, 식품 안전과 지속가능한 발전 등을 위해 사용되어야 한다.

공공개발원조액을 최소한 국내총생산의 0.7%로 늘림 공공개발원조액은 지속적으로 감소하고 있다. 2001년 현재 선진산업국의 국민총생산에서 공공개발원조는 0.22%밖에 되지 않는다. 이들은 과거 여러 차례에 걸쳐 유엔에서 목표치를 0.7%로 약속한 바 있다. 따라서 약속이 지켜지기 위해서는 원조액이 세배로 늘어나야 한다. 경제협력개발기구(OECD)[4]에 따르면 원조액은 현재 51억 달러에 달하는데 이것이 150억 달러로 증가해야 한다는 의미다. 이 금액 전체는 증여되어야 한다. 사실 원조나 증여라는 용어보다는 배상이라는 용어가 좀더 적절할 것이다. 왜냐하면 이는 수세기에 걸친 약탈과 불평등한 교역으로 인한 피해를 보상하는 것이기 때문이다.

대규모 재산에 대한 특별 세금의 부과   1995년 유엔무역개발회의는 보고서를 통해 대규모 재산에 대해 일회성(원샷) 세금 부과를 제안했다. 이같은 세금을 세계적으로 부과하면 엄청난 자금을 동원할 수 있을 것이다. 이 특별 세금은(이는 세계 일부 국가에 존재하는 아주 부유한 자들의 재산에 부과하는 정기적 세금과는 구분되어야 한다) 국가 차원에서 징수할 수 있고, 이러한 연대 세금(10% 정도의 세율을 적용하는)은 각국의 가장 부유한 10%에 적용할 수 있을 것이다.

구조조정정책의 종결   남부 경제의 완벽한 자유화를 주장하는 구조조정정책은 결과적으로 남부 국가들을 취약하게 만든다. 그리하여 이들은 세계시장의 변화나 투기적 공격을 비롯한 외부적 변화에 종속되며 세계은행과 국제통화기금 커플이 강요하는 조건에 구속되는데, 이는 결국 뒤에서 조종하는 빠리클럽의 채권국 정부에 구속된다는 의미이다.

구조조정정책의 인간적 결과는 부정할 수 없을 정도로 치명적이다. 이것은 거부되어야 하며 내부 시장과 식량 안보에 우선권을 두고 지역적·대륙적 보완성을 추구하는, 인간의 기본적 필요 충족을 위한 정책으로 대체되어야 한다.

민영화된 전략적 부문의 공공성 회복   현재 체계적으로 민영화되었거나 민영화가 추진되고 있는 전략적 부문은 헤아릴 수 없을 정도로 많다. 수자원의 관리와 유통, 전기 생산과 유통, 통신, 우편, 철도,

천연자원의 개발과 공정, 금융기관, 교육과 보건의 일정 부문 등이 모두 민영화의 잠재적 대상이다. 이들 기업이나 부문을 다시 공공 부문으로 전환해야 한다.

　부분적 자립성을 보장하는 발전모델의 채택　이같은 종류의 발전모델은 다음과 조치를 필요로 한다. 정치적·경제적으로 통합된 지역의 창설, 내부적 발전모델의 계발, 국내 시장의 강화, 지역 금융을 위한 지역적 저축 창출(예를 들어 2001년 아르헨띠나가 1,500억 달러 정도의 외채에 허덕일 때 아르헨띠나 부자들은 1,200억 달러를 외국에 저축했다), 교육과 보건의 발전, 누진세 제도의 확립과 부의 재분배 제도 채택, 수출의 다양화, 농민에게 토지 사용을 보장하는 토지 개혁, 주택의 보편적 권리를 보장하는 도시 개혁 등이다.

　현재 세계의 구조는 자본과 기술을 보유한 선진국이 개발도상국들에게 싼값으로 천연자원과 노동력을 제공하도록 강요하고 있다. 이를 좀더 평등한 경제적 지역으로 재구성해야 한다. 부분적으로 자립적인 발전만이 남부와 남부 간에 보완적 관계의 발전을 가능케 하며, 이것이야말로 개발도상국 경제 발전의 필수불가결한 조건이고 나아가 세계 발전의 조건이다.

　무역에 대한 조치　무역 조건의 악화라고 하는 역사적 경향에 종지부를 찍어야 한다. 이를 위해서는 개발도상국들이 세계시장에 수출하는 품목들에 대해 좀더 나은 가격을 보장하는 장치가 형성되어야 한다.

　농업에 관해서는 비아 깜뻬씨나(Via Campesina) 농민운동이 주장하듯 각각의 국가 또는 국가 그룹이 식량 주권, 특히 기본적 제품에 대한 자립의 권리를 인정해야 한다. 세계무역의 규칙은 또한 엄격한 환경적·사회적·문화적 기준의 적용을 받아야 한다. 보건이나 교육, 수자원, 문화 등은 국제무역의 범위에서 제외되어야 한다. 공공 써비스 역시 기본권을 보장한다는 점에서 공공 써비스의 완벽한 자유화를 추진하는 '써비스 무역에 대한 일반 조약'에서 제외되어야 한다.

또한 남부 국가들로 하여금 자국 국민의 필요를 충족시키기 위한 상품(예를 들면 약품)의 자유로운 생산을 저해하는 '무역 관련 지적 재산권에 관한 협약'을 폐지해야 한다.

새로운 금융 조건의 수립 1990년대에 반복된 금융 위기는 역설적으로 자본이동과 세금 탈루에 대한 엄격한 통제 없이는 지속가능한 발전을 이룰 수 없다는 사실을 증명했다. 금융시장이 인간의 기본적 필요를 충족시키는 역할에 기여하도록 하려면 몇가지 조치가 전제돼야 한다. 금융시장의 재규제, 자본이동의 통제, 세금 탈루, 공공기금 횡령 및 부패에 대해 효과적으로 대응할 수 있도록 세금 도피처를 없애고 금융 비밀을 해제하며, 외채를 체결하는 국가를 보호하기 위한 규칙을 채택하는 것 등이 필요하다.

차관 도입 정책의 민주적 통제 국가들이 차관을 도입하는 과정에서 금액과 조건 등에 대한 국민의 동의가 필요하다(의회에서의 토론과 투표, 시민의 감시 등).

또한 남녀평등이나 토착 민족의 자립권 같은 보완적 조치 또한 필수적이라 할 수 있다.

외채의 탕감은 특히 기존의 독재체제에 득이 되지 않겠는가?

우리가 보았듯이 개발도상국 외채의 완전한 탕감은 첫걸음에 지나지 않는다. 이러한 완전한 탕감을 실현할 수 있다는 것은 역학관계에 획기적인 변화가 이뤄졌다는 것을 의미한다. 따라서 그후엔 새로운 논리가 작동하게 된다.

독재체제가 들어서고 그 체제가 그토록 오랫동안 지속될 수 있는 이유는 무엇인가? 왜 민주주의 체제의 성립은 성공할 경우에도 공고화되는 데 어려움을 겪는가? 인도네시아의 모하메드 수하르토, 자이레의 모부투 세세 세코, 가봉의 오마르 봉고(Omar Bongo), 토고의 냐싱베 에야데마(Gnassingbe Eyadema)와 남아공의 아파르트헤이트 체제와 같은 독재체제들이 어떻게 30년이 넘도록 지속될 수 있었는가? 그 이유는 이들이 기존 체제를 지탱하고 강화하기 때문이다.

왜 칠레의 쌀바도르 아옌데나 구 벨기에령 콩고가 독립한 후 패트리스 루뭄바와 같은 민주주의 정권들은 쿠데타에 의해 붕괴되었는가? 이들은 기존 체제에서 빠져나가려 했기 때문이다.

북부의 다국적기업들은 자신의 부를 비싼 값에 팔려는 민주적 정권보다는 독재적이고 부패한 정권을 통해 아주 쉽게 남부의 천연자원을 수탈할 수 있다. 외채는 독재정권의 유지에 크게 기여하는데 그 이유는 집권 도중에 독재정권의 연장을 위한 금액을 탈취할 수 있기 때문이다. 이는 우리가 부당한 방식으로 취득한 재산을 몰수해야 한다고 주장하는 이유이기도 하다(Q 43). 현존하는 독재정권을 뒤흔들기 위해서는 개발도상국의 부유 계층이 행한 자금 횡령과 이들이 세금 도피처나 북부의 은행에 예금한 자금에 대해 세밀한 사법적 조사가 이뤄지는 것이 필수다. 이들의 예금은 개발도상국 공공외채의 2/3에 해당한다. 개발도상국의 부자들이 선진산업국의 은행에 예금한 돈은 1조 1,000억 달러에 달한다.

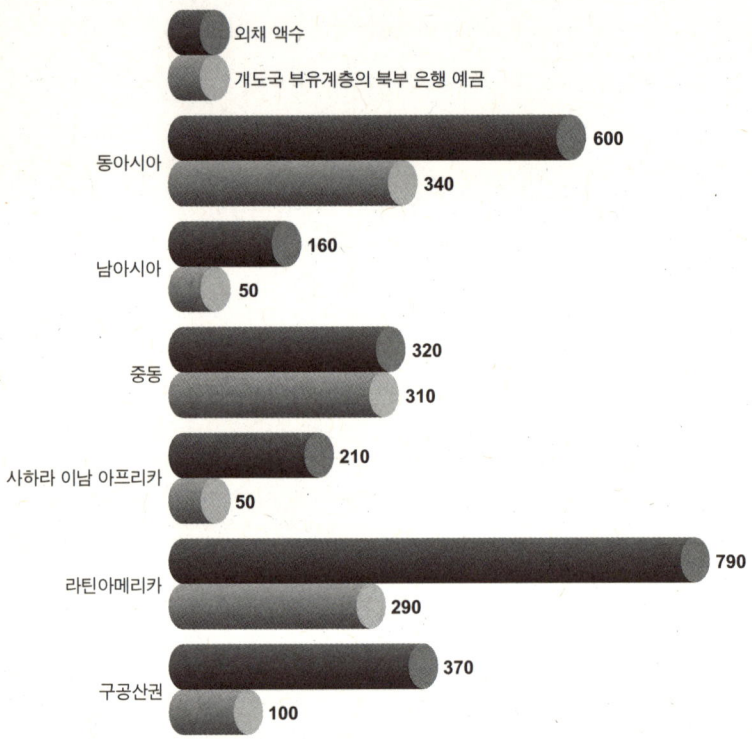

외채의 액수와 북부 개도국 부유 계층 예금의 비교(10억 달러)

외채 액수

개도국 부유계층의 북부 은행 예금

동아시아 600 / 340

남아시아 160 / 50

중동 320 / 310

사하라 이남 아프리카 210 / 50

라틴아메리카 790 / 290

구공산권 370 / 100

* 출처: 세계은행, *Global Development Finance*(2002) 및 국제결제은행 11월 자료에 따른 저자들의 계산.

만일 횡령 사실이 확인될 경우 곧바로 부당하게 취득한 재산에 대한 몰수가 이뤄져야 하며, 양심 없는 지도자들에 의해 수탈당한 국민에게 돈을 되돌려주어야 한다. 이를 통해 검은 돈의 흐름을 차단할 수 있고,

독재자들의 전리품은 몰수되며, 자금을 빼돌리는 암적인 종속관계는 정리될 수 있을 것이다. 이는 또한 개발도상국의 모든 민주주의자에게 기존의 지정학적 논리가 드디어 붕괴되었다는 신호를 보내는 것을 의미한다.

모든 것을 감시해야만 하는 이 나라들, 국제통화기금이 와서 회계를 정리해야 하고 비정부기구의 선교사들이 들어와 의료와 교육을 담당해야 하는 이 나라들은 도대체 어떤 나라들인가? 그들의 지도자들은 그렇게 무능하단 말인가? 그렇다. 그리고 우리는 그 이유를 잘 알고 있다. 이들 지도자들을 그 자리에 앉힌 것은 바로 빚을 대준 자들이다. 그들이 지도자가 된 것은 빌려준 자금을 제대로 관리할 능력이 없기 때문이며, 이 똑똑한 채권자들에게 받은 돈을 수백배로 돌려주기 때문이고, 이들은 그 중간에서 축재를 할 수 있기 때문이다. 좀더 논리적이고 건강한 채무 해결 방식은 자금의 혜택을 전혀 보지 못한 주민들이 돈을 갚기보다는 부당하게 돈을 번 자들에게 상환 의무를 지우는 것이다. 예를 들면 터무니없이 자금 혜택을 입은 기업들, 거대한 수수료를 챙긴 탐욕스러운 중개자 집단, 독재자들의 전리 자금, 정당들의 비밀 자금 등이 그것이다. (…) 부채의 탕감은 (…) 진상을 규명하기 위한 국제적 조사와 추궁이 되어야 하며 그렇지 않을 경우 이는 범죄에 대한 보상이 되어버린다. 이것은 민중의 돈이며, 민중은 그 돈이 어디로 갔는지 알 필요가 있다. ─오딜 비이디(Odile Biyidi, 『검은 민중』(*Peuples noirs*)지의 창립자이며 카메룬 작가 몽고 베티의 부인), 프랑쑤아 자비에 베르샤브(François-Xavier Verschave) 『외채의 이면』(*L'envers de la dette*)에서 인용.

예를 들어보자. 앙골라는 앞으로도 수십년간은 석유자원이 풍부할 것이라 예상되는 국가인데 25년에 걸친 내전으로 궁핍한 상황에 놓였다. 2002년 내전에 참여한 두 진영 중 한쪽인 유니타의 조나스 사빔비가 사망했고 앙골라 국민들은 심각한 기아를 겪어야 했다. 석유 다국적기업 엘프는 다른 기업들과 함께 두 진영에 모두 무기를 제공함으로써 내전을 심화시키는 데 일조했다. 유니타와 호세 에두아르도 도스산토스 정부는 무기를 구하기 위해 자국의 석유를 싼값에 팔아넘겼다. 평화로운 나라의 주민 복지를 생각하는 정부라면 반드시 이러한 불평등한 계약의 재협상과 국가에게 주어지는 석유 생산 부분의 재조정을 요구했을 것이다. 그러나 이미 과도한 부채에 시달리던 앙골라는 무기를 얻기 위해 미래의 석유를 저당잡힌 꼴이 되었다.

외채와 부패와 자원의 떨이는 동일한 문제의 세 측면이다. 부패는 (특히 외채를 이용한) 특정 국가의 지도자가 자국의 경제를 국제통화기금과 미국 재무성의 통제하에 밀어넣고 북부의 금융과 다국적기업들이 천연자원을 싼값에 가져갈 수 있도록 허용하는 중요한 매개이다.

개도국 공공외채의 완전한 탕감은 이를 결정한 국제기구들이(그것이 기존의 기구이건 아니면 이들을 대체한 좀더 민주적인 국제기구이건 간에) 새로운 논리를 적용하기 시작했다는 것을 의미하며, 이를 다양한 행위자들에게 강요할 수 있다는 것을 뜻한다. 따라서 이들은 개발도상국을 위한 국가별 기금을 창설하는 데 어려움을 겪지 않을 것이며, 이를 해당 주민들이 민주적으로 관리하도록 할 수 있을 것이다.

외채가 독재정권에 이로운 만큼 그 탕감은 이들을 근본적으로 흔들 것이다.

44%에 달하는 인플레와 취약한 경기를 부양하기 위해 터키는 국제통화기금에 50억 달러의 차관을 요청했다. 차관의 댓가로 국제통화기금은 터키에게 사형제도를 철폐하고 인권을 존중하라고 요구했다. 세상이 이렇게 돌

아가면 얼마나 좋을까. 하지만 이는 농담일 뿐이다. 실제로 국제통화기금은 평소와 마찬가지로 새로운 가격 상승과 대규모 해고를 요구했다. ―『샬리 엡도』(*Charlie Hebdo*) 2000년 12월 6일.

 45 외채 탕감 이후 새로운 외채의 누적을 어떻게 피할 것인가?

외채의 완전한 탕감에는 새로운 재정적 지원을 추구하는 논리의 전환이 동반되어야 한다(Q 43).

새로운 자금은 국가별 발전기금(이는 현지 주민들에 의해 관리되어야 한다)을 구성하게 되며 이는 새로운 차관을 의미하는 것이 아니다.

다시 한번 강조하자면 다음과 같은 논리이다.

―탕감이 이뤄지면 개도국들은 더이상 외채를 상환하지 않아도 된다. 만일 채권자들이 외채의 완전한 탕감을 이룬 국가들에게 더이상 새로운 차관을 허용하지 않더라도 이들은 새로운 융자의 부족을 대체할 수 있는 연간 700억 달러 정도의 기존 상환 금액의 보존분을 보유하게 되며, 이를 내부적 필요에 사용할 수 있을 것이다.

―국제적인 조사와 추궁을 통해 남부 엘리뜨들이 횡령과 부패로 부당하게 축재한 자금을 몰수할 경우 개발도상국들은 매년 수백억 달러에 이르는 자금을 수년간 확보할 수 있을 것이다.

―공공개발원조를 부국 국민총생산의 0.7% 수준까지 세배로 늘리고 이를 북부가 남부에 대해 진 역사적·인간적·도덕적·사회적·환경적·문화적 부채에 대한 보상 차원에서 순수한 증여의 형식으로 제공한다면 매년 1,500억 달러 정도의 자금이 형성될 것이다.

―외환시장에서 금융 투기와 관련 2001년 현재 매일 1조 2,000천억

달러에 달한다고 추정되는 자금에 대해 0.1%의 토빈세를 부과한다면 적어도 매년 1,000억 달러를 징수할 수 있을 것이며, 이는 당연히 개발 도상국에 제공되어야 할 것이다.

—이제 더이상 외채 상환을 위해 외화를 벌어야 하는 필요가 없어진 원자재 생산국들은 공동의 협력으로 가격을 상승시킬 수 있을 것이다. 이를 통해 중요한 소득을 올릴 수 있으며 동시에 수출을 위한 재배지를 줄이고 생존을 위한 식량 생산을 늘림으로써 자원과 삼림과 토지의 보존을 강화할 수 있을 것이다.

—개발도상국 내부의 재분배 재정 정책으로 외채와 구조조정으로 초래된 장기적 불평등을 해소할 수 있을 것이다. 부국의 가장 부유한 가계 10%에 대한 특별 세금 부과를 통해 대규모의 재정 수입도 보장할 수 있을 것이다.

이 모든 조치들은 '다른 세계화'의 틀 속에서 '다른 발전' 자금을 제공할 수 있다. 무엇보다도 새로운 외채의 누적을 방지할 수 있다.

Q 46 차관 도입 자체를 포기해야 하는가?

우리의 투쟁은 고리대금업을 없애는 것이지 정상적인 차관 도입의 활용을 막자는 것이 아니다. 중요한 것은 차관 도입 자체가 부당하다는 것이 아니라 현재의 외채 위기에 대한 상세한 분석을 통해 우리 논리와 주장의 정당성을 이해하는 것이다.

현재 우리가 경험하는 과다한 외채의 누적을 막기 위해, 그리고 이러한 과중한 외채가 가져오는 절대적인 지배의 기제를 방지하기 위해 우리는 최대한 외채 도입을 제한해야 한다.

우리는 이미 대안적인 금융 수단의 확보를 위한 방법을 제안했다(Q 43). 국내적·국제적 세금, 내부 저축의 진흥, 부당하게 획득한 재산 몰수, 보상 차원에서 증여 형식의 공공개발원조의 증액 등이 그것이다. 이러한 다양한 조치들이 실현된다면 차관 도입은 그 중요성이 크게 줄어들 것이다.

차관 도입을 체결하는 과정에서 해당 주민들의 통제권 행사는 필수적이며, 이는 국가별 개발 기금의 관리에 대한 시민의 적극적인 참여와 국회 또는 기존 입법부에서의 공개적인 토론과 투명한 투표로 결정될 수 있다.

차관의 조건이 용납할 만한 수준이어야 함은 물론 현재 너무 자주 나타나는 것처럼 정부의 차관 도입 계약 체결이 채권자들에게 집안의 열쇠를 내주듯 국가의 경제 주권을 포기하는 형식이 되어서는 안된다. 특히 채권자들을 다양하게 구성하여 그 누구도 지배적이고 강압적인 입장에 서지 않도록 하는 것이 중요하다. 이를 위해서는 현재의 체제를 개혁해야 한다. 위에서 보았듯이 채권자들은 그들이 필요로 하는 다자기구들을 만들었다. 국제통화기금, 세계은행, 빠리클럽, 런던클럽 등이 이들이며 각각의 기구가 채무국을 개별적으로 요리해왔다.

두가지 새로운 원칙이 존중되어야 한다. 첫째, 시장의 조건에 비해 낮은 이자율로 체결된 차관에 대한 이자 및 원금 상환은 이 차관이 실제로 해당 국가 내에 충분한 부의 창출에 기여했다는 사실이 입증될 경우에만 의무화된다.

둘째, 개발도상국인 채무국을 위한 강력하고도 효율적인 국제적 차원의 보호장치가 필요하다. 이를 통해 채무국들이 은행이나 국제적 민간 투자기관 또는 국제금융기관의 각종 권한 남용과 약탈로부터 스스로를 방어할 수 있도록 해야 한다.

 Q 47 개발도상국의 공공외채와 북부의 공공채무를 비교할 수 있는가?

이 두가지 채무는 그 액수에 있어 큰 차이가 있지만 시간적인 변동 사항을 살펴보면 비슷한 점을 발견할 수 있다. 개발도상국의 외채와 북부의 공공부채는 모두 1970년대에 폭발적으로 증가했다. 북부에서는 1973~75년의 전반적인 경기 침체를 맞아 정부는 경제 활성화 정책을 폈고, 그에 따라 채무가 증가했다. 예를 들면 공공 고용의 증가, 국가 프로젝트의 추진(프랑스의 경우 떼제베, 아리안 로켓, 에어버스, 미니텔 등), 대규모 산업 및 군사 계획 등이다. 따라서 중앙 및 지방 정부는 모두 1980년대 초반의 이자율 인상의 함정에 빠졌다. 이들의 공공부채는(대부분은 내부적으로 체결되었다) 남부에서와 마찬가지로 빠른 속도로 증가했고 이들 역시 상환을 위해 새로운 빚을 져야 하는 상황에 빠졌다. 여기서도 눈덩이처럼 부채가 불어나는 현상이 발생한 것이다.

두번째 유사성은 채권자들의 성격과 자금의 흐름에서 찾아볼 수 있다. 북부의 공공부채는 대부분 국내적으로 체결되었지만 저소득 시민들이 보유하고 있는 채권은 미미하다. 북부의 정부가 채권을 발행할 때 이들 대부분을 며칠 사이에 사들이는 것은 대규모 민간금융기관(은행, 보험, 상호기금, 펜션 기금)들이다. 북부 공공부채의 주요 채권자들은 바로 이 금융기관과 소수 부유 계층이다. 개발도상국과 다른 점은 개발도상국은 외채 상환을 위해 경화를 벌어들어야 한다는 점이며 그 때문에 무조건적으로 수출을 해야 한다는 점이다. 채무자들의 입장에서 보면 정부는 세수에서 필요한 자금을 확보하고 부채를 상환한다. 문제는 자본 소득보다는 노동 소득이 과다하게 세금을 지불하고 있다는 점이다. 게다가 부가가치세 같은 간접세의 비중이 늘어나는 경향인데 이는 서민이나 중산층의 부담을 가중하는 결과를 낳는다. 따라서 정부는 저소득층 사람들에게 부담을 지워 거두어들인 세금으로 부유한 민간기관들에게 자금을 상환하는 꼴이다. 여기서도 (북부의) 주민들로부터 북부의 자본을 보유한 채권자로의 자금 이전이 일어난다. 이는 개발도상국 외채의 피해자와 북부 공공부채의 피해자 사이에 객관적이고 심층적인 연대가 존재할 수밖에 없다는 것을 의미한다.

다음으로 북부와 남부의 공통점은 과다한 채무가 긴축정책을 도입하고 자본 보유자들에게 이로운 사회관계로 이행하는 데 이상적인 계기로 등장한다는 점이다. 남부에서 구조조정정책이 추진되는 동안 북부에서는 이미 1980년대부터 긴축정책이 채택되었고, 이는 마스트리히트 조약을 통해 유럽연합 차원에서 보편화되었다. 이 정책의 우선 목표는 공공적자의 강력한 축소로서 이는 긴축정책과 민영화 정책, 사회보장 제도와 세대간 재분배에 기초한 연금제도의 개혁, 보건과 교육 지출의 축소 등을 초래했다. 프랑스에서는 2002년 여름에 등장한 라파랭(Jean-Pierre Raffarin) 정부기 상징적으로 두가지 내표적인 성책을 채택했다. 첫째는 프랑스 가계 50%와는 전혀 상관없는 소득세를 5% 감소한 것이며, 둘째는 13개 공공 기업(에어 프랑스, 프랑스 전력, 프랑스 가스, 크레디 리오네, 다쏘 씨스템, 빌 등)을 민영화하기 시작한 것이다. 국민에게 채무의 경제적 결과는—남부에서는 구조조정정책, 북부에서는 긴축정책—아주 비슷한 양상으로 드러난다.

따라서 그 근원이나 요인, 결과를 보면 채무는 북부와 남부를 막론하고 무척이나 강력한 타격을 가하고 있다. 우리는 여기서 기존에 그다지 논의되지 않은 새로운 논의를 해보려고 한다. 위에서 진행된 논리의 일관성을 유지하기 위해서는 북부의 시민들이 대규모 민간금융기관에 대해 지고 있는 채무의 탕감을 요구할 수밖에 없다. 이를 추진하기 위한 아이디어 중 하나로 재산에 대한 특별 세금을 생각해볼 수 있는데 그 세금은 바로 재산을 많이 가진 사람들이 보유한 채권을 상환하는 데 쓰여질 것이다. 이는 1995년 유엔무역개발회의가 제안했듯 가장 부유한 10%에 대한 재산세 10% 정도가 될 수 있을 것이다. 북부의 시민들에게 이러한 조치는 대단한 결과를 가져올 것이다. 왜냐하면 부채의 짐에서 벗어난 정부는 사회적 프로젝트와 고용 창출을 위한 새로운 프로젝트를 추진할 수 있는 재정적 여유를 확보할 수 있기 때문이다.

　　공공부채의 채권 시장(공공 채권 시장)은 금융 세계화의 수혜국에 의해 수립되었으며 별 어려움 없이 다른 국가에 강요되었다. 이는 국제통화기금이 강조하듯이 금융 세계화의 '초석'이라고 할 수 있다. 좀더 명확한 말로 하자면 공공 채권 시장이야말로 특정 계급과 계층 및 특정 국가에서 다른 계급, 계층, 국가로 부를 이전시키는 금융 자유화의 핵심적인 기제라는 뜻이다. 금융의 세력을 근본적으로 공격한다는 것은 이러한 기제를 해체시킨다는 것을 의미한다. 따라서 가장 빈곤한 국가의 외채뿐 아니라 모든 공공부채를 탕감해야 한다. 이로써 능동적인 사회 세력들은 정부가 공공부채의 이자를 상환하기 위해 시민들에게 긴축정책을 강요하는 상황을 타파할 수 있을 것이다. ─프랑쑤아 셰네(François Chesnais) 『토빈세를 도입해야 하는가?』(Tobin or not Tobin?).

어떻게 개발도상국 외채의 탕감과 인간 조건의 보편적 개선을 이룩할 수 있는가?

개발도상국 공공외채의 완전한 탕감은 두가지 씨나리오를 통해 그려볼 수 있다.

씨나리오 1: 채권자들의 선택   우리는 다음과 같은 상상을 해볼 수 있다. 채권자들이 완전히 새로운 행태를 보여준다. 완전 고용을 추구하고(국제통화기금의 규정이 주장하고 있듯이) 공동의 복지를 추진하는 국제통화기금과 세계은행 그리고 유엔기구들이 구조조정의 명확한 결과를 인지하고 자신들의 임무에 반하는 이 정책을 포기하기로 결정한다. 그리하여 이들은 자신을 스스로 개혁하기 시작한다. 이러한 변화가 가능한 것은 미국에 대규모 사회적 개혁과 세계적 민주주의를 지향하는 진보적 프로그램을 내건 신정부가 들어섰기 때문이다. 미국 정부는 스스로 국제통화기금과 세계은행에서 자신의 거부권을 포기하고, 뜻을 같이하는 국가들과 함께 세계 인구의 대부분이 거주하는 나라들에 다수의 결정권이 돌아가도록 의사결정 제도의 변화를 추진한다.

세계적 차원에서 사회적으로 정의롭고 지속가능한 발전을 진흥하기 위해 미국은 그러한 목표를 추진하는 다양한 국제 조약을 비준한다. 예를 들면 1966년의 경제사회문화적 권리에 관한 국제 조약, 1979년에 체결된 여성에 대한 모든 차별의 금지를 결정한 협약, 1989년 아동의 권리에 관한 협약, 1948년 공동 협상과 조직권에 대한 협약, 1949년 노조 자유와 노조권 보호에 관한 협약, 1951년 소득 평등에 관한 협약, 1958년 고용과 직업의 차별에 관한 협약, 1989년 난민 지위에 관한 협약, 2002년 7월 1일 발효된 국제형사법원에 관한 조약, 온난화 방지를 위한 가스 배출 축소에 관한 1997년의 쿄오또 의정서(이 조약은 매우 제한적인 것이며 의무적인 조항을 전혀 포함하지 않는다. 게다가 지구 관리에 있어 공해권의 매매를 허락하는 등 시장의 법칙에 의존하고 있다) 등이다.

미국의 대표들은 개발도상국 외채 대부분의 부당성을 감안하고 1982년 외채 위기(미국의 이자율 인상 결정)와 국제금융기관들이 추진한 탈규제화 기간 동안 자신들의 책임을 인정함으로써 기타 선진산업국 및 채무국들과 함께 국제통화기금, 세계은행 그리고 지역개발은행(아프리카, 아시아, 인터아메리카)에 대한 채무를 모두 탕감한다. 그리고 완전히 개혁되고 민주화된 이 조직들에게 새로운 수단을 제공한다. 다른 한편 선진국 정부들은 채무국의 채권을 보유하고 있거나 채권을 사들인 민간금융기관들이 해당 액수를 현실화하도록 결정한다(이는 기존 명목상 채무액의 일부분에 불과하다). 동시에 일부 채무국 채권의 소액 보유자들에 대해서는 100% 보상해줄 펀드를 조성한다.

정부는 또한 이들 민간금융기관의 명예를 걸고 독재자(또는 이들의 대표), 부패한 정부 관료, 범죄적 기업인, 마피아 등이 예금한 액수를 발표하도록 한다. 그리고 상세한 조사와 형사적 조치가 취해질 때까지 이를 동결하도록 한다. 또한 이들 기관이 검은 돈이나 불법적으로 축적된 재산을 감추는 데 참여할 경우 사법적으로 추궁받을 수 있으며 많은 벌금이나 감옥행을 감수해야 한다고 발표한다. 덧붙여 사법 당국과 법관들은 은행 비밀을 해제할 수 있는 권한을 누리며 자금 동결권을 갖는다.

이러한 사법 조치 뒤에는 자금이 원래 국가의 개발기금으로 환원되어야 한다. 이 기금은 시민운동의 적극적인 감시하에 본국 정부에 의해 관리되며 해당 국민의 직접적인 참여하에 계획되고 결정된 공공 프로젝트에 사용되어야 한다.

양자 외채의 경우 부국과 기타 채권국 지도자들은 이를 국가 회계 장부에서 청산하기로 결정한다.

지난 20여년간 여러 차례 일어난 것과 같은 대규모 자본의 이탈과 특정 화폐에 대한 투기적 공격으로 인한 금융 위기 반복을 막기 위해 정부들은 공동으로 토빈식 세제를 수립하고 국제통화기금 규정의 제6조를 적용하도록 한다. 이 조항에 따르면 회원국들은 자본의 이동을 통제할 수 있도록 허용하고 있으며, 나아가 장려하고 있다. "회원국은 국제 자본이동을 규제하기 위해 필요한 통제 조치를 취할 수 있다."

이들 정부는 동시에 세금 도피처(tax haven)를 금지하며 자국 기업들이 이들 영토에서 어떤 종류의 자금 교환도 하지 못하도록 한다.

정부들은 유엔에서 약속한 대로 공공개발원조액을 국내총생산의 0.7%로 증가함으로써 국제적 약속을 이행하는 정책 전환을 편다.

정부들은 군비 지출을 대폭 축소하기로 결정한다.

정부들은 세계의 상품화를 일반화하는 세계무역기구의 무역에 관한 재산권 협정을 폐지하고 써비스 무역에 관한 일반 협정을 위한 협상을 중단한다.

정부들은 공공 권력 기관으로서 에이즈나 말라리아와 같이 광범위하게 퍼져 있는 질병을 퇴치하는 데 우선권을 두는 의료 연구를 추진하는 한편 연구 결과를 개방하여 복제 의약품의 생산을 장려한다.

정부들은 실질적으로 남녀평등을 추진하도록 한다.

정부들은 매년 적어도 800억 달러를 조달하여 인간의 기본적 필요의 충족을 위한 세계 기금을 설립한다.

여기서 필요한 진보적 조치의 목록을 전체적으로 작성하는 것은 불가능할 것이다. 이에 대한 좀더 전반적인 내용을 알려면 CADTM, ATTAC, 비아 깜뻬씨나, 세계여성운동, 남부 주벌리 등과 같은 운동들이 내세우는 주장을 살펴보고 유엔인권위원회의 권고나 UNCTAD, UNDP, UNICEF, FAO 등 기구들의 일부 보고서를 참고한다. 이러한 조치들은 물론 세계인권선언, 경제사회문화권조약, 발전에 관한 권리와 같은 유엔의 일부 결정에 기초한다.

당연히 이런 조치의 결과는 곧바로 나타날 것이다.

—지구는 좀더 힘차게 숨쉴 수 있을 것이다.

—지속가능한 경제 성장의 주기가 시작될 것이며 임금의 축소 없이 새로운 고용을 창출하는 주 32시간 근무제의 일반화로 완전 고용에 다가설 것이다.

—지구상의 복지가 국내총생산이나 세계무역보다 빠른 속도로 증가할 것이다.

—국제적인 긴장 완화가 이뤄질 것이다.

—역사상 처음으로 지구적 차원에서 시민의 참여를 동반하는 민주적 체계가 형성될 것이다.

하지만 일들이 이런 방식으로 정확하게 진행되지 않을 가능성이 높다. 따라서 이 첫번째 씨나리오는 수정되어야 한다.

씨나리오 2: 채무국과 채권국 시민의 운동(일부 채무국 정부를 포함하는) 시민운동은 탕감의 약속들이 절차와 위선 속에서 사라져버리는 상황에 지치고, 구조조정정책의 비극적인 결과에 분노하며, 금융 위기의 빈번한 발생에 노출되면서 점차적으로 채무국과 채권국 정부에 강한 압력을 행사한다. 2001년 12월 아르헨띠나에서와 마찬가지로 정부나 대통령마저 민중의 소리에 굴복하고 물러서야 한다.

그러나 이러한 압력에도 불구하고 G7, 국제통화기금, 세계은행, 빠리클럽, 민간금융기관들은 물러서지 않는다. 미국 정부는 로널드 레이건, 조지 부시, 빌 클린턴, 조지 W. 부시 등의 정책을 지속한다.

이 경우 외채의 다음번 취약한 고리라 할 수 있는 국가들은(그것은 브라질이 될 수도 있고 베네수엘라가 될 수도 있는데 그 자체는 중요치 않다) 아르헨띠나의 경험에 자극받고 선진국의 경직된 태도에 직면하여 외채에 대한 태도를 극단적으로 바꿔 외채 반환의 일시적 중단이 아닌 외채 상환 거부 공동전선을 형성한다.

무엇보다도 중요한 것은 시민운동이 시민들을 충분히 의식화하고 동원하여 상환 중단이나 거부가 다른 진보적이고 민주적이며 사회적으로 정의로운 조치들과 함께 보완적으로 추진되어야 한다는 점이다. 다른 한편 채권국의 시민운동들이 외채와 발전의 금융 사이에 존재하는 연관성을 이해하고 채권자들로부터 최대한의 양보를 이끌어냄으로써 채무국 동지들의 행동을 강화하는 데 기여하는 것도 무척 중요한 일이다.

끝으로 첫번째 씨나리오에서 언급한 긍정적 조치들을 정부가 자원해서 추진하지 않을 가능성이 높지만 거대한 민중의 압력 아래서라면 가능할 것이나. 또한 좀더 현실적인 방안은 현재 조지 W. 부시, 토니 블레어, 게르하르트 슈뢰더, 자끄 시라끄, 호세 마리아 아스나르, 코이즈미 준이찌로, 씰비오 베를루스꼬니 등이 돈의 권력에 충실한만큼, 민중의 운동은 반대로 민중에게 충실할 수 있는 새로운 지도자들을 내세워야 할 것이다.

또다른 씨나리오도 불행하지만 배제할 수 없다. 그것은 지구적 차원에서 무척 낮은 성장률 또는 장기 불황, 반복되는 위기, 대량 실업, 채무국의 사망률 증가, 전쟁, 극우의 발현 등이 지속되는 것이다. 다시 말해 현재가 지속되는 것이다.

결국 남부이건 북부이건 우리가 행동해야만 한다는 말이다.

|주|

1 도덕적 해이 또는 모럴 해저드는 외채 탕감 반대자들이 빈번하게 들이대는 논리이다. 이 논리의 근거는 자유주의 이론으로 채권자와 채무자의 관계를 정보 비대칭적인 상황으로 규정한다. 이 상황에서 실제로 빌린 돈을 갚을지 여부를 알고 있는 것은 채무자뿐이다. 현재의 외채를 탕감하게 되면 미래에 이러한 탕감이 이뤄질 가능성 역시 높아지기 때문에 채권자들은 자본을 빌려주는 데 망설인다. 이들은 더 높은 이자율을 적용하여 점증하는 새로운 위험에 대처하는 수밖에 없다. 여기서 우리가 발견할 수 있는 것은 '도덕'은 오직 채권자 쪽에 있으며 채무자들은 선험적으로 나쁜 의도를 가진 '부도덕'한 존재로 규정되고 있다는 사실이다. 하지만 이러한 도덕적 해이는 자본이 완전히 자유롭게 이동할 수 있기 때문에 발생하는 문제이다. 도덕적 해이의 발생 가능성은 금융시장의 개방과 직접적으로 연결되어 있다. 이러한 개방은 인류에 행복을 가져다줄 계약의 가능성을 높인다고 하지만 실제로는 명백하게 위험한 계약을 양산하고 있다. 따라서 금융가들은 위험 부담 없이 돈을 벌 수 있는 가능성이 무한대로 늘어나기를 기대한다지만, 모순적이게도 우리가 위험 사회에 살고 있으며 위험 부담을 안는 용기를 가져야 한다고 떠들어대곤 한다.

2 북부의 국가들은 1970년대와 1980년대 빌려준 돈에 대한 채권을 금융시장에서 판매할 때 그 명목 가치보다 훨씬 낮은 금액으로 처리해야 한다는 사실을 잘 알고 있다. 그 때문에 빠리클럽 회원국의 재정담당자들은 외채 액수에 대한 할인을 적용하고 있다. 이처럼 선진산업국들은 개발도상국 공공외채의 가치가 잘해야 명목 가치의 25%에 불과하다는 사실을 인정하는 셈이다. 예를 들어 할인 비율은 베트남의 경우 75%이고 콩고민주공화국의 경우 90%에 달한다. 앞에서 벌처 펀드에서 보았듯이 금융시장의 민간 부문에서 체결된 채무도 마찬가지로 할인 대상이 된다(Q 29). 반면 브레턴우즈 기구들은

우선적 채권자이기 때문에 언제나 완벽하게 상환을 받고 있으며 할인은 잘 적용되지 않는다.

3 모든 화폐의 전환을 포함한 외환 거래에 대한 세금으로 원래 1972년 미국의 경제학자 제임스 토빈이 제안했고 그 목표는 국제금융체제를 안정시키는 것이었다. 이 아이디어는 ATTAC 및 다른 세계화 운동에 의해 추진되고 있는데 이는 2002년 현재 매일 1조 2,000억 달러에 달하는 금융 투기를 줄이고 세금을 통해 가장 빈곤한 자들에게 부를 재분배하기 위한 것이다. 그 주요 내용은 화폐 가치의 상승과 하락에 대한 예측에 따라 달러에서 엔으로, 엔에서 유로로, 유로에서 다시 달러로 환전을 거듭하는 국제 투기꾼들에게 매번 0.1%에서 1%에 달하는 최소한의 세금을 부과하는 것이다. ATTAC의 계산에 의하면 이를 통해 세계 차원에서 매년 1,000억 달러의 세수를 얻을 수 있다. 지배계급은 이런 제도를 거부하고 있으며 이를 비현실적이라고 치부하고 있지만 ATTAC를 비롯한 많은 전문가들은 세계 금융을 면밀히 분석하여 이러한 조치가 단순하면서도 유용하다는 결론을 내린 바 있다.

4 경제협력개발기구는 1960년에 창설되었으며 빠리의 뮈에뜨 성에 본부를 두고 있다. 2002년 현재 유럽연합의 15개국을 비롯하여 스위스, 노르웨이, 아이슬란드, 북미의 미국과 캐나다, 아시아 태평양의 일본, 호주, 뉴질랜드를 포함한다. 1994년과 1996년 사이 제3세계의 세 나라가 가입했는데 유럽연합 가입을 추진하고 있는 터키, 북부의 두 인접 국과 북미자유무역지대를 형성하고 있는 멕시코, 그리고 한국이 그 나라들이다. 1995년 이후 구공산권에서 체크공화국, 폴란드, 헝가리 세 나라가 새로 가입했다. 2000년에는 슬로바키아가 30번째 회원국이 되었다. OECD 회원국의 명단은 다음과 같다 : 독일, 호주, 오스트리아, 캐나다, 한국, 덴마크, 스페인, 미국, 핀란드, 프랑스, 그리스, 헝가리, 아일랜드, 아이슬란드, 이딸리아, 일본, 룩셈부르크, 멕시코, 노르웨이, 뉴질랜드, 네덜란드, 폴란드, 포르투갈, 슬로바키아, 체크공화국, 영국, 스웨덴, 스위스, 터키. www.oecd.org

| 제10장 |

외채 탕감을 위한
국제적 캠페인

결국 북부이건 남부이건 우리가 행동해야 한다는 말이다.

—다미앵 미예·에릭 뚜쌩

 Q 49   외채 탕감을 위한 국제적 캠페인은 어떻게 탄생했는가?

다른 세계화를 위한 운동 내에서 외채 탕감을 위한 국제적 캠페인은 핵심적인 역할을 맡고 있다. 이 운동은 인류 역사상 가장 많은 지지를 얻은 운동이며(1998년과 2000년 사이 2,400만 명이 서명) 모든 대륙에 확산되어 있는 다양한 성격의 운동을 통합하고 있다.

외채에 대한 문제의식은 새로운 것이 아니지만 이러한 규모의 국제적 연대를 형성하기까지는 여러 해가 필요했다.

제3세계에서는 외채의 상환 거부 캠페인이 1982년과 1990년 사이 커다란 위기에 직면한 라틴아메리카에서 대중적이고 광범위한 지지를 얻게 되었다. 라틴아메리카의 많은 노조와 농민 조직은 대륙 규모의 연대운동을 시도했다. 꾸바는 라틴아메리카에서 외채 상환 중단을 지지하는 국가들의 협력을 끌어내기 위해 적극적인 역할을 담당했다.

북부에서는 일부 조직들이 선구적 역할을 했다. 프랑스에서는 1983년에 이미 빠리에서 '국제기술자, 전문가, 연구자 협회'(AITEC)가 외채 탕감 문제를 다루었고 벨기에에서는 CADTM이 1990년부터 활동했다. 쉬잔 조르주(Susan George)의 몇 권의 책들은 이 운동의 초창기에 적지 않은 영향을 미쳤다.

국제적 캠페인은 1990년대 후반 '주벌리 2000' 운동을 통해 새로운 힘을 얻었다(이 운동은 가톨릭 교회와 개신교 교회의 지지를 받았다). 1998년 5월에는 버밍엄 G8 회담 당시 영국 주벌리 2000이 주도한 빈곤 국가 외채 탕감을 위한 시위에 영국인 7만여명이 참여했다.

1999년에는 요하네스버그에서 남부 주벌리가 탄생했다. 그 본부는 필리핀에 있으며 국가와 대륙별로 활동을 조정하고 남부의 아시아·아프리카·라틴아메리카 등 모든 대륙의 조직을 포함하고 있다.

북부에서는 또다른 네트워크가 형성되었다. 예를 들면 프랑스의 '외채와 개발' 캠페인은 비정부기구, 노조 또는 CADTM 프랑스나 기아극복과 발전을 위한 가톨릭 연대(CCFD)와 같은 협회들을 포괄하고 있다. 스페인에서는 1999년 외채 탕감을 위한 시민 네트워크(RCADE)가 조직되었고, 2000년 3월 12일 1백만명 이상의 유권자들이 참여해 외채 탕감을 위한 국민투표를 실현했다.

여러 네트워크들은 체계적으로 의견을 수렴하려고 노력했다. 운동 내에는 여러가지 논의가 진행되고 있다. 탕감은 무조건적이어야 하는가? 남부 주벌리나 CADTM, RCADE 등은 무조건적이어야 한다고 주장한다. 북부 국가의 여러 주벌리 2000 조직(특히 영국과 독일), 그리고 일부 남부의 조직(예를 들면 뻬루)은 조건부로 탕감되어야 한다는 입장이다. 또다른 논생거리는 국제통화기금과 세계은행의 새로운 전략을 비판적으로 동의해야 하는지 아니면 반대해야 하는지이다. 또는 제3세계 전체의 공공외채를 탕감해야 하는가 아니면 일부 가장 빈곤한 국가의 외채만 탕감해야 하는가 문제도 존재한다.

1999년부터 남부 운동의 비중이 점차 커졌다. 대규모의 동원이 뻬루(1999년), 에꽈도르(1999~2001년), 브라질(2000년 9월), 남아공(1999~2000년) 등지에서 일어났다.

그러나 이 캠페인이 외채 문제만 다루는 조직들에 한정된 것은 아니다. 예를 들면 금융시장 문제, 국제금융기관 또는 세계무역기구 등과 연관된 조직들과 항시적인 연대를 추구하고 있다. ATTAC 운동의 국제적 실천 방안은 제3세계의 외채 탕감을 포함한다. 미국의 '50년이면 중단할 때가 되었다'(50 years is enough), 영국의 브레턴우즈 프로젝트, 프랑스의 '즉각 행동'(Agir Ici) 등은 모두 국제통화기금이나 세계은행이 개발도상국의 과다한 외채 문제에 대해 추진하는 구조조정정책을 반대하는 동시에 외채 탕감을 주장한다. 국제 농민 조직인 비아깜뻬씨나(7천만명의 농민이 회원이며 본부는 온두라스에 있다) 역시 외채 탕감을 주장한다. 세계여성행진도 같은 주장을 펴고 있다. CISL이나 CMT와 같은 대규모 국제 노조연합도 지지를 보내고 있다. 끝으로 '세계 남부 촛점'(Focus on the Global South)과 같은 국제무역에 대한 활동 조직들도 같은 주장을 하는데 그 이유는 채권자들이 외채를 수단으로 삼아 채무국의 경제를 최대한 개방하도록 협박하고 있기 때문이다.

Q 50 왜 제3세계 외채 탕감을 위한 위원회를 창립했는가?

1980년대 신자유주의 정책으로 인한 폐해 앞에서 점점 많은 시민들이 외채야말로 남부를 굴복시키는 메커니즘이라는 것을 확인할 수 있었다. 1989년 7월 프랑스에서 프랑스 대혁명 200주년을 맞아 작가 쥘뻬로(Gille Perrault)와 가수 르노(Renaud)가 추진한 '이제 그만'(Ça suffa comme ci) 캠페인은 제3세계 외채를 즉각 무조건 탕감해야 한다는 내용의 바스띠유 선언으로 종결되었다. 프랑스에서 이에 대한 단기적인 추가 움직임은 없었지만 이 운동은 벨기에에서 제3세계 외채 탕감을 위한 위원회(CADTM, Comité pour l'annulation de la dette du Tiers-Monde)의 창립으로 발전했다.

브뤼셀에 본부를 둔 국제 조직인 이 위원회는 세계의 다양한 억압 형태에 대해 급진적인 대안을 주장하고 있다. 이 위원회의 핵심 운동은 제3세계의 외채와 구조조정 문제이며 G8, 다국적기업 그리고 세계은행, 국제통화기금, 세계무역기구 트리오의 독재에 종지부를 찍는 것을 목적으로 한다. 위원회는 국제적 활동을 목표로 하며 처음부터 다양성을 강조해왔다. 위원회는 활동가들과 노조, 정당, 국회의원, 연대 위원회, 비정부기구 등을 포괄해 역동적으로 움직이고 있다.

1994년은 그 첫번째 전환점이었다. 1월 1일 미국과 캐나다, 멕시코 사이에 북미자유무역협정이 발효되는 싯점에 치아빠스에서는 사빠띠스따들과 마르꼬스가 뉴스의 촛점이었다. 이들의 투쟁 역시 현지 주민들의 주장을 반영하고 있었으며 전세계의 억압과 자유주의 세계화에 반대하는 틀 속에 있었다. 1994년은 또한 국제통화기금과 세계은행과 같은 브레턴우즈 기구들의 창립 50주년이었으며 마드리드에서 그 기념식이 거행되었다. 이 기회를 통해 위원회는 '지구의 다른 목소리' 캠페인에 참여했으며, 기념식이 열리는 시간에 마드리드에서 모임을 주최하는 한편 1만 5천명이 참여하여 내안적인 비선을 주창하는 시위를 벌였다. 이 캠페인은 그 뒤 위원회가 발행하는 계간지 명칭이 되었다.

이어서 위원회는 '세계은행, 국제통화기금, 세계무역기구, 이젠 그만' 서명운동을 폈고 이로써 국제금융기관의 논리에 반대하는 많은 지지자들의 네트워크를 형성할 수 있었다. 1996년 리옹에서 열린 G7 회담은 여전히 '지구의 다른 목소리'라는 주제 아래 강력한 동원 효과를 낳았으며 멕시코 라 레알리다드에서 열린 사빠띠스따 회담으로 연결되었다.

1998년 주벌리 2000 캠페인과 ATTAC의 설립은 프랑스에서 외채 문제를 다시 제기했고 유럽 전반에 걸쳐 새로운 바람을 몰고왔다. 위원회는 이 두 운동에 처음부터 동참했다.

이러한 움직임은 1998년 제네바의 세계민중행동과 버밍엄의 G8 회담에서, 1999년 종교계에서 시작한 주벌리 2000 캠페인이나 6월의 쌩드니 회의를 통해 지속되었고 미국 씨애틀에서 세계무역기구의 회담이 실패한 뒤 리듬이 가속화되었다. 2000년 2월 방콕에서, 2000년 6월 제네바에서, 그리고 2000년 9월 프라하에서.

위원회의 활발한 참여 속에 남부에서는 세가지 중요한 성과를 거두었다. 2000년 12월 다카르에서 열린 남부와 북부 회의, 2001년 1월 뽀르또 알레그레에서 열린 세계 사회 포럼, 2002년 2월 외채 반대 국제 민중법원어 그것이다.

위원회는 또한 그 행동 범위를 확대했다.

—2년마다 벨기에에서 600~1,400여명이 참여하는 국제회의.

—외채에 관한 출판: 『세계화의 미친 배』 『아프리카, 발전을 위한 외채 탕감』 『막다른 골목에서의 탈출——외채와 구조조정』 『반민중 금융——증권시장이냐 삶이냐』 등.

—지속되는 회의(연간 7,000~1만2,000여명 참여).

—언론을 대상으로 하는 활동을 통한 수백만명에 대한 홍보.

—다양한 의식화 수단의 사용: 예를 들면 민중 연극을 공연하는 세네갈 극단 바아따르의 1997년 유럽 공연.

위원회의 조직은 북부(벨기에, 스위스, 프랑스)와 남부(서부 및 중부 아프리카, 북부 아프리카 등)에서 동시에 발전하고 있다. 이 네트워크는 공동 쎄미나(2000년 4월 암스테르담, 2001년 5월과 2002년 9월 브뤼쎌)나 국제회의(2000년 방콕과 제네바, 2000년 12월 다카르, 2001년 7월 제노아, 2001년 9월 리에주와 뽀르또 알레그레), 또는 G7 정상회의나 국제금융기관의 총회 때 주로 조직되는 시위를 통해 만남을 갖는다.

위원회는 개발도상국의 공공외채의 전액 무조건 탕감 및 개발도상국에 강요되는 구조조정정책의 포기를 주요 목표로 삼고 있지만 여기에만 머무는 것은 아니다. 이 책의 다른 부분에서 강조했듯이 위원회는 현재의 금융 논리에 대항해 대안적인 지속가능한 발전을 위해 다양한 제안을 하고 있다.

위원회는 그 자체로 외채 문제에 대한 권위를 인정받고 있으며, 북부와 남부 모두에서 민중 동원 운동으로 다른 세상을 만들어가는 투쟁에 중요한 역할을 담당할 것이다.

■ CADTM 연락처

CADTM 벨기에 위원회: 345 rue de l'Observatoire, 4000 Liège <belgique@cadtm.org>

CADTM 프랑스 위원회: 17 rue de la Bate, 45150 Jargeau <france@cadtm.org>

CADTM 스위스 위원회: Case postale 1135, 1211 Genève 1 <suisse@cadtm.org>

CADTM 그외 다른 국가: 1 rue des Jasmins, 4000 Liège, Belgium <international@cadtm.org>; 웹싸이트:<www.cadtm.org>

저자들의 조사에 따른 165개 개발도상국

동아시아 태평양 브루나이, 캄보디아, 중국, 북한, 남한, 피지, 인도네시아, 크리바티, 라오스, 말레이시아, 마셜(군도), 마이크로네시아(연방국), 몽골, 미얀마, 나우루, 팔라우, 파푸아뉴기니, 필리핀, 솔로몬제도, 사모아, 싱가포르, 태국, 동티모르, 통가, 투발루, 바누아투, 베트남

라틴아메리카와 카리브해 연안 앤티가바부다, 아르헨띠나, 바하마, 바베이도스, 벨리즈, 볼리비아, 브라질, 칠레, 꼴롬비아, 꼬스따리까, 꾸바, 도미니까(공화국), 도미니까, 에꽈도르, 그라나다, 과떼말라, 가이아나, 아이띠, 온두라스, 자메이카, 멕시코, 니까라과, 빠나마, 빠라과이, 뻬루, 쎄인트루씨아, 쎄인트키츠네비스, 쎄인트빈쎈트그레나딘, 쌀바도르, 수리남, 트리니다드토바고, 우루과이, 베네수엘라

중동과 북부 아프리카 알제리, 싸우디아라비아, 바레인, 싸이프러스, 지부티, 이집트, UAE, 이라크, 이란, 이스라엘, 요르단, 쿠웨이트, 레바논, 리비아, 말타, 모로코, 오만, 카타르, 씨리아, 튀니지, 터키, 예멘, 팔레스타인 행정 지역 (세계은행과는 달리 우리는 터키를 중동 및 북부 아프리카에 포함시켰으며 우리가 사용하는 모든 수치에 이를 반영하고 있다.)

남아시아 아프가니스탄, 방글라데시, 부탄, 인도, 몰디브, 네팔, 파키스탄, 스리랑카

사하라 이남 아프리카 남아공, 앙골라, 베냉, 보츠와나, 부르키나파소, 부룬디, 카메룬, 카보베르데, 중앙아프리카, 코모로, 콩고, 코트디부아르, 에리트레아, 에티오피아, 가봉, 감비아, 가나, 기니, 기니비사우, 적도 기니, 케냐, 레소토, 라이베리아, 마다가스카르, 말라위, 말리, 모리셔스, 모리타니, 모잠비크,

나미비아, 니제르, 나이제리아, 우간다, 콩고민주공화국, 르완다, 상투메프린 시페, 세네갈, 세이셸, 시에라리온, 소말리아, 수단, 스와질란드, 탄자니아, 차 드, 토고, 잠비아, 짐바브웨

구공산권 알바니아, 아르메니아, 아제르바이잔, 벨로루시, 보스니아 헤르 체고비나, 불가리아, 크로아티아, 에스토니아, 그루지야, 헝가리, 카자흐스탄, 키르기스스탄, 라트비아, 리투아니아, 마케도니아, 몰도바, 우즈베키스탄, 폴 란드, 루마니아, 러시아, 슬로바키아, 슬로베니아, 타지키스탄, 체크공화국, 투 르크메니스탄, 우크라이나, 유고

선진산업국(삼극체제)

독일, 안도라, 호주, 오스트리아, 벨기에, 캐나다, 덴마크, 스페인, 미국, 핀 란드, 프랑스, 그리스, 아일랜드, 아이슬란드, 이딸리아, 일본, 리히텐슈타인, 룩셈부르크, 모나코, 노르웨이, 뉴질랜드, 네덜란드, 뽀르뚜갈, 영국, 스웨덴, 스위스

과중채무빈곤국 42개국

앙골라, 베냉, 볼리비아, 부르키나파소, 부룬디, 카메룬, 코모로, 콩고, 코트 디부아르, 에티오피아, 감비아, 가나, 기니, 기니비사우, 가이아나, 온두라스, 케냐, 라오스, 라이베리아, 마다가스카르, 말라위, 말리, 모리타니, 모잠비크, 미얀마, 니까라과, 니제르, 우간다, 중앙아프리카, 콩고민주공화국, 르완다, 상 투메프린시페, 세네갈, 시에라리온, 소말리아, 수단, 탄자니아, 차드, 토고, 베 트남, 잠비아, 예멘

2002년 8월 결정 기준에 도달하여 선정된 26개 과중채무빈곤국

베냉, 볼리비아, 부르키나파소, 카메룬, 에티오피아, 감비아, 가나, 기니, 기 니비사우, 가이아나, 온두라스, 마다가스카르, 말라위, 말리, 모리타니, 모잠비 크, 니까라과, 니제르, 우간다, 르완다, 상투메프린시페, 세네갈, 시에라리온, 탄자니아, 차드, 잠비아

Chesnais, François, *Tobin or not Tobin*, L'esprit frappeur 1999.

CONGAD, *Nous ne devons rien!, De 'Dakar 2000: Afrique, des résistances aux alternatives' au Forum des Peuples à Siby (Mali)*, 2002.

Dette & Développement, *Rapport 2001~2002: La dette des pays du Sud et le financement du développement*, 2002, www.dette2000.org.

IMF, *World Economic Outlook 2002*.

IMF and AID, *HIPC Initiative: Status of Implementation*, 2002년 4월, www.imf.org.

George, Susan and Fabrizio Sabelli, *Crédits sans frontières*, La Découverte 1994.

Harribey, Jean-Marie, *La démence sénile du capital*, du Passant 2002.

Horman, Denis, *La mondialisation excluante*, L'Harmattan 2001.

Millet, Damien, *La tragédie de la dette: d'un colonialisme à un autre*, 2001, www.ornitho.org.

Norel, Philippe and Éric Saint-Alary, *L'endettement du Tiers-Monde*, Syros 1992.

Ruiz Diaz, Hugo, *La dette extérieure: mécanismes juridiques de non-paiement, moratoire ou suspension de paiement*, document prepared for the CADTM.

Stiglitz, Joseph, *La grande désillusion*, Fayard 2002 (*Globalization and Its discontents*, Penguin Books 2002).

_____The New Republic 2000년 4월 17일자(http://thenewrepublic.com/041700/stiglitzo41700.html).

Tavernier, Yves, *Fonds monétaire international, Banque mondiale: vers une nuit du 4 août?*, Report on information from the Commission des Finances de l'Assemblée nationale on the workings of the IMF and the World Bank, no. 2801, Assemblée nationale 2000.

_____*Fonds monétaire international, Banque mondiale: pour faire plaisir à Wall Street?*, Report on imformation from the Commission des Finances de l'Assemblée nationale on the workings of the IMF and the World Bank, no. 3478, Assemblée nationale 2001.

Tchangari, Moussa, "Un projet néolibéral pour l'Afrique," *Alternative* 2002년 7월 24일자.

Toussaint, Éric, "Une 'dette odieuse'," *Le Monde diplomatique* 2002년 2월.

_____*Your Money or Your Life: the Tyranny of Global Finance*, Pluto Press 1998.

Toussaint, Éric and Arnaud Zacharie, *Le bateau ivre de la mondialisation*, Syllepse/CADTM 2001.

_____*Afrique: abolir la dette pour libérer le développement*, Syllepse/CADTM 2002.

_____*Sortir de l'impasse, Dette et ajustement*, Syllepse/CADTM 2002.

UNDP, *Global Poverty Report 2000*.

_____*Human Development Report 2000*.

_____*Human Development Report 2002*.

Verschave, François-Xavier, *L'envers de la dette*, Dossiers noirs 16, Agir Ici-Survie, Agone 2001.

_____*Noir silence*, Les Arènes 2000.

World Bank, *Global Development Finance 2002*.

_____*World Development Indicators 2001*.

Zacharie, Arnaud, *Dette écologique contre dette financière*, 2002년 8월.

www.cadtm.org.

_____*Sommet mondial de l'alimentation ou comment garantir un accès universel au gâteau*, 2002년 1월, www.cadtm.org.

각 문제별 참고문헌

Q2

UNCTAD, *Least Developed Countries Report 2002*.

FORBES, "FAO, c'était de l'insécurité dans le monde," 2002, www.forbes.com.

"PMA: toujours plus pauvres," *Jeune Afrique Économie* 2002년 1월 18일자 (341호).

"La fièvre du paludisme consume l'Afrique," *Libération* 2001년 4월 25일자.

"Les pays pauvres isolés à la Conférence internationale sur le sida," *Les Échos* 2002년 7월 5~6일.

"L'extrême pauvreté sous-estimée en Afrique," *Libération* 2002년 1월 19일자.

"Les OGM à l'assaut de l'Afrique," *L'Humanite*, 2002년 9월 4일자.

OECD, *Official Development Assistance Statistics*, 2002.

Q4

FAO, *Situation des forêts du monde*, 2001, www.fao.org.

"Le coût: 67% du budget santé du Mali," *Le Monde* 2002년 8월 27일자.

"Océans: le défi de la gouvernance," *Les Échos* 2002년 7월 8일자.

"Quatre dirigeants de grandes ONG témoignent," *L'Humanité* 2002년 8월 30일자.

Wolfensohn, James, "Une chance pour le développement durable," *Le Monde* 2002년 8월 23일자.

Q6

Morel, Jacques, *Calendrier des crimes de la France outre-mer*, L'Esprit
   frappeur 2001.

Q7

Agir Ici-Survie, Dossiers noirs de la politique africaine en France no. 13,
   L'Hartmattan 1999.

Amis de la Terre, *Aides à l'exportation françaises: pour un dévelopment
   durable et équitable*, www.amisdelaterre.org.

Q 12~14

Agir Ici-AITEC-CRID, *Comprendre les institutions financières internationales*,
   1999.

Amis de la Terre, *Guide citoyen du Fonds monétaire international à
   l'attention des militants et des ONG*, www.amisdelaterre.org.

Q 15

Diago, Édouard, "Venezuela, pourquoi veulent-ils renverser Chavez?,"
   Critique Communiste 2002년 7월.
Combat ouvier 2002년 4월 20일(858호).

Q 17

CADTM France, *Étude sur le Club de Paris*, 2002, www.cadtm.org.

Q 28

"Le NEPAD peut-il réussir?," *Jeune Afrique Économie*, 2002년 7월 18일자
   (341호).

"Est-ce vraiment le plan qe'il fallait à l'Afrique," *L'Autre Afrique* 2002년 7월
   3~16일자(23호).

"Soutien verbal et...conditionnel," *L'Autre Afrique* 2002년 7월 17~30일자

(24호).

"L'Afrique riche de ses pauvres", *Le Marabout* 2002년 8~9월호(11~12호).

Ndiaye Badara, *Le Nepad: un plan d'ajustement pour l'Afrique*, 2002, www.cadtm.org.

Q29

Roy Michaël, "S'enrichir sur le dos des plus pauvres!," *Le Courrier de Genève*, 2000년 12월 23일자.

Q30

Alliance pour un monde responsable, pluriel et solidaire, chantier 9, *Dette et ajustement* 2001년 9월호.

Q34

"30 milliards de dollars du IMF pour le Brésil et la stabilité de l'Amérique latine," *Les Échos* 2002년 8월 9일자.

Q37

"Glaciations sur le climat," *Libération* 2002년 8월 28일자.

"Terre: si rien n'est fait…," *L'Autre Afrique* 2002년 7월 31일자(25호).

Q41

"Deutsche Telekom songe à sortir des services informatiques," *Les Échos* 2002년 7월 9일자.

"France Telecom: le gouvernement se résout au départ de Michel Bon," *Les Échos* 2002년 9월 9일자.

"WorldCom avoue une fraude supplémentaire de 3,3 milliards de dollars, *Les Échos* 2002년 8월 12일자.

외채의 정치경제

외채란 무엇인가? 그것은 채권과 채무의 관계이되 하나의 국가 내에서가 아니라 국경을 넘어서 체결된 관계라고 간단하게 규정할 수 있을 것이다. 예를 들어 한국의 기업이나 은행이 외국 기관에서 돈을 빌리면 이는 한국의 외채로 계산된다. 국내 경제에서와 마찬가지로 돈을 빌린 채무자는 계약 조건에 따라 일정한 기간에 일정한 이자를 지불하면서 원금을 갚아야 한다. 결국 어떤 의미에서 외채는 채무자와 채권자의 국적이 다를 뿐 여타 채권 채무 관계와 그리 다르지 않다고 말할 수도 있을 것이다.

하지만 세계 정치 경제에서 외채 문제는 단순히 국제적으로 체결된 채권 채무의 관계라고만 볼 수는 없다. 외채는 경제 이외의 정치 또는 사회적인 측면을 여럿 포함하고 있기 때문이다. 물론 국내 채권 채무 관계도 순수한 경제 관계로 규정될 수는 없지만, 외채는 좀더 복합적이며 정치 사회적인 자원의 문제를 동반한다고 하겠다. 다음에서 몇 가지 대표적인 사례들을 살펴볼 수 있다.

국제 채무는 국내 채무와는 달리 환율이라는 장치를 통해서 작동한다. 한국이 외국에서 돈을 빌려올 때는 대부분 달러, 엔, 유로와 같이 국제적으로 통용되는 경화로 빌려온다. 그러나 빌려온 돈을 국내에서 사용할 때는 원화로 바꾸어서 사용하고, 이자나 원금을 돌려줄 때는 다시 원화를 국제적 통화로 바꾸어 상환해야 한다. 소위 환율 변동에 따른 위험이 존재하게 된다는 의미이다. 자국 화폐의 가치가 올라가면 빌려왔을 때보다 쉽게 자금을 상환할 수 있지만, 그 반대로 자국 화폐의 가치가 떨어지게 되면 원금과 이자를 훨씬 많은 자국 화폐로 되돌려주어야만 한다는 뜻이다.

그렇다면 환율은 어떻게 결정되는가? 많은 경제학 교과서들에 따르면 한 나라의 무역수지의 상태, 또는 이자율, 장기적으로는 물가상승률 등이 환율을 결정한다는 것이 정설이다. 그러나 실질적으로 환율과 자본의 이동을 결정하는 데 중대한 영향을 미치는 것은 국가들의 경제정책이다. 특히 국제적 통화를 발행하는 강대국들의 경제정책은 전세계 각지의 환율을 결정짓는 데 핵심적인 역할을 담당하고 있다. 그런 의미에서 일부 언론은 얼마 전 퇴임한 앨런 그린스펀(Alan Greenspan) 미국 연방준비제도이사회 의장을 세계의 경제 대통령이라고 부르기도 했다. 그것은 연방준비제도이사회(다른 국가의 중앙은행과 같은 역할을 수행하며 통화정책을 결정함)의 결정에 따라 가장 대표적인 국제통화인 달러와 다른 화폐 사이의 환율이 지대한 영향을 받기 때문이다.

특히 1971년 이후 국제통화질서가 안정적인 환율 제도의 유지를 포기하고 자본의 자유로운 이동을 추구하는 변동 환율 제도로 전환된 다음부터 세계 금융은 무척이나 불안정한 변화에 노출되었다. 따라서 외채 역시 안정적인 대출과 상환을 기대할 수 없게 되었고 급격한 환율과 이자율의 변동에 따른 불확실성을 가지게 되었다. 이러한 불확실성과 불안 때문에 고통받는 것은 빈곤한 제3세계 개발도상국들만이 아니었다. 심지어 서유럽의 독일, 프랑스, 이딸리아와 같은 선진산업국들도 미국의 일방적인 경제정책 운영에 따라 급변하는 환율과 이자율 문제에 노출될 수밖에 없었다. 이에 대한 대책으로 유럽 국가들은 1970년대부터 30여년에 걸친 노력 끝에 1999년 달러와 대등한 국제통화 유로를 출범시켰다. 그 결과 유럽은 미국과 동등한 입장에서 상호 영향을 미치는 경제세력으로 등장할 수 있었다.

그러나 대부분의 개발도상국들은 여전히 환율의 위험을 안고 있는 것은 물론 환전의 위험에도 노출되어 있다. 미시적으로 볼 때 국내의 경제 행위자가 외국에서 빌려온 자금으로 생산적인 경제 활동을 한다면 돈을 상환할 수 있다. 그러나 거시적으로는 특정 국가가 수출을 통해 경화를 축적해놓지 못했다면 (또는 국내의 자금이 외화를 사들여 썰물처럼 빠져나간다면) 은행이나 국고의 외화는 바닥이 나고 경제 행위자들은 더이상 자금을 상환할 수 없는 상태에 도달하게 된다. 이와 같은 외환 위기가 최악의 수준에 달하는 경우 해당 국가는 지불정지의 상황에 도달한다.

이처럼 심각한 외환 위기가 발생하면 강대국과 이들이 주도하는 국제 기구를 중심으로 국제적인 대응책이 마련된다. 대부분의 경우 국제통화기금(IMF)이 전면에 나서 위기에 처한 국가에 자금을 지원해주고, 그 대신 해당 국가의 경제 정책을 통제한다. 국제통화기금은 외환과 관련된 통화 정책을 통제하는 것은 물론 무역 정책이나 재정 정책, 민영화나 탈규제와 같은 경제 사회 정책에도 깊숙이 간여한다. 심지어는 노동시장의 자유화나 보건, 교육 등과 관련된 정책도 예외가 아니다. 이처럼 외채 문제는 경우에 따라 해당 국가의 경제 주권을 담보로 하는 복합적인 문제라고 하겠다.

그뿐 아니라 선진강대국들이 다른 나라들을 길들이기 위해 외채를 정치적 수단으로 사용했다는 사실은 이제 비밀이 아니다. 선진강대국들은 경제적인 기준에 따라 자금을 빌려준 것이 아니라 정치적인 필요에 따라 전략적인 위치나 역할을 담당하는 국가에 우선적으로 자금을 지원했다. 또한 정치적인 목표를 달성하기 위해 일부 국가에는 자금

지원을 금지하거나 제약함으로써 압력을 행사했다.

한국은 불행히도 1997년 외환 위기를 통해 이상에서 언급한 외채의 위험과 그 다양한 결과를 몸소 체험했다. 한국은 1960년대 경제 발전이 본격적으로 시작된 이래 30여년 이상 세계 경제에서 발전모델로 소개될 정도로 성공적인 경로를 걸어왔고, 외채가 대외 종속을 초래한다는 비판적 이론과 시각을 뒤집는 사례로 논의되곤 했다. 그러나 한국은 개발도상국의 지위를 졸업하고 경제협력개발기구(OECD) 가입을 통해 선진국에 진입하는 그 문턱에서 바로 외환 위기의 철퇴를 호되게 맞았다.

254

한국은 이 고통스런 경험을 통해 외환 위기란 멕시코와 브라질, 아르헨띠나와 같은 남미의 개발도상국이나 아프리카의 빈곤 국가만의 위기가 아니라는 사실을 절감해야 했다. 한국은 자만에서 벗어나 좀더 겸손한 자세로 상황을 직시해야 한다는 교훈을 얻었지만, 그보다 더 중요한 것은 외환 위기가 한국 경제와 사회에 남긴 장기적인 상처이다. 외환 위기를 빌미로 한국의 경제 사회 주권을 접수한 국제통화기금은 민영화, 탈규제, 노동시장 유연화로 대표되는 신자유주의 정책을 강요했고 10여년이 지난 오늘날 그 결과는 양극화 문제로 나타나고 있다.

한국 사회가 지난 10여년간 경험한 변화는 세계 각국에서 벌어지는 변화의 한 부분일 뿐이다. 1997년 동아시아의 위기는 한국뿐 아니라 태국, 인도네시아, 말레이시아, 필리핀을 동시에 휩쓸었고, 이후 외환 위기의 태풍은 러시아, 터키, 아르헨띠나, 브라질 등 전세계 각 대륙을 돌면서 반복되었다. 위기가 발생할 때마다 국제통화기금을 앞세운 미국과 선진국들은 긴급 자금을 제공하면서 자신들의 정치·경제·사회적 요구를 관철시켰다. 이처럼 외채 문제와 거기에 동반된 외환 위기는 세계 자본주의 질서에 적합한 국제적 환경을 조성하는 기제로 작동하고 있는 것이다.

미예와 뚜쌩의 이 책은 상기한 외채 문제를 간략하면서도 명쾌하게 소개하고 있다. 50개의 문답이라는 형식을 취하고 있기 때문에 누구나 쉽게 외채 문제에 대해서 종합적이면서도 시원시원한 설명을 들을 수 있다. 옮긴이가 보기에 이 저서는 국내의 외채 논의에 기여할 수 있는 몇가지 중요한 시사점을 지니고 있다.

우선 저자들은 외채 문제의 구조적인 배경을 상세하게 설명한다. 예를 들어 개발도상국들은 왜 그토록 많은 외채를 짊어지게 되었는가? 우선 개도국의 외채가 본격적으로 늘어난 1970년대는 선진국들이 세계의 균등한 발전을 위해 자신의 허리띠를 졸라매면서 개도국에 자금을 빌려주려고 했던 시기가 아니다. 오히려 이때는 경기 침체로 선진 경제 내에서 마땅한 투자처가 없었으며, 산유국의 오일 머니가 선진국 은행에 잔뜩 쌓여 있었던 시기이다. 달리 말해서 남아도는 자금을 개도국에 낮은 이자율에 떠안겼다고 보는 것이 정확할 것이다.

그러나 1980년대 개도국은 주요 수출품인 원자재 가격의 하락과 국제 이자율의 상승으로 수입감소와 지출증대라는 두가지 부담을 동시에 떠안았고, 그 이후 지속적으로 외채가 불어나는 악순환에 빠졌다. 저자들이 계산한 것과 같이 1980년 개도국의 부채가 100이었다면 이들은 지난 20여년간 이미 750을 갚았는데도 불구하고 아직 400으로 늘어난 부채를 안고 있다. 결국 저자들이 주장하는바, 개도국의 부채를 완전 탕감해주자는 것은 악덕 고리대금업자와 포주들이 자행해온 수탈의 고리를 제거하자는 것이지 단지 가난하다는 이유로 빚을 삭제해주자는 허황된 주장은 아니다.

다른 한편 저자들은 거시 역사적인 인식을 바탕으로 부채를 짊어져야 하는 것은 제3세계의 개도국들이 아니라 오히려 선진산업국들이라고 역설한다. 실제로 서구 선진산업국들은 수세기에 걸쳐서 제3세계를 침략하고 약탈하고 짓밟았다. 선진산업국들은 이에 대한 정당한 보상을 해야만 한다고 저자들은 주장한다. 서구는 수세기에 걸쳐 아프리카인들을 노예로 잡아 아메리카 대륙으로 데려갔고 이들의 노동을 착취했다. 또한 제국주의 세력들은 수세기에 걸쳐 현지 노동력을 수탈해 제3세계의 천연자원을 독점적으로 약탈한 바 있다. 세계적 자본주의의 중심 세력들은 자신의 필요에 따라 다른 나라 현지의 식량 생산에 쓰여야 할 토지와 노동을 카카오, 커피, 땅콩 등의 단종 재배에 투입하도록 하여 현재까지 개도국 기아 문제의 근원이 되는 구조적 폐해를 초래했다. 그러나 제3세계의 개도국들은 형식적인 독립은 성취했으나 단지 정치적으로 취약하다는 이유로 여전히 정당한 보상을 요구하지 못하고 있다.

물론 혹자는 이러한 구체적인 논리에 대해서 이의를 제기할 수도 있을 것이다. 예를 들어 1980년 이후 개도국에 제공된 자금이 전부 이전의 부채 상환에 사용되지는 않았을 것이며 일부는 개도국의 경제 발전에 기여했을 것이라고 말이다. 따라서 위에서 소개한 저자들의 해석은 현실을 왜곡하고 있다고 매도할 수도 있다. 또는 과거 식민지 종주국의 보상 문제는 신생 국가의 독립과정에서 이미 법적으로 해결된 문제이기 때문에 이를 재론하는 것은 적절치 못하다고 지적할 수도 있다.

하지만 우리는 이 저서가 경제학 논문도 아니고, 국제법적인 논쟁에 세련된 논지를 제공하는 변론도 아니라는 점을 인식해야 한다. 이 책은 어디까지나 부당한 현실의 핵심을 인식하도록 도와주는 대중적 노력의 일환이다. 이 책은 간단 명료하게 외채 문제의 역사와 구조를 설명하고 있으며, 이러한 세계 차원의 비극을 해결하기 위한 나름의 제안을 내세우고 있다. 그것은 다름아닌 개발도상국의 공공외채에 대한 무조건적인 탕감이다. 저자들은 책의 상당 부분을 바로 외채 탕감이 왜 필수적이며, 어떻게 가능한가에 할애하고 있다.

앞에서 이미 지적했듯이 서구강대국들은 제3세계에 역사적인 부채를 안고 있다. 우리가 공정한 세계에 산다면 사실 이같은 역사적 사실 하나만으로도 선진강대국들에게 제3세계의 발전을 위해 우선적으로 노력하라고 요구할 수 있을 것이다.

그러나 이같은 역사적 의무를 접어둔 채 북부는 현재 외채라는 교묘한 기제를 통해 남부를 지속적으로 지배하고 수탈하고 있다. 가장 대표적인 현실은 자금이 북부에서 남부로 흐르는 것이 아니라 반대로 남부에서 북부로 이전된다는 점이다. 현재 세계 차원에서 일어나는 현상을 한 국가 차원에서 비유한다면 가난한 계층에게서 세금을 거두어 부자들에게 분배해주는 셈이다. 저자들은 외채 탕감을 통해 이러한 부당한 현실을 타파하고 모두 공존할 수 있는 인간다운 세상을 만들자고 제안한다.

물론 외채 탕감은 남부의 발전을 위한 부분적인 조치에 불과하며 저자들은 좀더 포괄적인 세계 정치 경제질서의 변화를 구상하고 있다. 요약하자면 기존의 신자유주의적 정책들을 전환하여 좀더 분배적인 정책과 구조적 변화를 도모해야 한다는 것이다. 이는 세계 차원에서 북부와 남부의 균형을 위해서도 필요하지만, 동시에 북부와 남부 각 지역의 내부적인 지배 계급과 피지배 계급의 균형을 위해서도 필수적이다. 부연하자면 국가 내부에서의 민주적 분배 및 세계적 차원에서의 민주적 분배를 동시에 추진해야 한다는 것이다.

우리는 이와같은 주장이 제3세계가 아닌 서유럽의 사회참여 지식인들로부터 제기되었다는 사실에 주목해야 한다. 그 이유는 단지 이러한 주장이 북부의 자기반성에서 비롯되어서가 아니다. 또 남부가 주장할 것을 북부에서 대신 주장해준 데 대한 고마움 때문도 아니다. 그것은 우리가 이들과 같은 북부의 내부적 지식인, 노동자, 농민 등의 시민운동과 연대해야만 세계 질서의 재정립을 위한 작은 희망이나마 키워갈 수 있기 때문이다.

이 책을 읽어나가면서 독자들은 적어도 두가지 의문을 품게 될 것이다. 그 첫번째는 세계적 차원의 외채 문제에 맞서 한국은 어떤 입장에 있으며, 어떻게 해야 할 것인가를 묻는 것이다. 한국은 그 출발점에서 보면 전형적인 제3세계 개발도상국이었다. 비록 전통적 동아시아 질서 속에서 한국과 일본은 비슷한 입장에 있었지만, 19세기 후반의 근대화 과정에서 두 국가의 진로는 엇갈렸고 일본은 서구와 같은 약탈적 식민 종주국으로 그리고 한국은 식민지로 서로 다른 입장에 서게 된 것이다. 20세기 중반 한반도는 독립과정에서 분단되었고 다시 남한과 북한은 서로 다른 정치 경제의 길을 걷게 되었다. 21세기 초 북한은 세계 질서에서 고립된 저개발 경제 상태이며, 반대로 남한은 세계 질서에 적극적으로 참여하는 경제 발전전략을 통해 선진국의 대열에 진입하고 있다.

이같은 특수 상황 때문에 한국은 세계의 남부와 북부를 연결할 수 있는 전략적인 위치에 있다. 우리는 개발도상국의 경험을 바탕으로 어떠한 방식으로 경제 발전과 정치 민주화를 추진해야 하는지에 대한 나름의 역사적 노하우를 축적했고 이를 통해 남부의 발전에 기여할 수 있는 잠재력을 보유하게 되었다. 그러나 동시에 우리는 성공한 개발도상국이 빠지기 쉬운 오만의 함정을 조심해야 한다. "우리는 해냈는데 너희는 왜 못하느냐?" "누구나 노력하면 성공할 수 있다"는 식의 오만은 선진국 지배 세력의 논리에 이용당하는 것이며 평화롭고 인간다운 세계를 만드는 데 방해가 될 것이다. 우리는 상당히 겸손한 태도로 자신의 성공을 관리할 줄 알아야 하며 빈곤국에 대한 원조나 지원에 있어 선진강대국들의 잘못된 전철을 피해갈 줄 아는 지혜를 모색해야 할 것이다.

독자들의 두번째 의문은 과연 이러한 국제적 연대 노력이 효율성이 있는가라는 당연한 의문이다. 책의 본문에서 저자들이 지적하는바, 외채 탕감이라는 거대한 목표가 당장에는 실현 불가능해 보이지만, 노예제도라는 부당한 제도가 여론과 인식의 변화에 따라 역사의 무대에서 사라졌듯이, 외채라는 부당한 수탈의 덫도 언젠가는 사라지리라는 희망을 버릴 수는 없을 것이다. 이러한 희망을 버린다는 것은 바로 불평등하고 부당한 제도와 관행을 영구히 보존시켜주는 행위에 다름아니다. 반대로 희망의 불꽃을 유지하면서 그 실현을 위해 노력하는 것이야말로 인류가 지금까지 느리지만 꾸준하게 축적해온 진보의 발걸음을 지속하는 유일한 길이다.

조홍식

찾아보기

260

262

264

신용불량국가
국제금융기구와 외채에 관한 진실

초판 1쇄 발행 • 2006년 6월 15일

지은이 • 다미앵 미예/에릭 뚜쌩
옮긴이 • 조홍식
펴낸이 • 고세현
책임편집 • 안병률
펴낸곳 • (주)창비
등록 • 1986년 8월 5일 제85호
주소 • 우편번호 413-756 경기도 파주시 교하읍 문발리 513-11
전화 • 031-955-3333
팩시밀리 • 영업 031-955-3399 편집 031-955-3400
홈페이지 • www.changbi.com
전자우편 • human@changbi.com

한국어판 ⓒ (주)창비 2006
ISBN 89-364-8534-2 03300